U0949814

21世纪市场营销学系列教材

市场营销学

第三版

主编　靳洪　彭代武　　　副主编　李唯

WUHAN UNIVERSITY PRESS
武汉大学出版社

图书在版编目(CIP)数据

市场营销学/靳洪,彭代武主编．—3版．—武汉:武汉大学出版社,2019.12(2023.1重印)
21世纪市场营销学系列教材
ISBN 978-7-307-21045-5

Ⅰ.市…　Ⅱ.①靳…　②彭…　Ⅲ.市场营销学　Ⅳ.F713.50

中国版本图书馆CIP数据核字(2019)第144052号

责任编辑:沈岑砚　　责任校对:李孟潇　　版式设计:马　佳

出版发行:**武汉大学出版社**　(430072　武昌　珞珈山)
(电子邮箱:cbs22@whu.edu.cn 网址:www.wdp.com.cn)
印刷:武汉图物印刷有限公司
开本:787×1092　1/16　印张:15.5　字数:368千字　插页:1
版次:2004年8月第1版　2009年8月第2版
2019年12月第3版　2023年1月第3版第3次印刷
ISBN 978-7-307-21045-5　定价:39.00元

前　言

市场营销学是专门研究市场营销活动及其发展变化规律的学科。它是市场营销实践的科学总结和概括，是有关市场营销活动的指导思想、基本理论、策略、方法技巧等有机结合而成的科学体系。

本书是武汉大学出版社2009年出版的《市场营销学》(第二版)的修订版。鉴于理论研究的发展和实践环境与技术的变化，本次修订力求吸收最新理论研究成果与实践案例，突出市场营销应用性，做到体系完整、内容新颖、适用性强。篇章布局上按基本理论、案例学习、学习思考、案例讨论等规划，增强教材学习的可读性与实践应用的指导性。

《市场营销学》(第二版)的修订版凝结着集体智慧的结晶。本书修订后分为十二章，包括：市场营销概述、市场营销观念、市场营销环境、市场营销调研、购买行为分析、目标市场、产品策略、价格策略、渠道策略、促销策略、市场营销管理、市场营销新发展。全书由靳洪、彭代武担任主编，李唯担任副主编，编写大纲及体例由主编、副主编共同策划与设计，靳洪、李唯对全书进行审稿。

《市场营销学》一书得到武汉大学出版社的大力帮助和支持，在编写过程中参考了许多国内外科研成果和科研资料，在此一并表示感谢！

由于商务谈判研究的问题很多，加之编者水平有限，时间紧迫，书中难免有错误或不足之处，谨请专家和读者批评指正。

编者

2017年11月

前言

目 录

第一章　市场营销概述

【学习目标】

1. 了解市场营销学科中最基础的相关概念。
2. 掌握最具权威的营销机构和专家对市场与市场营销的界定。
3. 掌握市场营销学的不断完善的渐进过程及市场营销的研究对象和总体框架等，以便为以后各章的学习做铺垫。

【本章摘要】

伴随着社会经济发展和企业经营管理需要而出现的市场营销学，是20世纪发展速度最快、应用范围最广的管理学科之一。面对经济全球化和经营管理知识化的全面挑战，市场营销的理论与实践也正在不断创新、发展，以适应新的、更为急剧变化的世界市场环境要求。当代市场营销理论及其实施，正推动企业界以市场为导向，以知识为基础，强化市场营销职能，通过学习过程不断追求卓越。

为了更好、更系统地学习市场营销这门学科，我们首先在本章中将市场营销相关的基础概念进行梳理与介绍，这些基础概念也是营销活动得以顺利开展的基本前提，在此基础上形成对市场营销这一概念的理解。随后对本学科的发展和研究状况进行一定的总结与界定。

第一节　市场与市场营销

一、市场及其相关概念

市场营销在一般意义上可以理解为与市场有关的人类活动，对企业来说市场营销是企业的基本职能之一，而且企业的一切营销活动都是在特定的市场环境下发生的，并从方方面面受到市场因素的影响和制约。因此，研究市场营销活动，首先要了解市场及其相关概念。

(一)需要、欲望、需求

需要是指没有得到的某些基本满足的感受。如人们因为饥饿就想食品，因为寒冷就想衣物，因为休息就想房屋，因为虚荣就想出人头地。它是一种人类与生俱来的、潜伏着的感受，存在于人们自身生理和社会之中，市场营销只可能唤起、激发或者强化人的原始需要，但不可能创造出新的需要。

欲望是指想得到某种能满足基本需要的具体产品的愿望，是个人受不同社会及文化环境影响表现出来的对基本需要的特定追求。如为了满足“解渴”的生理需要，人们可能选择水、茶、汽水、果汁或者其他解渴之物，因此就形成了对这些不同产品的欲望。

需求则是指人们对某些特定产品及服务的市场需求，而市场营销学意义上的需求通常是指有现实或潜在支付能力的需求。简单来说，顾客对某一产品产生需求，代表着他对该产品既有购买欲望，也具备一定现实或潜在的支付能力。

市场营销不可能创造需要，但可能唤起、激发需要，成为欲望，进而变成企业市场营销的可计算或衡量的需求。

(二)价值和满意

这里所说的价值指的是顾客感知价值。所谓顾客感知价值，用公式来表示即为：

顾客感知价值=顾客购买总价值-顾客购买总成本

这里的顾客购买总价值是指顾客购买某一产品与服务所期望获得的一系列利益；顾客购买总成本是指顾客为购买某一产品所耗费的时间、精神、体力以及所支付的货币资金等成本之和。

顾客在购买产品时，总是希望获得较高的购买总价值，同时付出较低的购买总成本，以便获得更多的顾客感知价值，因此顾客在面对企业的营销行为时，总是选择那些价值更高、购买成本更低的产品。顾客感知价值的存在是营销活动得以顺利开展的基本前提。

这里所说的满意是指顾客满意，是指顾客将产品和服务与满足其需要的绩效和期望进行比较所形成的感觉状态。顾客是否满意，取决于其购买后实际感受到的绩效与事先期望的差异：若绩效小于期望，顾客会不满意；绩效与期望相当，顾客会基本满意；绩效若大于期望，顾客会十分满意。

顾客满意是营销活动获得可持续性的基本前提，为了实现顾客满意，一方面要使顾客在消费活动中获得更多的绩效感受，另一方面也不能过分抬高用户对相关产品的期望值，否则期望越大会导致失望越大。

(三)交换、市场

交换是指人们从他人取得所需之物，而以其自身拥有之物作为回报的行为。人们为了满足需求或欲望之物，可以通过多种方式取得。即广义的交换是包括如自己生产、强取豪夺、乞讨和等价交换等方式。市场营销学上的交换是狭义的交换，是一种自愿、平等、等价、双赢的交换。

在日常生活中，人们习惯将市场看作商品买卖的场所，如集市、超市、商场等。这是一个时空概念，也是最为古老和朴素的概念。我国古代“日中为市，致天下之民，聚天下之货，交易而退，各得其所”(《易·系辞下》)就是记载的这种在一定时间和地点进行商品买卖的市场情境。经济学家用市场一词来泛指交易某类产品的买方与卖方的集合，如汽车市场、钢材市场、蔬菜市场等。但是，市场营销者却认为卖方组成行业，买方组成市场。

也就是说市场是指消费者群。市场营销之父菲利普·科特勒指出：“市场是由一切具有特定欲望和需求并且愿意和能够以交换来满足这些需求的潜在顾客所组成。”

因此，市场包括三个主要因素：人口、购买力和购买欲望。可用公式表示为：

市场=人口+购买力+购买欲望

只有具备了这三个要素的市场才是一个现实有效的市场。人口是市场的首要因素，有人才有消费，才有对消费品的需求，进而有对工业用品的需求。中国是一个拥有13亿人口的大国，世界知名的跨国企业纷纷大举进入中国市场，正是看中了中国人口众多，消费潜力大的国情。

购买力和购买欲望也是市场的必备因素。购买力指人们购买商品的货币支付能力。购买欲望是人们购买商品的动机、愿望和要求，它是潜在购买需求转变为现实购买行为的重要条件。人的购买欲望受多方面因素的影响，其中，价格是影响购买欲望的重要因素。一般而言，价格越低，人的购买欲望越强烈；反之，价格越高，人们的购买欲望越低。正是因为大多数的企业清楚地认识到了这一点，所以它们频频采用降低商品价格、折扣、优惠等手段刺激需求，提高人们的购买欲望，最终促进产品销售。市场反应表明，这确实是屡试不爽的好办法。

【案例1-1】

2016年下半年，国内的共享单车开始兴起。其中2016年7月，月活跃用户数达54万，而到了2017年5月，共享单车的月活跃用户已经高达7000万，行业增速之快备受瞩目。共享单车市场的庞大规模得益于三大要素：市场对该产品需求强烈、城市人口庞大、足够的支付能力。

从需求来看，随着城市交通压力日益增加，市民出行饱受交通拥堵之苦，急需一种可以补充传统公共交通或私家车的出行方式；“最后一公里”出行难题的存在，使得很多市民备受短距离出行的困扰，单车无疑是解决短距离出行难题最便捷的手段；同时，环保理念的盛行，也使得市民对于单车这一绿色环保出行方式重新重视起来，单车出行成为了新的时尚。种种现状使得市民对于这种随骑随走的无桩共享单车产品具有极其强烈的需求。

从城市人口规模来看，伴随着城镇化进程的快速推进，国内城市，尤其是国内大中型城市规模日益增长，人口规模愈加庞大，使得各行各业，尤其是针对城市居民的产业取得了更大的发展空间。

从支付能力来看，共享单车大部分采取半小时1元的收费方式，而且经常会采取各类促销活动，低廉的价格对于城市居民来说更是具有极大吸引力，几乎人人都具备足够的支付能力来消费这一产品。

综上可得，强烈的产品需求、庞大的人口规模、足够的支付能力，三者并存使得共享单车市场具备了庞大的发展空间，可以预测该产品市场未来会更具规模。

（资料来源：2017共享单车报告．中国电子商务研究中心．http://www.100ec.cn/detail-6405740.html.）

二、市场营销的概念

（一）市场营销的由来

市场营销源自企业的市场营销活动和实践。因此，它的含义也会随着企业市场营销活动和实践的发展而发展。早期的市场营销活动仅限于流通领域，对营销概念的理解也是狭义的，仅限于广告和推销，20世纪50年代后，市场营销活动早已突破了流通领域，向生产领域和消费领域延伸，与此相适应，市场营销的含义也随之改变。

（二）市场营销的含义

不少市场学家曾对“市场营销”一词也下过各种不同的定义，并力图使自己的定义能恰如其分地表达出市场营销的实际科学含义。而由于各人的观点和出发点不同，“市场营销”一词出现了各种各样的概述，美国市场营销协会（AMA）于2004年对市场营销下的定义为：市场营销是一种组织职能，是为了组织自身利益及相关者的利益，而创造、沟通与传送价值给顾客，及经营顾客关系的一系列过程。菲利普·科特勒（Philip Kotler）下的定义为：市场营销是个人和集体通过创造并同他人交换产品和价值以满足需求和欲望的一种社会和管理过程。依据这一定义，市场营销的目的是为了满足消费者的需要，其核心工作是进行交易，而达成交易的手段则是开展综合性的营销活动。对于营销定义的理解应把握以下几点：

1. 营销是一种创造性行为

有些营销者把响应营销与创造营销区别开来。响应营销是寻找已存在的需要并满足它；创造营销是发现和解决顾客并没有提出要求但他们会热情响应的问题。创造营销是营销的核心内容。

【案例1-2】

目前，许多家电产品存在着明显的功能缺陷，多数用户使用不便，却鲜有厂家研究改进；有的产品存在庞大的特殊用户需求群众，广大厂家却缺乏敏锐的市场洞察力，不去开发。就拿冰箱来说，贮存鲜肉是一项重要用途，但原有的冰箱冷冻温度过低，鲜肉总是冻得硬邦邦，还得解冻才能用刀切，非常不便。海尔的设计人员从一名用户的感叹中发现了这一重大商机，研制开发了“无需解冻即时切”的007冰箱，深受市场欢迎。

（资料来源：公开资料整理。）

海尔成功的法宝是什么呢？海尔人自己说，谁离用户最近，谁距对手最远；我们不盯对手，专注于用户需求，努力将用户需求转化为创新的产品。这一思路值得营销者学习。

2. 营销是一种自愿的交换行为

英国古典哲学家、西方市场经济学的奠基人之一亚当·斯密曾说过：世界上从来也没有看见狗在交换骨头，只有人才具有交换的本领。交换是出自人的需要而产生的自觉的行为，也是构成营销活动的基础。

3. 营销是一种满足人们需要的行为

人类的各类需要和欲望是营销工作的出发点，在这里人们的各种需要指的是他们没有得到满足的感受状态，营销的目的就是满足需要。

4. 营销是一种管理过程

营销是分析、计划、执行和控制的过程管理。具体来说，它主要包括两方面的工作：一是研究市场，即研究顾客的需要和需求量，从而作出经营什么、经营多少等决策；二是开展整合营销活动，即通过生产和经营适销对路的产品，选择适当的分销网络，以适当的价格并应用适当的传播手段在满足顾客的同时获取利益。

5. 营销是企业参与社会的一种纽带

营销是联结企业与社会的纽带。营销工作者在制定营销政策时必须权衡三方面的利益，即企业利润、顾客需要和社会利益，只有同时满足这三者利益的企业才能长久地获得营销成功。

三、市场营销与企业职能

市场营销的主要应用领域是企业。下一节我们将会看到，市场营销学的形成和发展，与企业经营在不同时期所面临的问题及其解决是紧密联系在一起的。

在市场经济体系中，企业存在的价值在于它能否有效地提供满足他人(顾客)需要的商品。正如管理大师彼得·德鲁克指出，企业的基本职能只有两个，这就是市场营销和创新。或者说，顾客是企业得以生存的基础，企业的目的是创造顾客，任何组织若没有营销或营销只是其业务的一部分，则不能称为企业。

根据市场营销的含义，企业的经营活动必须围绕市场展开，其市场营销活动主要包括以下内容：第一，认识社会需要什么？包括社会现在和将来需要什么？并通过市场分析而发现市场机会；第二，根据社会分工的需要、自己的专业特长来选择为之服务的目标市场，使自己有能力在特定的范围内满足消费者需要；第三，制订和实施一整套的经营计划和手段来满足这些需求，以实现企业的经营目标。

从企业的职能也能看出，市场营销是企业工作的核心。企业生存的前提条件是销售产品，从产品的销售中获取企业赖以生存、发展的利润；企业作为交换体系中的一个成员，必须以对方(顾客)的存在为前提。没有顾客，就没有企业。企业生产经营的产品能否销售出去，直接取决于消费者是否愿意购买，而消费者是否愿意购买，完全取决于消费者的自愿，顾客决定企业的本质。只有顾客愿意花钱购买产品和服务，才能使企业资源变成财富。企业生产什么产品并不是最重要的，顾客对他们所购物品的感觉及价值判断才是最重要的。顾客的这些感觉、判断及购买行为，决定着企业的命运。企业必须具有最基本的也是最显著的职能——营销。也就是说，企业最显著、最独特的职能是市场营销。企业的其他职能，如生产管理、财务管理、人力资源管理，只有在实现市场营销目的的情况下，才是有意义的。因此，市场营销不仅以其创造产品或服务的市场而将企业与其他人类组织区分开来，而且不断促进企业将市场营销观念贯彻于每一个部门，将市场营销作为企业最首要的核心职能。对于21世纪的中国企业来说，尤其必须实现由过去偏重生产管理向重视市场营销的转变，制定明确的市场营销战略。

第二节　市场营销学的产生与发展

一、市场营销学的产生与发展

（一）萌芽时期（1900—1920 年）

人们一般将 19 世纪中叶至 20 世纪 20 年代称为市场营销的萌芽时期。从 19 世纪开始，随着工业革命对生产力的解放，西方的资本主义有了很大的发展。从 1879 年到 1929 年，美国的制造业得到了飞速的发展，制造业的从业人数几乎增加一倍，实际产出则翻了一番。以名义货币价值计算，产值增加近 600%，工资增加 500%，工业增长的速度两倍于人口的增长速度。日益发达的生产力，使社会商品供应日益丰富，导致部分产品出现供过于求的情况。1825 年，西方世界爆发了第一次以“生产过剩”为特征的大规模经济危机，之后约十年就要出现一次周期性的经济危机，从而使产品销售成为企业所关心的问题。一些企业开始重视对于市场的研究，并着手开展一些以市场为导向的营销活动。

企业界在经营观念和经营策略上的变化引起了学术界的注意。与此相应，美国学者已经先后发表和出版了一些论著，分别论述产品分销、推销、广告、定价、产品设计和实体分配等专题。到 20 世纪初，一些学者如阿克·肖（Arch W. Shaw）、爱德华·琼斯（Edward D. Jones）、拉尔夫·斯达·巴特勒（Ralph Starr Butler）、詹姆斯·海杰蒂（James E. Hagerty）等，将上述问题综合起来，形成一门市场营销学科。1902—1905 年，密歇根大学、伊利诺伊大学和俄亥俄大学等相继开设了类似于市场营销的课程。1910 年，执教于威斯康星大学的巴特勒教授正式出版《市场营销方法》一书，首先使用市场营销（Marketing）作为学科名称。而后 1912 年，第一本以分销和广告为主要内容的《市场营销学》教科书在美国哈佛大学问世。但这时期的市场营销学其内容局限于流通领域，局限于产品销售，主要研究有关推销术、分销及广告等方面的问题，真正的市场营销观念尚未形成。而且其仅限于某些大学的课堂中，并未引起社会的重视，也未应用于企业营销活动。然而，将市场营销从企业生产活动中分离出来做专门研究，无疑已经是市场营销学发展的里程碑。

（二）形成时期（1920—1940 年）

20 世纪 20 年代至 40 年代是市场营销理论逐渐成形的时期。进入 20 世纪以后，西方垄断资本集团的逐步形成，使生产力出现了高度的发展，产品供应越来越丰富，不少产品出现了供过于求的现象。市场供应的迅速增加和有效需求的不足，使社会经济矛盾日趋尖锐，终于在 1929 年导致了世界性的经济大危机。1929 年到 1933 年的经济危机造成整个西方世界商品积压、企业倒闭、市场萧条、失业上升。各资本主义国家的工业生产下降了 37%，世界贸易额减少了 2/3。严酷的现实使越来越多的企业感受到竞争的压力，体会到市场营销活动的重要性，从而使二三十年代成为市场营销活动在西方企业中迅速普及，市场营销理论体系基本确立的时期。

这一时期，作为市场营销活动趋于成形的显著标志是各企业纷纷成立了专门的市场营销研究机构，开始了理性化的市场营销活动。在这一时期，有关市场营销的文章和论著急剧增加，而且越来越趋向于对市场营销理论的系统研究，注重于市场营销理论框架的塑造，其中比较有代表性的是克拉克（Fre. Clark）的《市场营销学原理》（1922 年）及梅纳德（H. H. Maynard）、贝克曼（F. W. Beckman）和韦德勒（W. C. Weldler）三人合著的《市场营销学原理》。这一时期的市场营销学著作虽然已基本形成了一定的框架体系，但是就实质内涵来看，并没有真正进入以市场需求为导向的营销观念阶段，大多数仍停留于从企业的角度出发，研究如何对产品进行宣传和推销的层次上。这也是由于当时企业的营销观念和营销实践尚不成熟所决定的。

（三）成熟时期（1940—1980 年）

20 世纪 50 年代，随着第三次科技革命的发展，劳动生产率空前提高，社会产品数量剧增，花色品种不断翻新，市场供过于求的矛盾进一步激化，原有的建立在研究产品生产出来后如何推销的市场营销学，在概念与内容方面都已越来越不能适应新形势的要求。许多市场学者纷纷提出了生产者的产品或劳务要适合消费者的需求与欲望，以及营销活动的实质就是企业对于动态环境的创造性的适应的观点，并通过他们的著作予以论述。1947 年，迭迪和雷博赞的《市场学——体系的形成》的出版，改变了孤立研究商品推销与价格的状况，从经济、社会诸方面综合分析了商品销售变化的规律。

在此期间，出现了一批对于市场营销学说的发展具有重要贡献的营销学者，其中，最值得推崇的是杰罗姆·麦卡锡（Jerome Mecartry）和菲利普·科特勒（Philip Kotler）。1960 年，麦卡锡和普利沃特合著的《基础市场营销》第一次将企业的营销要素归结为四个基本策略的组合，即著名的 4P（Product、Price、Place、Promotion）理论，这一理论已取代了此前的各种营销组合理论，成为现代市场营销学的基础理论；菲利普·科特勒于 1967 年出版了《营销管理——分析、计划与控制》一书，从企业管理和决策的角度，系统地提出了营销环境、市场机会、营销战略计划、购买行为分析、市场细分和目标市场以及营销策略组合等市场营销的完整理论体系，成为当代市场营销学的经典著作，使市场营销学理论趋于成熟。

（四）创新、发展时期（1980 年至今）

20 世纪 80 年代，菲利普·科特勒又提出了大市场营销观念，将营销组合由 4Ps 扩展为 6Ps 和 10Ps。20 世纪 90 年代以来，市场营销的含义又进一步扩大，市场营销学的研究范畴也在进一步拓宽，相继出现了绿色营销、全球营销、网络营销、关系营销、知识营销、数字营销等新的研究理论，市场营销学的研究范畴和模式处在不断创新与突破过程中。

经过上述四个阶段的发展，市场营销学已成为一门较成熟的学科，建立起了独立、系统、完整的理论体系。但是，作为一门科学的市场营销学并非静止，而是动态的。它随着科学技术的进步、社会的发展而不断发展和创新。

【案例 1-3】

麦卡锡和科特勒的著作都是每隔 3 年左右就重版一次，在理论上不断有所创新，如菲利普·科特勒在 1991 年《市场营销学》的第 7 版中增加了“营销计划背景分析”、“竞争者分析”和“服务营销”等内容；在 1994 年的第 8 版中讨论了“营销近视”的问题，并提出了“通过质量、服务和价值来建立顾客满意度”；在 1997 年第 9 版中，又讨论了“21 世纪营销”的新内容——“网上营销”(online marketing)；而在 2000 年出版的千禧版中则对网络营销、电子商务等因高科技的推动而发展起来的新的营销方式作了更为全面而深入的分析。正如科特勒本人所提出的，市场营销的概念不是太多而是远远不足，随着市场营销实践的发展，市场营销学的理论将会变得越来越丰富。

总结起来，这种发展主要表现于如下几点：一是学术界为适应新的环境，创造了新理论，如 20 世纪 90 年代美国劳特明教授针对 4P 理论提出了 4C(Consumer/顾客、Cost/成本、Convenience/方便、Communication/沟通)理论；二是为保护地球环境，防止其受到污染，而提出了环境市场营销和绿色市场营销等；三是科学技术在市场营销领域的运用，促进了市场营销手段的现代技术装备，从而出现了网络营销等。

（资料来源：菲利普·科特勒. 营销管理. 上海人民出版社，2003.）

二、市场营销学在中国的传播与发展

20 世纪 30—40 年代，市场营销学在中国曾有一轮传播。现存最早的市场学教材是复旦大学 1933 年出版的丁馨伯编译的《市场学》。当时一些大学的商学院开设了市场学课程，教师主要是欧美留学归来的学者。由于长期战乱及半封建半殖民主义经济发展水平的限制，其研究和应用有很大的局限性。中华人民共和国成立后，在很长一段时间内，由于我国实行高度集中的越来越僵化的计划经济体制，商品经济受到否定和抵制，市场营销学的研究在中国内地基本中断。在这长达 30 年的时间里，中国内地学术界对国外迅速发展的市场营销学知之甚少。经过十几年的时间，我国对于市场营销学的研究、应用和发展已取得了可喜的成绩。从市场营销学在中国的整个发展过程来看，其主要经历了以下几个阶段：

(一)启蒙阶段

1978—1985 年是市场营销学再次引进中国并初步传播的时期。党的十一届三中全会后，中国确定了以经济建设为中心，对外开放、对内搞活的方针。经济学界努力为商品生产恢复名誉，改革、开放的实践则不断冲击着旧体制，逐步明晰了以市场为导向，建立社会主义市场经济体制的改革目标，从而为我国重新引进和研究市场营销学创造了良好条件。其间，北京、上海和广州等地的学者对国外市场营销学的研究、应用和人才培养做了大量工作。通过论著、教材翻译评介，到国外访问、考察和学习，邀请境外专家学者来华讲学等方式，系统介绍了当代市场营销的理论和方法，组织了第一批市场营销学的讲座(1979 年，部分大专院校和外贸部等聘请外国专家开展市场学讲座)，成立了第一个“市场学”方面的培训中心(1980 年，国家经委与美国政府合作举办了以厂长、经理为培训对象的大连培训中心)，输送了第一批市场营销学的师资(1981 年暑期，中国人民银行在陕西财经学院举办了市场学师资班)，编写了第一批市场营销学的教材(1981 年初由郭军元主编《市场学》，次年由机械工业出版社出版，等等)，在综合大学和财经院校开设了第一组市场营销学的课程(1979 年暨南大学、哈尔滨工业大学率先开设了“市场营销学”课程等)等。所有这些对市场营销理论在中国的重新引入和市场营销观念的先行启蒙都起到了重要的推动作用。

(二)传播阶段

1985—1992 年是市场营销在中国进一步传播与应用时期。1984 年，党的十一届三中全会后，经济体制改革的重点由农村转入城市，企业的目标是建立“自主经营、自负盈亏”的企业体制，同时，多种经济成分并存的所有制结构初步形成，市场供求格局开始由卖方市场向买方市场转换等。国内经济快速成长和市场竞争加剧的环境，企业界营销管理意识也开始形成。市场营销的运用从外贸企业、商业企业、乡镇企业逐步扩展到国有企业；从消费品市场扩展到产业用品市场。能源、原材料、交通、通信企业也开始接受市场营销概念。市场营销热点也开始从沿海向内地推进。社会对市场营销知识和管理人才提出了旺盛的需求。

1984 年 1 月，为了加强学术与教学研究，推进市场营销学的普及与发展，全国高等财经院校、综合大学市场学教学研究会成立(1987 年改名为中国高等院校市场学研究会)。研究会聚集了全国 100 多所高校的市场营销学者，每年定期交流研讨，公开出版论文集，对市场营销学的传播、深化和创新运用作出了积极贡献。在以后的几年时间里，全国各地各种类型的市场营销学研究团体如雨后春笋般纷纷成立。各团体在做好学术研究和学术交流的同时，还做了大量的传播工作。在此期间，市场营销学在学校教学中也开始受到重视，有关市场营销学的著作、教材、论文在数量上和质量上都有很大提高。

1984 年起，开设市场学课程的高等院校日渐增多，到目前为止，几乎所有大专院校、中专学校无一例外地开设市场学的课程。1991 年 3 月，中国市场学会在北京成立。该学会成员包括高等院校、科研机构的学者、国家经济管理部门官员和企业经理人员。中国高等院校市场学研究会、中国市场学会也开展了一系列活动，促进学术界和企业界、理论与实践的结合，为企业提供营销管理咨询服务和培训服务，建立对外交流渠道，做了大量有成效的工作。

(三)普及阶段

1992 年以后是市场营销理论研究结合中国实际提高、创新时期。邓小平南方讲话奠定了建立社会主义市场经济体制的改革基调。改革进一步加速并全方位展开，国内经济结构发生了进一步变化，外资企业大量而快速涌入，买方市场特征日益明显，中国市场竞争进一步加剧。

在这种形势下，强化营销和营销创新成为企业的重要课题。一方面，中国营销学术界通过举办一系列市场营销国际学术会议，加强了国际沟通，同时，通过中国高等院校市场学教学研究会及其多种方式，展开了以“从计划经济向市场经济转变，从粗放经营向集约经营转变”为主题的营销创新研究，以及以“跨世纪的中国市场营销”为主题的营销创新研究。在这一阶段，出现了一批颇有价值的研究成果。

另一方面，因市场竞争的需要，越来越多的企业、社团组织等都无一例外地重视市场营销理论研究与实际运用，更多的企业和营销人借助网络平台、通过网络媒体和公共活动等途径的宣传与传播，了解营销的基础知识、经典的营销理论、方法和手段，以及最新的营销观点和营销动态。同时通过营销案例的分析、热点问题的讨论以及互动方式的交流，激发了企业、社团组织等社会各部门人士的深层次思考，共同探索了适合中国企业和职业营销人的成长道路，有力地推动了整个社会的进步。至此，“市场营销”一词，已经前所未有地深入中国社会各阶层，使市场营销进入全面普及时期。

(四)国际化时期

中国加入WTO后，经济地位在国际上提升，与他国之间商务活动进一步频繁，我国的大中小型企业都在努力使自己的营销策略能适应国际形势，迎接新的挑战。与之相适应，致力于WTO框架下的营销为主题的中国市场营销研究，加速了营销科学化的进程，中国营销学及其学者也开始走上了国际化营销的大舞台。

第三节　市场营销学的研究对象与方法

一、市场营销学的性质

(一)市场营销学是一门科学

市场营销学是什么性质的科学呢？关于这个问题普遍有两种解释。第一种观点认为市场营销是一种活动过程、一种策略，因而是一种艺术。第二种观点认为市场营销学是一门科学。这是因为，市场营销学是对现代化大生产及商品经济条件下工商企业营销活动经验的总结和概括，它阐明了一系列概念、原理和方法。市场营销理论与方法一直指导着国内外企业营销活动的发展。本教材偏向于第二种观点，认为市场营销学与自然科学一样，是一门有着普遍规律性与适用性的科学。

(二)市场营销学是一门应用科学

市场营销学是一门经济科学还是一门应用科学，学术界对此存在两种观点：一种是少数学者认为市场营销学是一门经济科学，是研究商品流通、供求关系及价值规律的科学。另一种观点认为市场营销学是一门应用科学。无疑，市场营销学是于20世纪初从经济学的“母体”中脱胎出来的，但经过几十年的演变，它已不是经济科学，而是建立在多种学科基础上的应用科学。美国著名市场营销学家菲利普·科特勒指出：“市场营销学是一门建立在经济科学、行为科学、现代管理理论之上的应用科学。”因为“经济科学提醒我们，市场营销是用有限的资源通过仔细分配来满足竞争的需要；行为科学提醒我们，市场营销学是涉及谁购买、谁组织，因此，必须了解消费者的需求、动机、态度和行为；管理理论提醒我们，如何组织才能更好地管理其营销活动，以便为顾客、社会及自己创造效用”。

(三) 市场营销学既包括宏观营销学又包括微观营销学

美国著名市场营销学家麦卡锡在其代表作《基础市场学》中明确指出，任何商品经济社会的市场营销均存在两个方面：一个是宏观市场营销；另一个是微观市场营销。宏观市场营销是把市场营销活动与社会联系起来，着重阐述市场营销与满足社会需要、提高社会经济福利的关系，它是一种重要的社会过程。宏观市场营销的存在是由于社会化大生产及商品经济社会要求某种宏观市场营销机构及营销系统来组织整个社会所有的生产者与中间商的活动，组织整个社会的生产与流通，以实现社会总供需的平衡及提高社会的福利。微观市场营销是指企业活动或企业职能，是研究如何从顾客需求出发，将产品或劳务从生产者转到消费者手中，实现企业赢利目标。它是一种企业经济活动的过程。

由于西方国家受资本主义私有制的局限，其学术界主要是研究企业的微观营销，对宏观营销研究不十分重视，即使对宏观营销进行研究，也不是从实现社会总供需平衡的角度来研究，而只从客观角度来研究企业营销的总体作用。我国实行的是以社会主义公有制为主体的、多种经济成分并存的社会主义市场经济，国家实行宏观计划调控，因而从微观及宏观两个角度来研究市场营销就非常重要了。

二、市场营销学的研究对象

“marketing”一词在英文中既作市场营销解释，同时也作市场营销学解释，但这是两个既有联系又有区别的不同概念。市场营销是企业的经营、销售活动，市场营销学则是研究市场营销活动及其规律的科学。它的研究对象是：企业在动态市场上如何有效地管理其市场营销活动，提高企业的经济效益，求得生存和发展，实现企业的目标。因此，市场营销学的全部研究都是以消费者为中心，通过运用产品策略、定价策略、渠道策略、促销策略等生产经营适销对路产品、扩大市场销售为手段而展开的，并为此提供理论、思路和方法。

市场营销学的研究对象是市场营销活动及其规律，即研究企业如何识别、分析评价、选择和利用市场机会，从满足目标市场顾客需求出发，有计划地组织企业的整体活动，通过交换，将产品从生产者手中转向消费者手中，以实现企业营销目标。

三、市场营销学的研究方法

(一) 传统市场营销的研究方法

在 20 世纪 50 年代前，对市场营销学的研究主要采用传统的研究方法，包括产品研究法、机构研究法、功能研究法。

1. 产品研究法

产品研究法是以产品为中心的研究方法。以产品为主体，对某类产品诸如农产品、工业品、矿产品、消费品及劳务等分别进行研究。主要研究这些产品的设计、包装、厂牌、商标、定价、分销、广告及各类产品的市场开拓。这种研究方法可详细地分析研究各类产品市场营销中遇到的具体问题，但需耗费巨大人力、物力和财力，而且重复性很大。

2. 机构研究法

机构研究法是一种以人为中心的研究方法。这种方法以研究市场营销制度为出发点，即研究渠道制度中各个环节及各种类型的市场营销机构，诸如代理商、批发商、零售商等市场营销问题。

3. 功能研究法

功能研究法是从市场营销的各种功能，诸如交换功能(购买与销售)，供给功能(运输与储存)，便利功能(资金融通、风险承担、市场信息等)以及企业执行各种功能中必定或可能遇到的问题，来研究和认识市场营销问题。

(二)现代市场营销的研究方法

20世纪50年代以后，市场营销学从传统市场营销学演变为现代市场营销学，研究方法主要是现代科学方法，包括管理研究法、系统研究法及社会研究法。

1. 管理研究法

管理研究法是一种从管理决策的角度来分析、研究市场营销问题的方法，它综合了产品研究法、机构研究法和功能研究法。从管理决策的观点看，企业营销受两大因素的影响：一是企业不可控制因素，诸如人口、经济、政治、法律、物质、自然、社会文化等因素；二是企业可控因素，即产品、价格、分销及促销。企业营销管理的任务在于全面分析外部不可控制因素的作用，针对目标市场需求特点，结合企业目标和资源，制定出最佳的营销组合策略，实现企业赢利目标。

2. 系统研究法

系统研究法是系统理论具体应用的一种研究方法，是从企业内部系统、外部系统，以及内部和外部系统如何协调来研究市场营销学的。企业内部系统主要是研究企业内部各职能部门，诸如生产部门、财务部门、人事部门、销售部门等如何协调，以及企业内部系统同外部系统的关系如何协调。后者主要研究企业同目标顾客外部环境的关系。内部与外部系统又是通过商品流程、货币流程、信息流程联结起来的。只有市场营销系统的各组成部分相互协调，才能产生较高的营销效益。

3. 社会研究法

社会研究法主要是研究企业营销活动对社会利益的影响。市场营销活动，一方面带来了社会经济繁荣，提高了社会及广大居民的福利；另一方面造成了某些负面效应，诸如污染社会及自然环境，破坏社会生态平衡。因此，有必要通过社会研究方法，寻求使市场营销的负面效应降低到最低限度的途径。

【案例 1-4】

2010年世界杯期间，阿里巴巴旗下国内最大网购平台淘宝商城投入5000万元推广费用，并即时启动世界杯频道营销平台，该频道将融入与世界杯有关的竞猜、秒杀、疯狂打折、拍卖等活动，中国雅虎将提供最快速的赛事资讯。

淘宝网数据魔方显示，本届世界杯期间不到一个月的时间内，淘宝网上销售带有世界杯符号的商品超过100万元，其他相关运动类商品交易额更是环比上个月增长200%。记者在淘宝搜索“世界杯”，跳出的商品结果多达15万件，从几元的到几千元的价格不一。

淘宝搜索热门显示，在淘宝网的关注排行榜上，排在第一的是世界杯人字拖，此外还有足球、世界杯闹钟、世界杯polo衫等产品进入关注度前十排名。关于世界杯的淘宝热门搜索主要是纪念品、帽子、T恤等。在淘宝网上，球迷用品的热卖升幅度，这几天达到了12.3%，其中世界杯国旗贴面纸热卖指数是10.9，销量增幅达到215.63%。

淘宝网数据显示，德国队球衣、阿根廷队球星梅西10号球衣、英格兰队的球帽、西班牙队服色的手提环保袋……这些千奇百怪的产品，在最近三天销量一路飙升，成为交易量增长最快的商品。

（资料来源：王晓易．世界杯引爆网购消费激情．网易新闻．http://news.163.com/10/0615/10/697A8BHK000146BD.html.）

【本章小结】

1. 需要是指没有得到的某些基本满足的感受。欲望是指想得到某种能满足基本需要的具体产品的愿望，是个人受不同社会及文化环境影响表现出来的对基本需要的特定追求。需求则是指人们对某些特定产品及服务的市场需求，而市场营销学意义上的需求通常是指有现实或潜在支付能力的需求。市场营销活动就是要挖掘顾客需要、使其对本企业产品产生购买欲望，并且在一定支付能力的保证下对产品产生需求。

2. 所谓顾客感知价值，用公式来表示即为：顾客感知价值=顾客购买总价值-顾客购买总成本。本教材所说的满意是指顾客满意，是指顾客将产品和服务与满足其需要的绩效和期望进行比较所形成的感觉状态。顾客感知价值是影响顾客是否购买产品的主要因素，而顾客满意是营销活动获得可持续性的基本前提。

3. 交换是指人们从他人处取得所需之物，而以其自身拥有之物作为回报的行为。市场是由一切具有特定欲望和需求并且愿意和能够以交换来满足这些需求的潜在顾客所组成的。市场营销的核心工作就是进行着各种形式的交换。

4. 市场是指具有特定需要和欲望，而且愿意并能够通过交换来满足这种需要或欲望的全部潜在顾客。市场营销是个人和集体通过创造，提供出售，并自由地同别人交换产品和价值，以获得其所需所欲之物的一种社会和管理过程。

5. 企业最显著最独特的职能是市场营销。根据企业应用市场营销解决经营问题的情况来看，市场营销学大致经历了萌芽、形成、成熟、创新发展四个时期。从市场营销理论在中国的传播与发展过程看，其大致经历了启蒙时期、传播时期、普及时期、国际化时期四个阶段。

【重要概念】

需要　需求　顾客感知价值　市场　市场营销

【思考与练习】

1. 互联网的发展使得消费者需求发生了怎样的改变？
2. 分析说明“人多的地方就有巨大的市场”观点是否正确。
3. 简述人口、购买力以及购买欲望三者之间的联系。
4. 为什么说创造营销是营销的核心内容？
5. 如今在居民生活中会经常遇到上门推销的人员，那么推销就是市场营销吗？
6. 市场营销在中国的发展经过了哪几个阶段？

【综合案例】

近年来，“电子竞技”这一概念火速风靡网络，该行业也被称为互联网新的风口。电子竞技，简称电竞，指的是电子游戏比赛上升到“竞技”层面的活动。电子竞技产业是基于游戏内容包括电子竞技比赛、赛事节目制作、比赛直播等环节的产业链。

从本质来看，电竞属于体育项目，而非游戏。因此，2003 年，国家体育总局批准，将电子竞技列为第 99 个正式体育竞赛项目，电竞发展受到了政策支持。不过，随后由于社会认识偏差，广电总局又发布了《关于禁止播出电脑网络游戏类节目的通知》，电竞节目全部被停播，电竞行业发展戛然而止。

直到近年，国民生活水平提高，对电竞有了正确认识后，国家政策才对这一行业解禁。2014 年世界电竞大赛(WCA)举办地点被批准永久落户银川，2015 年国家体育总局信息中心电子竞技项目部高轶凡副部长出现在 2015 年国际 Dota2 大赛现场，2016 年电竞分会成立……电竞迎来重新发展的机会。

与此同时，资本也已开始进军这一市场。各资本方投资电竞公司，组建战队，正式掀起了电竞投资热潮。近一段时间，阿里体育宣布将创建电子竞技的开放平台；腾讯出资 4 亿元领投电竞直播平台斗鱼 TV1 亿美元的 B 轮融资；莱茵体育、顺网科技、浙报传媒等多家 A 股上市企业纷纷布局电竞业务。

在政策与资本双重驱动下，我国电竞满血复活，发展正当时。

完整的电竞产业链包括上游游戏厂商；中游俱乐部、游戏选手、赛事与直播平台；以及下游的观众、周边衍生品等，其中，游戏运营环节、电竞赛事与游戏直播平台是电竞行业赚钱的重要来源。

游戏运营环节中，游戏软件销售、游戏 CD-KEY 销售、游戏道具收费、游戏时间收费、游戏周边销售、广告盈利模式(IGA 盈利)等众多领域，都将为电竞公司以及投资者带来不菲的收入。

电竞赛事的收入则有虚拟门票、广告赞助、版权、游戏发行、主播与经纪人培养等方面，也是极为重要的盈利来源。

游戏直播平台中，电商与赛事竞猜是游戏直播环节的重要收入。除此之外，增值服务、游戏联运、广告和会员订阅领域也形成了成熟的收费模式。

前瞻产业研究院提供的《2016—2021 年中国电子竞技行业商业模式构建策略与投资战略规划分析报告》指出，2010 年我国电竞市场规模为 44.1 亿元，2014 年电竞市场规模达 226.3 亿元，增长近 5 倍。到 2015 年，中国又以 270 亿元的市场规模超越美国，成为全球最大的电竞市场，同年，电竞在游戏市场的占比也提升至19.2%。预计未来国内电竞市场规模将可突破500亿元，VR电竞和移动电竞将成为电竞市场进一步发展的主要动力。

VR即虚拟现实技术，它综合利用了计算机图形系统和各种现实及控制等接口设备，在计算机上生成的、可交互的三维环境中提供沉浸感觉。当虚拟现实技术与硬件产品结合后，可带给用户极大的沉浸式的逼真体验，这是游戏领域孜孜以求的目标，因此，VR电竞项目将成为行业新的发展趋势。

2015年VR技术的核心输出设备——头戴式眼镜产品已经有50万台左右的销量，在政策力挺智能硬件发展的大环境下，国内VR产业爆发在即，这为VR电竞发展铺平了道路。

移动互联网时代，手游发展速度远超端游与页游，且重度化趋势明显。在此背景下，移动电竞将成为未来电竞行业的另一大发展趋势。

2015年中国移动电竞市场规模为50.9亿元，预计未来几年，这一领域的年均增长速度将保持在35%以上。手游重度化趋势下，移动电竞有了较大的市场受众，再加上手游市场竞争激烈，手游厂商亟待细分化转型；移动互联网与移动设备不断普及与升级等因素作用，未来移动电竞将成为发展大趋势。

（资料来源：前瞻经济学人．中国电子竞技行业发展分析．搜狐财经．http://www.sohu.com/a/81752060_115559.）

讨论题：

1. 电子竞技行业的风靡揭示了当前市场上顾客怎样的需求特征？
2. 伴随着移动互联网和VR技术的发展，电竞行业应该如何寻求更好的发展？

第二章 营销观念

【学习目标】

1. 了解市场营销观念的特点。
2. 掌握营销观念的发展渐进过程。
3. 掌握各阶段营销观念的主要思想。

【本章摘要】

以什么样的观念指导营销活动是营销管理中一个关键性的问题。思想是行动的指南，没有正确思想指导的实践是盲目的实践。一个企业的市场营销水平如何，往往取决于营销观念的正确与否。正确的营销观念是营销活动取得成功的前提，而不正确的营销观念则从营销活动开始之前就埋下了失败的种子。随着企业所处内外环境的变化，历史上各阶段企业营销活动所秉持的观念不断地发生演进，营销观念的重心也随之发生着不断的转移，从最开始的以企业为中心，演变为以顾客为中心，近年来更是将营销活动的重心置于企业、顾客和社会利益三者的身上。

第一节 营销观念概述

一、营销观念的概念与特点

(一)营销观念的含义

观念是一种态度，是一种意识、一种思维方式。市场营销观念，又称市场营销理念，它是一种市场营销管理的哲学，是企业对其营销活动及管理的基本指导思想。它是一种观念、一种态度，或者一种企业思维方式。任何企业的营销活动都是在特定的指导思想或观念指导下进行的，确立正确的营销观念，对企业经营成败具有决定性意义。

(二)营销观念的特点

1. 企业营销观念的核心是正确处理企业、顾客和社会三者之间的利益关系

企业利益、顾客利益和社会利益这三者经常发生冲突。一家企业生产一种很普通并有高赢利的产品，它是一种防止茶叶在热水中被分解的纸。然而，生产这种纸的原材料每年使该企业产生98%的废水。即使这种产品在市场上极受顾客欢迎，但它明显地损害了环

境。在相当长的时间内，企业考虑的只是自己的利益，或者主要考虑的是自己的利益，对于顾客的利益考虑甚少，只是在20世纪50年代以后，随着市场局势的变化，企业才真正开始认真考虑顾客的利益问题。20世纪70年代以后，可持续发展模式的确立，迫使企业在市场经济活动中必须考虑社会的整体利益问题。企业必须在全面分析市场环境的基础上，正确处理三者关系，确定自己的原则和基本取向，并用于指导营销实践，才能有效地实现企业目标，保证企业的成功。

2. 企业的营销观念是企业营销活动的根本指导思想，是企业开拓创新经营的前提

观念是先导，有什么样的营销观念，就有什么样的营销思路，有什么样的营销思路，就有什么样的营销策略。企业的营销战略和策略的制定，建立在企业决策者对市场运行规律的领悟、对营销环境的客观认识和分析的基础上，是他们思维方式的体现。企业的决策者若缺乏现代市场营销观念，思想观念陈旧、僵化保守，不敢开拓创新，是无法适应现代市场经济发展的。

3. 企业的市场营销观念是不断发展变化的

随着经济的发展和社会的进步，企业所处的市场环境不断地发生变化，企业的营销活动和实践也随之不断地发生变化，作为企业营销活动的指导思想的营销观念也必然随之不断地变革、发展。企业的营销观念自产生至今已经经历了5个发展阶段，在后面两节中将会详细分析其发展变化过程。

二、影响营销观念变化的因素

营销观念是在对企业经营实践和由实践而产生的经营思想进行广泛考察、深入分析、认真提炼后形成的具有普遍指导意义的经营哲学。

自19世纪末20世纪初市场营销学形成至今，企业经营的市场环境不断地发生着变化，市场的压力迫使企业通过改变自身的经营策略来摆脱困境，于是各种富有创意的企业经营实践不断地产生，营销观念也随之不断地发展、变化。

影响市场营销观念变化的因素有如下四点：

(一) 生产力的发展水平影响市场营销观念变化

经济发展水平的变化是企业营销观念形成与发展最为重要的因素。20世纪初以来，企业的营销观念不断地发生着变化，其背后真正的力量是企业营销环境经历了深刻的变化。

20世纪初，由自由竞争向垄断的过渡使工业发展所需要的大量资本集中问题得到解决。到20世纪的二三十年代，高度发展的生产力使市场供求关系发生了根本的变化，以“生产过剩”为特征的经济危机开始出现，企业市场竞争的压力变得越来越大。这是市场营销学产生的重要背景。以企业为中心的营销观念在这一时期初露端倪。

20世纪50年代中期社会生产力迅速发展，市场趋势表现为供过于求的买方市场，同时广大居民个人收入迅速提高，有可能对产品进行选择，企业之间为实现产品销售的竞争加剧，许多企业开始认识到，必须转变经营观念，才能求得生存和发展。由此，市场营销观念逐渐被众多企业所接受，产生了营销观念的第一次革命。

(二)政策法律和舆论的引导影响市场营销观念变化

企业在一定的社会环境下进行生产经营活动，必然会受到政府以及一些公众组织的影响，也就是说，政府的政策法律以及一些公众的舆论在一定程度上影响着企业的营销观念，因为如果企业与政府的政策或法律相违背，必然会受到政府的制裁或舆论的谴责，从而制约企业的发展。例如，20 世纪 70 年代西方资本主义出现能源短缺、通货膨胀、失业增加、环境污染严重、消费者保护运动盛行等问题，在这样的背景下，众多企业开始审视自身的社会角色，并承担起相应的社会责任，社会营销观念开始被人们普遍接受，产生了市场营销观念的第二次革命。

(三)企业家及企业家群体的素质影响营销观念变化

企业的经营观念及营销观念与企业家有着直接的联系，因为企业家及企业家群体往往在一个企业经营中处于绝对优势地位，他们往往决定着一个企业的战略以及策略的制定。因此，一个企业采取什么样的营销观念与企业家的个人素质有着很大关系，企业家的个人素质和思想影响着企业营销观念的选取。如面对社会环境的破坏、能源短缺等问题，一些思想超前、素质高的企业家可能会从社会长远发展的角度出发来选择本企业的营销观念，采取有利于社会长远发展的营销观念。相反，一些素质较低的企业家可能会单纯地从企业自身出发，不会去考虑社会的发展和利益，采取相应的营销观念。

(四)企业不同的发展阶段影响着营销观念的变化

随着企业发展规模和实力的变化，企业为了适应这种变化往往会对自己的经营方式进行调整，这里就会涉及营销观念的变化与调整，以适应新的发展阶段。

总之，20 世纪初期以来，企业营销观念的不断变化是受多方面影响的，但其背后真正的力量是企业营销环境经历了深刻的变化。

【案例 2-1】

以前能源危机引起了各种各样严肃而又很有趣的发明，这些发明都是为了节省矿物燃料或开辟新的能源。

有位发明家研制了一种新型小汽车，他将汽油箱改为一个高效能的快速甲烷发生器，该发生器可把有机物如杂草等随时转化为燃料；汽车棚顶上装有太阳能电池板，当甲烷用完时可由电池驱动，而在平时电池板给蓄电池充电；另外车上还装有一对风翼，以便在风向和风速适宜的条件下使用。这种汽车采用最先进的设计、材料和工艺技术，不仅重量轻，而且装有十分理想的气动装置。

这位发明家认定这是一个成功的创造，因此便回到老家——墨西哥的一处深山里。他自信世界上所有的厂商都会蜂拥而至，坐等在家也会有人踏出一条通向他家的路来，可到最后什么人也没等到，那项杰出的发明放在那里生了锈，布满了尘埃。

(资料来源：市场营销学案例集锦．http://downjdtvunet/asp/asp1/2004102682344.doc.)

第二节 营销观念的第一次革命

企业营销观念伴随着时代的发展也在不停地发生演变，典型的营销观念可分为生产观念、产品观念、推销观念、市场营销观念和社会营销观念。前三个阶段的观念通常被称为旧观念，是以企业为中心的营销哲学；后两个观念是新的观念，分别是以顾客为导向和以社会整体利益为导向。后两个新观念的出现，对于企业营销活动来说具有深远影响，我们称之为营销观念史上的两次革命。下面我们将分别就以企业为中心的观念、以消费者为中心的观念、以社会整体利益为中心的观念，来讨论一百多年以来企业市场营销观念的演变过程。

一、以企业中心的观念

以企业为中心的市场营销观念，是以企业利益为根本取向和最高目标来处理营销问题的观念。它包括生产观念、产品观念和推销观念。

（一）生产观念

生产观念是指导销售者行为的最古老的观念之一。这种观念产生于20世纪20年代前。企业经营哲学不是从消费者需求出发，而是从企业生产出发。其主要表现是“我生产什么，就卖什么”。生产观念认为，消费者喜欢那些可以随处买得到而且价格低廉的产品，企业应致力于提高生产效率和分销效率，扩大生产，降低成本以扩展市场。例如，美国汽车大王亨利·福特在20世纪初期曾倾全力于汽车的大规模生产，努力降低成本，使消费者购买得起，借以提高福特汽车的市场占有率。亨利·福特曾傲慢地宣称：“不管顾客需要什么颜色的汽车，我只有一种黑色的。”显然，生产观念是一种重生产、轻市场营销的商业哲学。

生产观念是在卖方市场条件下产生的。在资本主义工业化初期以及第二次世界大战末期和战后一段时期内，由于物资短缺，市场产品供不应求，生产观念在企业经营管理中颇为流行。我国在计划经济旧体制下，由于市场产品短缺，企业不愁其产品没有销路，工商企业在其经营管理中也奉行生产观念，具体表现为：工业企业集中力量发展生产，轻视市场营销，实行以产定销；商业企业集中力量抓货源，工业生产什么就收购什么，工业生产多少就收购多少，也不重视市场营销。

生产观念的重点是低价格与低成本，要做到物美价廉，为此就需要在提高生产效率和分销效率上下工夫。专业化水平的提高、分工的进一步深化、规模经济的积累、标准化程度的提高等都有助于提高生产效率和分销效率，因此在生产观念的指导下得到了推动。直到今天，这种经营和营销观念在欠发达的国家和地区仍然是有现实指导意义的。

生产观念假定了顾客的购买兴趣点在于物美价廉。这种经营导向的存在基础是：一是产品供不应求；二是生产成本太高且可以降低成本时。如果现实的市场状况与此不符，它就不再是一种合理的经营观念。

【案例 2-2】

亨利·福特对当时市场的分析是汽车不应只是少数家庭的专利，普通家庭只是因为价格问题才影响了汽车的购买。如果能降低汽车的价格，普通家庭对于汽车有着同样的需求。根据他的研究，只要降低价格至500美元以下，普通家庭就有了现实的购买需求，那么，汽车市场会非常之大。所以，如何降低汽车的成本就成为福特主要努力的方向。为此，福特调整了它的产品结构，专门生产T型车，同时在提高专业化水平方面下工夫。为了提高效率，福特开发出了工业生产流水线。福特的这些措施在当时取得了巨大的成功。福特企业T型车的产量情况如下：福特花了7年时间生产了100万辆；福特只花了18个月时间生产了第二个100万辆；1920年总产量为400万辆；1922年为600万辆；1923年为800万辆；1925年总产量达到了1 200万辆。与此同时，T型车的价格大幅下降：1908年为每辆850美元；1912年为600美元；1920年为440美元；1924年为290美元。在20世纪20年代初叶，福特车占了全美汽车市场总量的6成，世界汽车市场总量的一半。

（资料来源：福特T型车：一款改变了世界的汽车．新浪汽车．http://kns.cnki.net/kns/brief/default_result.aspx.）

(二)产品观念

产品观念也是一种较早的企业经营观念。产品观念认为，消费者最喜欢高质量、多功能和具有某种特色的产品，因此企业应致力于生产高价值产品，并不断加以改进。

这种导向和理念的潜台词是“好酒不怕巷子深”，只要产品好，不愁没有销路。“只要你有更好的捕鼠器，你的门前会踩出一条平坦大道”。在这种观念的指导下，许多企业经营者往往迷恋上自己的产品而对市场的变化缺乏敏感，最后走入歧途。

产品观念产生于市场产品供不应求的“卖方市场”形势下。最容易滋生产品观念的场合，莫过于当企业发明一项新产品时，新产品的开发往往倾注了企业管理者很大的热情和期望，而恰恰是此时，企业最容易产生“市场营销近视症”。

“营销近视症”因为不适当地把注意力放在产品上，而不是市场需要上，在市场营销管理中缺乏远见，只看到自己的产品质量好，看不到市场需求在变化，往往致使企业经营陷入困境。所以，菲利普·科特勒的忠告是“营销经理要看窗外，而不是照镜子”。因为镜子中能看到的是自己，而窗外正在发生深刻的变化。

产品观念的认识误区正在于看不到市场的发展变化和营销环境的变化。营销实践证明，在动态的市场上，产品只对顾客有意义，所以离开了顾客的需求，就什么也谈不上了。

产品观念容易导致“市场营销近视症”，即在市场营销管理工作中缺乏远见，只看见自己的产品质量好，看不见市场需求在变化，结果必然把自己引入困境。

【案例 2-3】

近日，有网友带图发了一条微博，抱怨自己的耳机坏了。意外的是，不少网友发现图中的床单如此熟悉——“我家也有”，很多人表示现在还在用，引发微博狂转……这条床单意外走红，被封为“国民床单”。“国民床单”其实是一条普通印花老式床单，基底为浅水红色，上印有牡丹图案。从20世纪30年代开始风靡市场，时至今日，很多居民家中的这款床单用了接近30年还保存完好，只是这样的产品逐渐淡出了消费者的视线。只在少数渠道还有商家在售，官方正品的价格大概在200元左右。

伴随着“国民床单”的走红，一大批“国民”产品也随之重回大众视野——国民水壶、国民脸盆、国民自行车，这些产品除了饱含复古气息之外，最大的共同点是质量过硬、经久耐用。然而随着时代的发展，当前市面上畅销的很多同类商品在品质上甚至大不如诸多“国民”产品，为什么质量如此出色的一批产品会慢慢被其他商品淘汰呢？最主要的原因还是在于，商家将经营的重点放在产品的品质上，而忽略了消费者喜好的改变、市场环境的改变，顾客如今购买床单之类的商品，除了看重产品的品质，也不会忽视产品的时尚、美观、个性化以及品牌因素等，质量再好的商品一旦不能充分地满足顾客需求，最终也只能被淘汰。

（资料来源：“国民床单”网络爆红 勾起我们童年的回忆．网易新闻．http://lady.163.com/12/0917/17/8BKDDCS2002649P6.html.）

（三）推销观念

推销观念认为，消费者通常表现出一种购买惰性或抗衡心理，如果任其自然的话，消费者一般不会足量购买某一企业的产品，因此，企业必须积极推销和大力促销，以刺激消费者大量购买本企业产品。

推销观念产生于从卖方市场向买方市场的过渡时期。推销观念也曾经是西方许多企业奉行的市场营销管理的指导思想。这种观念是生产观念的发展和延伸。从本质上看，推销观念仍然是一种企业中心论的经营指导思想。和生产观念不同的只是推销观念以抓推销为重点，通过开拓市场，扩大推销来获利。从生产观念转换到推销观念是由于营销环境的变化，但它并没有脱离企业中心论的范畴。因为推销观念只是重视现有产品的推销，只顾千方百计地把产品推销出去，至于顾客是否满意、是否对产品真的有需求则没有给予足够的重视。

在这种观念的指导下，企业更为重视和强调的是所谓的推销技巧、促销力度等，认为营销的成功与否关键在于营销者在这方面的水平高低。因此精心设计各种顾客接待和推销工作，目的就是要抓住顾客，让其购买本企业产品。实际上，只有顾客真正需要的产品才会被接受。在买方市场环境下，市场上存在大量同类商品，能够为顾客所青睐的归根结底还是和顾客需求相吻合的、能够为顾客带来更多满意的产品。高压营销可能会成功一两次，但不可能会长期取得成功。

推销观念在现代市场经济条件下被大量用于推销那些非渴求物品，许多企业在产品过剩时，也常常奉行推销观念。在我国国内企业的市场营销活动中，推销观念还在大行其道。表现为高压营销、大幅增加广告预算、企业热衷于搞炒作争标王、营销策划满天飞、推销队伍一扩再扩、推销力度越来越大等，使潜在顾客处在推销的包围中。实际上，这样做的后果可能不会很理想。随着我国市场经济的不断发展，市场竞争环境越来越激烈，消费者越来越成熟，推销观念将越来越失去效用，甚至会引导企业走入营销的死胡同。

美国管理学家彼得·德鲁克曾说：营销的目的就是要使推销成为多余。在营销管理中，销售可能并不是最重要的那一部分，销售要取得成功，必定要以其他营销功能为前提，这包括了正确把握需求，研制、开发产品满足它，为产品制定合适的价格，为产品选择合适的分销渠道，同时还要合适地促销。所有这些工作做到位后，销售是水到渠成的事。

二、以消费者为中心的观念

第二次世界大战后，市场营销学从概念到内容都发生了深刻的变化。战后的和平条件和现代科技进步，促进了生产力的高度发展。社会产品数量剧增，花色品种日新月异。垄断资本的竞争加剧，销售矛盾更为尖锐。西方国家政府先后推行所谓高工资、高福利、高消费以及缩短工作时间的政策，刺激了人们的购买力，但并未引起其实际购买的直线上升，而只是使消费者需求和欲望在更高层次上变化，对社会供给提出了更高的要求。这时，传统的市场营销观念已经不能适应形势要求，需要进行重大变革。

许多市场营销学者经过潜心研究，提出了一系列新的观念。其中之一就是将潜在需求纳入市场概念，即把过去对市场“是卖方与买方之间的产品或劳务交换”的旧观念，发展成为“市场是卖方促使买方实现其现实的和潜在的需求的任何活动”。这样，凡是为了保证通过交换实现消费者需求而进行的一切活动，都纳入了市场营销学的研究范围。这也就要求企业将传统的“生产—市场”关系颠倒过来，即将市场由生产过程的终点，置于生产过程的起点。这样，也就从根本上解决了企业必须根据市场需求来组织生产及其他企业活动，确立以消费者为中心而不是以生产者为中心的观念问题，即出现了一种全新的市场营销观念，这一新概念导致市场营销学基本指导思想的变化，在西方称这为市场营销学的第一次“革命”。

以消费者为中心的市场营销观念是作为对上述传统营销观念的挑战而出现的一种新型的企业经营哲学。这种观念的基本思想是以满足顾客需求为企业经营活动的出发点，即“顾客需要什么，就生产什么”。它认为组织实现经营目标的关键在于正确确定目标市场的需要和欲望，并且比竞争对手更有效地提供目标市场所期望满足的东西。

市场营销观念(marketing concept)认为，实现企业目标的关键，在于正确确定目标市场的需要和欲望，并且比竞争者更有效、更有利地满足目标市场的需要和欲望。

在这样的指导思想下，“顾客至上”“顾客是上帝”“顾客永远是正确的”“爱你的顾客而非产品”“顾客才是企业的真正主人”等说法成为企业家的口号和座右铭。

【案例 2-4】

说到火锅，人们必然会想到海底捞。要说菜品其实热辣起来也没差太多的口感，但它却能在众多以主打火锅的店中流传千里，原是其贴心服务著称。网络上更是有很多消费者广泛分享其在海底捞的亲身经历，无不让人在海底捞切实感受到了“上帝”

般的待遇。下面给大家分享几条网友发的微博。

网友1：人类已经无法阻止海底捞了。周六去吃火锅，朋友不小心把丝袜给刮了，她饭后还有第二轮，正郁闷得不得了，结果结账时服务员居然递上了全新的丝袜！还是3双！我一下就怔住了……接着那位服务员小妹妹微笑着对我们说："所有海底捞常年都订有丝袜和棉袜，随时给袜子刮坏或者弄脏了的客人更换。"

网友2：有次去上海音乐节结束后吃海底捞，服务员知道我去看了EXO后，就用蜡烛和花瓣在地上摆了EXO的字样。当时把我感动得就差掏出户口本牵他去领证了！

网友3：上次去商场里别的店吃饭，结果走错了走到海底捞了，当时尴尬得不行。结果服务员热情的询问我是不是去隔壁烤肉店，然后把我送到人家店门口。

网友4：一次手打着石膏去海底捞，店长亲自给我端上来一碗鱼头汤，服务员们还站成一排鞠躬祝我早日康复。

类似的经历举不胜举，大家在微博上输入关键词"海底捞"，便可感受到广大网友对海底捞服务是如何的满意。可以说，以顾客为中心这一营销哲学在海底捞可谓是贯彻得深入骨髓。

（资料来源：蛙哥漫画．别拦我，我要嫁给海底捞服务员．搜狐新闻．http://www.sohu.com/a/159609049_603335.）

市场营销观念的出现是企业经营思想史上的一场真正革命。市场营销观念要求企业在营销活动中以顾客需求为中心，即以市场、顾客、消费者为中心，市场需要什么、企业就生产销售什么，是一种按需生产经营的"市场中心论"。营销企业通过向顾客提供各种服务和保证，力求比竞争者更有效、更充分地满足顾客的一切需要，通过满足顾客的需要来获取顾客信任和企业自身的长远利益。在这里，市场成为了生产经营的逻辑起点和自然终点，营销活动从识别市场需要开始，到满足市场需要完成一个相对的循环。

市场营销观念同推销观念相比具有重大的差别。哈佛大学的西奥多·莱维特曾对推销观念和市场营销观念作过深刻的比较，指出：推销观念注重卖方需要；市场营销观念则注重买方需要。推销观念以卖主需要为出发点，考虑如何把产品变成现金；而市场营销观念则考虑如何通过制造、传送产品以及与最终消费产品有关的所有事物，来满足顾客的需要。从本质上说，市场营销观念是一种以顾客需要和欲望为导向的哲学，是消费者主权论在企业市场营销管理中的体现(见图2-1)。

与传统营销观念相比，以需求为导向的市场营销观念具有以下几个方面的不同：

1. 企业经营的出发点不同

传统营销观念的出发点是企业自身利益，而比较忽视顾客的需求。企业只决定生产什么、生产多少以及产品价格的高低；而现代市场营销观念的出发点是市场需求，企业通过调查研究，了解顾客的需求、需求强度等，然后决定生产什么、生产多少以及产品价格的高低。

2. 企业经营的重点不一样

传统营销观念的指导下，企业的经营重点在企业内部，中心是本企业生产的产品；现

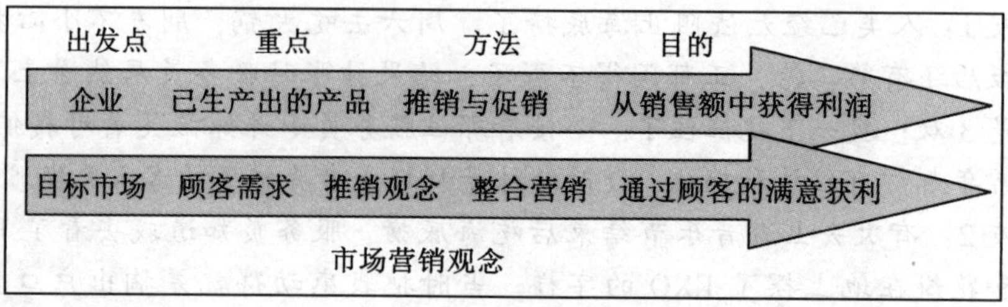

图 2-1　营销观念和推销观念的比较

代市场营销观念则认为，企业的经营重点在企业外部，中心是顾客需求。

3. 企业经营的方式不同

传统营销观念的指导下，企业采用的是单一的经营方式，如生产观念指导下，企业注重的是生产效率的提高和生产成本的压缩，产品观念指导下企业注重的是产品的品质和特色，推销观念指导下企业注重的是推销或促销手段，而现代市场营销观念采用的是整体营销方式，综合运用产品、价格、分销渠道、促销等营销手段。

4. 企业经营的目的不同

传统营销观念指导下，企业通过扩大生产规模或销售规模获取利润，而现代市场营销观念则认为，企业要通过满足顾客的需求而获取利润，企业与顾客要实现“双赢”。

5. 企业经营的导向不同

传统营销观念的指导下，企业奉行产品就是上帝，以生产为导向；现代市场营销观念指导下的企业则视顾客为上帝，重视顾客的满意度，以市场为导向。

市场营销观念的出现，使企业经营观念发生了根本性变化，也使市场营销学发生了第一次质的飞跃或革命。它改变了能够营销观念的思维方式，也改变了传统观念指导下企业的经营策略和手段。从本质上来说，市场营销观念的是一种以顾客需要和欲望为导向的经营哲学，是消费者主权论在企业营销管理中体现。

【案例 2-5】

美国的迪士尼乐园，认为欢乐如同空气一般无所不在。它使得每一位来自世界各地的儿童的美梦得以实现，使各种肤色的成年人产生忘年之爱。迪士尼乐园成立之时便明确了它的目标：它的产品不是米老鼠、唐老鸭，而是快乐。人们来到这里是享受欢乐的。公园提供的全是欢乐。企业的每一个人都要成为欢乐的灵魂。游人无论向谁提出问题，谁都必须用“迪士尼礼节”来回答，决不能说“不知道”。因此游人们一次又一次地重返这里，享受欢乐，并愿付出代价。反观我国的一些娱乐城、民俗村、世界风光城等，那单调的节目，毫无表情的解说，爱理不理的面孔，使人只感到寒意，哪有欢乐可言？由此可见我国企业树立市场营销观念的迫切性。

（资料来源：公开资料整理。）

第三节　市场营销的第二次革命

一、社会市场营销观念的兴起

20世纪70年代出现了能源短缺、人口爆炸、失业增加、通货膨胀、消费者保护运动盛行以及可持续发展思潮大行其道等市场环境的变化，人们对市场营销观念提出了许多批评。认为市场营销观念存在忽视协调满足消费者个人需要与社会长远利益的矛盾，从而造成了大量浪费资源和环境污染等社会弊端。

空气和水似乎是取之不尽的资源，但现在看来这是片面的认识。汽车的汽化器中所用的推进剂有使大气臭氧层变薄的潜在危险；水资源短缺开始成为世界许多地区的大问题；森林和植被这样的可再生资源也必须小心使用，从事林业的企业被要求在砍伐过的地方重新植树，以便保护土壤并保障有足够的木材供应来满足将来的需求；由于世界上越来越多的可耕地正在变为城市地区，食物供应可能是将来的一个主要问题。石油、煤和各种矿物等不可再生资源则给我们提出了一个更为严肃的问题，虽然这些逐渐短缺的资源还没有用尽，但是利用这些资源制造产品的企业正面临着成本的增加，它们可能不得不把这些成本转嫁给用户。当然，从事研究与发展的企业在不断探索新材料和新资源以解决这个问题。

石油被称为工业的血液，是一种最为典型的不可再生的资源，它对将来的经济增长影响极大。在更加经济的能源替代品被开发出来以前，世界上主要的工业国家非常依赖石油。石油将左右着世界的政治和经济格局。20世纪70年代的三次石油危机所带来的影响是十分深远的。石油价格的暴涨，已经刺激了人们对石油替代品的研究。煤的替代使用，如何才能使太阳能、核能、风能以及其他能源形式得到实际的应用等已经成为许多企业深入研究的问题。

【案例2-6】

汉堡包快餐行业提供了可口的然而营养搭配不科学的食品。汉堡包脂肪含量太高，餐馆出售的油煎食品和肉馅饼这两种产品都含有过多的淀粉和脂肪。

美国汽车行业历来为迎合美国公众需要而提供各种大型汽车，与小型汽车相比较而言，它导致了：燃料高消费，严重的污染，更多的车祸，以及较高的购买和修理费用。

软饮料行业为了满足美国公众对方便的需要，增加了一次性使用的瓶子。这种一次性瓶子意味着资源的大量浪费，过去一个瓶子在报废前可重复使用17次，这就是说从前用一个瓶子，现在要使用17个一次性瓶子。许多一次性瓶子都不能进行还原或分解处理，于是这些瓶子常常被扔得遍地皆是。

清洁剂行业为了满足美国人对洁白的衣服的偏爱，推出了一种增白剂，这种产品污染了江湖河流，杀死了鱼虾，并且破坏了自然修复的可能性。

（资料来源：公开资料整理。）

工业发展总是在破坏自然环境的质量，这成了不同国家和地区经济发展的共同路径，特别是在经济发展的初期。公众对环境的关心为企业营销带来了限制与机遇，这种关心导致了人们探索新的不损害环境的方式来生产和包装产品。对环境的关心引起了绿色运动。越来越多的用户和消费者开始与那些对环境保护负责任的企业做生意，而不与那些损害环境的企业做生意。尽管有益环境的产品较贵，他们仍然买这种产品。许多企业正在对这样的需求作出反应，这种需求要求更安全的产品，可重复利用或可降解的包装，更好的污染控制和更节能的生产。

不同国家的政府对环境保护的关心和努力是十分不同的。但总的趋势是对于自然环境的管理力度在不断加强。例如，德国政府非常关心环境的质量，这一方面是由于公众开展的绿色运动势力强大，另一方面是由于原东德生态环境的巨大破坏。当然，也有许多落后国家仍不太关心污染问题，这主要是由于它们缺乏必要的资金和意愿。

在环境保护方面，企业应该是一个主要责任者，它们应该承担更多的社会责任，并开发出更便宜的产品来控制和减少污染。政府应该制定相应的政策来鼓励和制约企业的行为，使之朝这个方面努力。例如，早在1970年，美国就成立了环境保护局(EPA)，该局建立和加强环境保护标准，并负责研究污染的原因和结果。将来，在美国运作的企业会受到来自于政府和环境保护团体更多的制约。营销者不应反对环境保护规则，而应寻找方法来解决世界面临的材料和能源问题。

在这样的背景下，有些学者提出了一些新的观念来修正和代替单纯的市场营销观念。菲利普·科特勒则认为，可代之以社会市场营销观念(societal marketing concept)。

社会营销观念是著名的营销学者 P. Kotler 和 C. Zaltman 在 1971 年最先提出的。他们针对当时的环境恶化、资源短缺等社会问题，提出企业的营销活动不能只局限在处理“如何实现企业利润”和“如何满足消费者需要”二者之间的关系，企业的经营还应该承担起社会责任。营销活动必须恰当地解决好企业利润、满足消费者需要和公共利益三者的关系，要把社会营销观念作为制定企业营销战略和战术的重要指导思想。社会市场营销观念的出现首次将社会整体利益、消费者需求和企业利益同时纳入营销活动的重心，被称作营销史上的第二次变革。

【案例 2-7】

北京时间 2015 年，12 月 14 日，在巴黎气候变化大会最后一次全会上，大会主席、法国外长法比尤斯举起带有大会标志的绿色小锤，宣告里程碑式的《巴黎协定》诞生，全球应对气候变化进程迈出重要一步。

《巴黎协定》指出，各方将加强对气候变化威胁的全球应对，把全球平均气温较工业化前水平升高幅度控制在 2 摄氏度之内，并为把升温控制在 1.5 摄氏度之内而努力。全球将尽快实现温室气体排放达峰，21 世纪下半叶实现温室气体净零排放。

在协定下，各方将以“国家自主贡献”的方式参与全球应对气候变化行动。从 2023 年开始，每 5 年盘点一次全球行动总体进展，以帮助各国提高力度，加强国际合作，实现全球应对气候变化长期目标。

中国外交部发言人洪磊表示，《巴黎协定》确立了 2020 年后以国家自主贡献为主体的国际应对气候变化机制安排，重申了《联合国气候变化框架公约》确立的共同但有区别的责任原则，平衡反映了各方关切，是一份全面、均衡、有力度的协定。

（资料来源：王丰丰．图说《巴黎协定》诞生记．新华网．http://news.xinhuanet.com/world/2015-12/14/c_128526474.htm.）

二、社会市场营销观念的内涵与特点

所谓社会市场营销观念（简称社会营销观念），就是营销企业不仅要满足消费者的需要和欲望，并由此获得企业的利润，而且要符合消费者自身和整个社会的长远利益。要正确处理消费者欲望、消费利益和社会长远利益之间的矛盾。社会营销的任务就在于把上述几个方面的利益协调起来，做到统筹兼顾。

社会营销观念要求企业管理当局在作经济决策时，要综合考虑消费者需要与利益、企业利益与社会利益、眼前利益与长远利益、个体利益与整体利益，在这样的基础上拟出最佳营销计划。

社会市场营销观念是对市场营销观念的修改和补充。市场营销观念的中心是满足消费者的需求与意愿，进而实现企业的利润目标。但往往出现这样的现象，即在满足个人需求时，与社会公众的利益发生矛盾，企业的营销努力可能不自觉地造成社会的损失。

市场营销观念虽也强调消费者的利益，不过它认为谋求消费者的利益必须符合企业的利润目标，当二者发生冲突时，保障企业的利润要放在第一位。社会市场营销观念的基本观点是：以实现消费者满意以及消费者和社会公众的长期福利，作为企业的根本目的与责任。理想的市场营销决策应同时考虑到：消费者的需求与意愿，消费者和社会的长远利益，企业的营销效益。在市场营销观念指导下，决策程序一般是先决定利润目标，然后寻求可行的方法来达到利润目标；社会营销观念则要求，决策程序应先考虑消费者和社会的利益，寻求有效地满足与增进消费者利益的方法，然后再考虑利润目标，看看预期的投资报酬率是否值得投资。

从西方企业营销观念发展的情况来看，企业的市场营销观念的演变是由外部市场环境变化引起的，每一个新观念的产生都是企业适应外部环境变动的结果。自20世纪70年代社会营销观念产生以后，众多的企业开始反思其传统的营销活动，感觉到企业的营销应负有一定的社会责任，在此基础上一系列新的营销观念不断出现，如：绿色营销、整合营销、文化营销、知识营销等。今天，面对21世纪，人们又在对营销进行更高层面的思考。具有前瞻性的企业提出社会、企业、员工的协调与持续发展成为追求的目标，一切产品或服务的营销要符合社会伦理道德，在资源越来越加速消耗的情况下，以环保为己任。相信在未来，这样的营销观念会成为企业营销理念的主流。

【案例 2-8】

当前我国环境问题面临着历史上任何国家都不曾遇到的复杂和严峻局面，对经济社会、生态系统、人民健康乃至国家安全构成威胁，通过相应的保障措施建立循环经济模式已是刻不容缓。回顾我国50多年的发展历程，经济的快速增长在很大程度上建立在对资源、能源的高消耗上，我国单位GDP的资源消耗远远高于世界平均值；与发达国家相比，能源利用效率十分低下。这种传统的发展模式造成了自然生态恶化，环境污染触目惊心。根据专家们分析预计，我国要实现2020年GDP翻两番的经济发展目标，又要保持现有的环境质量，资源生产率必须提高4~5倍，如果进一步想明显改善环境质量，资源和生产效率必须提高8~10倍，这种设想是不太现实的。种种现象表明：传统的发展模式已经走到了尽头，我国必须坚定实施可持续发展战略，走循环经济发展道路。这就要求我国用信息技术和绿色技术改造传统产业，积极利用无害或低害新工艺、新技术，实现少投入、高产出、低污染，推行资源的综合利用，建设工业生态圈等。

（资料来源：公开资料整理。）

【本章小结】

1. 市场营销观念，是企业的管理人员对其营销活动的根本态度、看法，是企业开拓市场、实现经营管理和销售目标的根本指导思想，它概括了一个企业的经营态度和思维方式。

2. 企业的市场营销观念作为一种企业经营活动的指导思想，是随着企业经营实践的变化而不断地发生变化的。迄今为止，企业的市场营销观念经历了五个发展阶段：生产观念、产品观念、推销观念、市场营销观念、全面营销观念。

3. 在市场营销观念发展的过程中，经历了两次革命，第一次革命是市场营销观念的出现，第二次革命是全面营销观念的出现。这两次变革使得市场营销观念更加适应不断变化的市场状况。

【重要概念】

营销观念　生产观念　产品观念　推销观念　市场营销观念　社会市场营销观念

【思考与练习】

1. 为什么说强调产品销售和推广工作的重要性并不是市场营销观念的本质体现？
2. 在现代市场环境下，产品观念为什么是一种似是而非的经营理念？
3. 市场营销观念和推销观念的区别主要体现在哪些方面？
4. 社会营销观念的本质要求是什么？你认为社会营销观念与营销企业的营利本性存在内在冲突吗？
5. 如何理解市场营销观念的深刻内涵？
6. 如何理解市场营销的第二次革命？

【综合案例】

共享单车品牌屡成被告

6月1日下午，广东首宗消费者诉共享单车案在广州市海珠区人民法院开庭审理。就读中山大学的陈某某2017年3月在学校南校区图书馆外，骑一辆某品牌共享单车下坡时摔伤，倒在松园湖畔的绿化带上。就医后，医院诊断陈某某左眉弓软组织缺损，左眼眶、额弓多发骨折。随后，陈某某起诉该共享单车公司，要求对方承担医疗费用、护理费用、交通费用共计12199.72元。

原告陈某某诉称，其通过手机APP租用了由被告运营的共享单车，在骑行至某下坡路段时因减速刹车装置完全失灵，导致无法进行有效制动，其为避免在高速下行时遭受伤害，试图转入平路以减缓车速，却因车速过快，导致其在行驶上人行道后翻转，连人带车撞倒在地，造成身体损伤。原告认为被告未尽必要检查维护义务，涉案单车存在严重安全隐患是事故发生的原因，故被告应当赔偿原告因事故造成的损失。

被告代理人辩称该公司的共享单车均符合国家有关自行车的安全标准，公司日常中有对共享单车的检查维修，进行科学管理，且根据涉案共享单车当天使用情况看，车辆一直处于正常使用状态，不能以车辆受损后的现状来判定车辆在交付原告使用时的状况。

目前，该案件仍在审理中。

据悉，该案是广州地区法院审理的第一件涉共享单车侵权的民事案件。随着共享单车的普及，共享单车成为许多市民喜欢的出行方式。法院方面认为，为保障安全绿色出行，共享单车企业应当加强对共享单车的日常检查与维修，确保共享单车具备安全的运营条件，切实承担起企业应有的社会责任。市民在使用共享单车前也应对车辆的状况进行简单检查，尽量避免使用有安全隐患的共享单车。

（资料来源：方晴．粤共享单车被诉侵权第一案开审　骑行摔伤索赔1.2万．广州日报，2017-06-03.）

讨论题：

1. 当前盛行的共享单车品牌屡屡卷入各种由消费者发起的诉讼，由此思考，共享单车品牌应如何规避法律风险。
2. 你认为共享单车产品应该以哪种营销观念为导向开展经营活动，为什么？

第三章　市场营销环境

【学习目标】

1. 理解营销环境对企业营销活动的制约作用。

2. 掌握市场营销宏观和微观环境因素的构成。

3. 掌握分析、评价市场机会与威胁的基本方法，能够思考企业面对市场营销环境变化应该采取的措施。

【本章摘要】

企业在确立了正确的经营思想后，首先要对市场进行分析，包括影响企业经营活动的市场营销环境。企业营销行为既要受到自身内部情况的制约，也要受到外部条件的影响，在营销活动中，环境因素既是不可控制的，又是不可超越的，企业必须根据环境的实际与发展趋势，自觉地利用市场机会，防范可能出现的威胁，扬长避短，在激烈的市场竞争中求得生存和发展。

第一节　市场营销环境

一、营销环境的含义

任何企业的营销活动不可能脱离周围环境而孤立地进行。环境是企业不可控制的因素，但企业可以认识和预测环境因素，主动地适应和利用环境，重视研究市场营销环境及其变化，努力去影响外部环境，使其朝着有利于企业生存的方向发展。

营销环境是企业营销职能外部的不可控制的因素和力量，这些因素和力量是与企业营销活动有关的影响企业生存和发展的外部条件。如经济、政治、法律、技术、文化、竞争者、消费者和原料提供商等。

根据影响力的范围和作用方式，营销环境可以分为宏观营销环境和微观营销环境。微观环境是指与企业紧密相连，直接影响企业营销能力的各种参与者，包括企业本身、市场营销渠道企业、消费者、竞争者以及社会公众。微观环境直接影响与制约企业的营销活动，多半与企业具有或多或少的经济联系，也称直接营销环境，又称作业环境。宏观环境指影响微观环境的一系列巨大的社会力量，主要是人口、经济、政治法律、科学技术、社会文化及自然生态等因素。宏观环境被称作间接营销环境。宏观环境一般以微观环境为媒介去影响和制约企业的营销活动，在特定条件下，也可直接影响企业的营销活动。宏观环境因素与微观环境因素共同构成多因素、多层次、多变的企业市场营销环境的综合体如图3-1所示。企业市场营销的本质，就是解决微观环境、宏观环境和企业经营目标这三者的动态平衡。

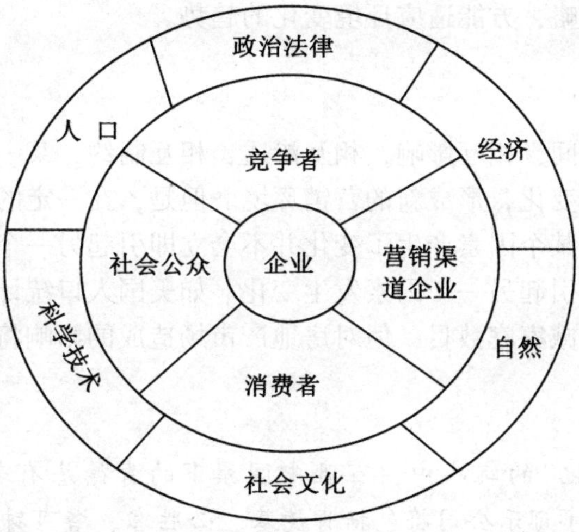

图3-1　市场营销环境构成

二、营销环境的特点

市场营销环境是企业生存和发展的必要条件。营销环境的发展和变化，既可能给企业带来发展的机遇，也可能带来严重威胁。企业想要在复杂多变的营销环境下抓住机会、避开威胁，首先就必须充分了解营销环境的特点。

(一)不可控性

环境作为营销部门外在的不以营销者意志为转移的因素，对企业营销活动的影响具有强制性和不可控性的特点。一般而言，企业无法摆脱和控制营销环境，特别是宏观环境因素的束缚，然而，企业可以采取有效的营销策略去适应，甚至在一定程度上去影响营销环境，制定并不断完善市场营销策略。众所周知，事物发展与环境变化的关系，适者生存，不适者淘汰，就企业与环境的关系来讲，完全适用。

(二)多变性

营销环境由诸多因素构成，而每一构成因素都是随着社会状况的变化而不断变化的，营销环境是一个动态系统。环境的改变对企业而言既是一种威胁，同时也会带来一定的机会，虽然企业无法准确预测环境的变化，但可以通过设立预警系统，追踪不断变化的环境，及时调整营销策略。

(三)差异性

不同的国家或地区之间、同一国家不同地区之间、同一国家同一地区不同时空，其宏观环境因素存在广泛差别，如政治法律、政治状况、文化宗教等。营销环境的差异，导致企业要适时调整营销策略，方能适应环境变化的趋势。

(四)关联性

营销环境诸因素之间，相互影响，相互渗透，相互制约，某一因素发生变化，其他因素的状况也会随之发生变化，形成新的营销环境。但是，在一定的时间内，各个因素之间又有一定的分离性，即某个因素产生了变化并不会立即引起另一个因素发生变化，而要经过一段时间的影响才会引起另一个因素发生变化。如美国人口统计理论指出，外来移民数量增减，直接影响是增减家庭数目，但对房地产市场造成的影响将在10年之后显现。

【案例3-1】

在“全球本土化”的实践中，百胜中国旗下的肯德基有着诸多成功的经验(注：1997年10月，百事可乐公司将包括肯德基、必胜客、塔可钟在内的三个连锁快餐业务剥离，成立百胜全球餐饮集团。2016年百胜全球拆分成“百胜中国”和“全球百盛餐饮集团”两家独立的上市公司)。20世纪90年代，肯德基在中国拓展市场伊始，公司就聘请深谙中国文化、祖籍山西出生于我国台湾地区的苏敬斌先生担任中国地区市场经理。在其掌舵下的肯德基中国团队得到百胜全球的充分授权，先后推出川香辣子鸡、老北京鸡肉卷、豆浆、油条、粥等一系列本土化产品，获得中国消费者的好评和青睐。但是百胜全球依然对于采购、物流配销、人员管理和培训等进行严格的管控。

除此之外，麦当劳、星巴克等全球化企业都在“全球本土化”领域有着诸多探索、创新和成功经验。在“全球本土化1.0”时代，全球化企业的本土化创新更多体现在营销层面，即在产品、服务、渠道等方面倾听本土消费者的需求，提供更为贴近消费者的营销方案，以促成购买的达成。

(资料来源：从肯德基到红版报：“全球本土化”的演化．新华网．http://finance.sina.com.cn/roll/2017-07-31/doc-ifyinryq7197653.shtml.)

第二节　宏观市场营销环境

宏观市场营销环境是指对企业营销活动带来市场机会和环境威胁的主要社会力量，包括人口、经济、自然、技术、政治法律、文化等因素，是企业不可控的外部力量，企业及其微观营销环境的参与者无不处于各种宏观环境中。

一、人口环境

人口是构成市场的第一位要素。所谓人口环境是指目标市场在人口方面的各种状况。

这些不同的状况必然影响到目标市场购买者的消费需求及其购买行为。人口环境对市场营销的影响往往是整体性和长远性的，特别是对人们所需求的生活必需品方面的影响十分巨大，因此，进行市场营销的企业必须十分重视对人口环境的研究。市场是由有购买欲望同时又有支付能力的人构成，人口的多少直接决定着市场的规模，因此，企业必须十分重视人口环境研究。

(一)人口总量

一个国家或地区的总人口数量，是衡量市场潜在容量的重要因素。目前，世界人口环境正发生明显的变化，主要趋势是全球人口持续增长，人口增长首先意味着人民生活必需品的需求增加；发达国家人口出生率下降，而发展中国家出生率上升，90%的新增人口在发展中国家，使得这些国家人均所得的增加以及需求层次的升级受到影响。截至2016年年末，我国大陆拥有13.8亿人口，约占世界人口的1/5，预计2049年，我国将达到16亿人；2050年世界人口将达89亿人。国家统计局数据显示，2018年末中国大陆总人口(包括31个省、自治区、直辖市和中国解放军现役军人，不包括中国香港、中国澳门特别行政区和中国台湾地区及海外华侨人数)139538万人，比2017年末增加530万人。

(二)人口年龄结构

人口年龄结构是指人口总数中各年龄层次的比例构成。它主要在以下方面影响市场营销活动：第一，不同年龄层次的购买者的收入状况不同；第二，不同年龄层次的购买者家庭的大小不同，其购买力的主要投向不同；第三，不同年龄层次的购买者对商品的价值观念不同影响着其购买行为。例如，婴儿需要奶粉、尿不湿等；儿童需要玩具、故事书、识字课本等；年轻人需要潮流服装、护肤品、旅行产品等；老年人需要保健品、老花镜、助听器等。

(三)家庭组成

家庭是社会的细胞，也是商品采购和消费的基本单位，因而有些商品特别是以家庭为单位进行消费的商品的购买行为受家庭状况的影响比较大，如住房、家用电器等。再者，处于不同家庭生命周期(指一个以家长为代表的家庭生活的全过程)的家庭，由于收入、购买力倾向、价值观念等不同，家庭购买行为相差很大。按照年龄、婚姻、子女等状况，可将家庭的生命周期划分为七个阶段：

(1)未婚期，年轻的单身人群；
(2)新婚期，年轻夫妻，没有孩子；
(3)满巢期一，年轻夫妻，有六岁以下子女；
(4)满巢期二，年轻夫妻，有六岁及以上子女；
(5)满巢期三，年纪较大夫妻，有已能自立的子女；
(6)空巢期，身边没有孩子的老年夫妻；
(7)孤独期，单身独居老人。

与家庭组成相关的还有家庭人数，而家庭平均成员的多少又决定了家庭单位数，即家庭户数的多少。一个市场拥有家庭单位和家庭平均成员的多少，以及家庭组成状况等，对市场消费需求的潜量和需求结构，都有十分重要的影响。随着计划生育、晚婚晚育的倡导和实施，职业妇女的增多，单亲家庭和独身者的涌现，家庭消费需求的变化甚大。

(四)人口地理分布

人口的地理分布是指人口居住地区上的疏密状况，它对市场营销的影响主要表现在两个方面：第一，不同地区的人由于消费习惯和消费支出的结构不同，对商品的基本需求就不同。人口处在不同的地区，其消费需求千差万别。俗话说："十里不同风，百里不同俗。"第二，城乡居民由于生活环境的差异其对商品的需求也不同。如针对同一个商品，城乡居民对其在档次、花色、品种、功能的各个方面都有不同的评价。

(五)人口性别结构

男性和女性由于生活和工作的特点不同，以及自身的生理、心理等方面的差别，导致男性和女性对于商品的需求以及购买行为都有很明显的差别。受传统思想的影响，男主外、女主内，购买家庭日常用品者多为家庭主妇，购买家庭耐用的大件商品如家用汽车、电器等则多为男性购买者。

(六)人口流动状况

我国是一个人口大国，由于地区经济发展的不平衡，社会的进步、科学技术水平的提高产生了大量农村剩余劳动力和城镇剩余劳动力，这些劳动力对就业机会的寻找客观上要求有充分的流动性。同时，随着我国城镇化建设速度的加快，为了实现劳动者自身价值的需要，只有让其自由流动，才能让其找到充分实现自身作用的位置，满足劳动者收回投资和致富的需求。

二、政治法律环境

政治法律环境是强制和约束企业市场营销活动的各种社会力量的总和。政治法律环境的变化对企业的经营活动有着十分重大而深远的影响，尤其是进行国际市场营销的企业更要十分注重目标市场的政治法律环境。因而，企业在分析市场营销环境时，必须把对政治法律环境的分析放在十分重要的地位。一般而论，政治法律环境包括一个国家的政治形势、经济政策、贸易立法和消费者权益保护组织等。

(一)政治环境

政治环境是指企业营销时所处的国内政体稳定与否的状况以及国际政治气候等。在某一时期，各国政局的差异会导致该国对内、对外一系列经济政策的相应变化，进而影响着企业的市场营销活动。因此，企业必须研究目标市场的政治环境，以避免政治上的风险，减少经济损失，甚至可以利用政治环境的变化，创造良好的市场机会。对国家政治环境的分析，应了解"政治权力"与政治冲突对企业营销活动的影响。政治权力影响市场营销，往往表现为由政府机构通过采取某种措施约束外来企业，如进口限制、外汇控制、劳工限制、绿色壁垒等。政治冲突是指国际上的重大事件与突发性事件，如“9·11”事件、美伊战争等，对企业市场营销工作影响或大或小，有威胁，也有机会。

【案例 3-2】

由于中美贸易摩擦的持续影响，到 2019 年年中，美国的诸多行业因此受到波及。据彭博社 2019 年 6 月 5 日报道，美国钻石珠宝及腕表品牌蒂芙尼(Tiffany & Co.)管理层在一场电话会议上说，2019 年一季度来自游客的总销售额同比下降了 25%，其中，中国游客降幅更大。

德意志银行外汇策略师罗宾·温克勒(Robin Winkler)在一份报告中称，中国旅游业在全球贸易中举足轻重，从这一方面来说，美国要比中国损失更多。中美贸易摩擦可能会对中国家庭收入增长造成冲击，从而抑制中国新兴中产阶级对海外旅行的需求。另一方面，人民币汇率走低也可能会使中国游客更难负担得起海外旅游。

在中美贸易关系紧张的背景下，2018 年中国赴美游客数量 15 年来首次下降。根据美国国家旅游局数据，2018 年，中国赴美国游客数量达 290 万人，同比下降 5.7%，是自 2003 年来中国赴美游客数量出现下降以来首次。

2019 年 6 月 4 日，中国外交部、文化和旅游部发布赴美安全提醒称，近期，美国执法机构多次采取出入境盘查、上门约谈等多种方式骚扰赴美的中国公民。外交部和中国驻美国使领馆提醒赴美中国公民和在美中资机构提高安全意识，注意加强防范。提醒有效期至 2019 年 12 月 31 日。这一安全提醒预计将进一步减少赴美中国游客数量。

(资料来源：聂琳. 中美贸易摩擦波及美诸多行业，赌博航空奢侈品首当其冲. 界面新闻. https://baijiahao.baidu.com/s? id=1638010469863252004&wfr=spider&for=pc.)

(二)法律环境

法律环境是指国家或地方政府颁布的各项法律、法令和条例等。各国由于社会制度不同，经济发展阶段和国情不同，体现统治阶级意志的法制也不同，为保证本国经济的良好运行，各国政府都颁布有相应的经济法律来制约、维护、调节企业的活动。如我国颁布了许多法律法规，消费者权益保护法、价格法、广告法、专利法、计量法、知识产权保护法和反不正当竞争法等。

三、经济环境

经济环境一般指影响企业市场营销方式与规模的经济因素，如经济发展阶段、地区与行业的经济发展状况、社会购买力水平等。市场规模的大小不仅取决于人口的多少，另一个重要的方面，还要取决于社会购买力的大小。因此应当密切注意购买力的增减变动所带来的环境机会和环境威胁。社会购买力是一系列经济因素的函数，总的说来，社会购买力取决于国民经济的发展水平以及由此决定的国民平均收入的水平。而整个社会购买力则直接或间接地受消费者收入、价格水平、消费者支出状况、储蓄和消费信贷等经济的影响。

(一)经济发展阶段

美国学者罗斯托(W. W. Rostow)的经济成长阶段理论，把世界各国的经济发展归纳为五种类型：(1)传统经济社会；(2)经济起飞前的准备阶段；(3)经济起飞阶段；(4)迈向经济成熟阶段；(5)大量消费阶段。通常认为，人均国民生产总值从300美元上升到1 000美元是经济起飞前的准备阶段；超过1 000美元则进入经济高速发展的起飞阶段。我国目前处于经济起飞前的准备阶段，若按目前经济的发展速度稳定发展下去，不久的将来，我国经济将进入起飞阶段。

(二)地区与行业的发展状况

我国各地区经济发展不平衡。在东部、中部和西部三大地带之间，其经济发展水平客观上存在着东高西低的总体区域态势。同时，我国行业和部门的发展也有差异。企业一方面要处理好与有关部门的关系，加强联系；另一方面，则要根据本企业所处的行业或部门发展状况，制定切实可行的营销策略。

(三)购买力水平

购买力是构成市场和影响市场规模大小的重要因素。购买力大小则由消费者收入、支出和储蓄等因素决定。

(1)消费者收入。消费者收入包括消费者个人工资、红利、租金、退休金、馈赠等收入。它分为个人可支配的收入和可任意支配的收入。个人可支配收入是指从个人收入中，减去缴纳税收和其他经常性转移支出后，所余下的实际收入。个人可任意支配收入是指在可支配收入中减去这部分维持生活的必需支出余下的部分，这是影响消费需求变化的最活跃的因素。

从社会发展来看，一个国家越发达，其国民的个人可任意支配收入就越多，企业的市场营销活动就越有意义。

(2)消费者支出模式。消费者支出模式是指消费者购买各种产品占总支出的比例。消费者支出模式主要受消费者收入的影响。随着消费者收入的变化，消费者支出模式就会发生相应变化。这个问题涉及“恩格尔定律”，而恩格尔定律通过恩格尔系数来说明问题。

$$\text{恩格尔系数} = \text{食物支出额}/\text{收入总额} \times 100\%$$

西方的一些学者往往以恩格尔系数作为衡量一个国家富裕程度的标准。一般认为，恩格尔系数大小与生活水平高低息息相关。消费者支出模式与消费结构，不仅与消费者收入有关，而且受以下因素影响：家庭生命周期所处的阶段；家庭所在地址与消费品生产供应状况；城市化水平；商品化水平；劳务社会化水平；食物价格指数与消费品价格指数变动是否一致等。恩格尔定律的一般表述：①随着家庭收入增加，用于购买食品的支出占家庭收入的比重(即恩格尔系数)就会下降；②随着家庭收入增加，用于住宅建筑和家务经营的支出占家庭收入的比重大体不变(燃料、照明、冷藏等支出占家庭收入的比重会下降)；③随着家庭收入增加，用于其他方面的支出(如服装、交通、娱乐、卫生保健、教育)的支出和储蓄占家庭收入的比重就会上升。

研究支出结构的现状和发展趋势，有利于企业确定经营方向。不同国家和地区的居民，由于经济状况的不同，导致对不同产品的消费倾向表现出巨大差异，对相应商品的需求量也会产生明显区别。

(3)实际收入与名义收入。消费者收入有实际收入和名义收入之分，两者尽管关系密切，但并不总是一致。由于通货膨胀、失业、税收等因素的影响，有时名义收入虽然增加，但实际收入反而下降。例如，从20世纪70年代到80年代初，美国的货币收入一直是增加的，但由于通货膨胀率超过货币收入的增长率，平均失业率高达6%～10%，以及税收增加等因素的影响，人均实际收入反而下降，购买力随之减弱。

(4)消费者储蓄额占总收入的比重和可获得的信贷。储蓄指城乡居民将可任意支配收入的一部分储存待用。我国人均收入水平虽不高，但储蓄率相当高，较高储蓄率会推迟现实的消费支出，加大潜在的购买力。从银行储蓄存款余额不断增长趋势看，国内市场潜力很大，如表3-1所示。信贷指金融或商业机构向有一定支付能力的消费者融通资金的行为。消费信贷主要形式有短期赊销、分期付款、信用卡结算等。

表3-1　**我国城乡居民储蓄余额**

项　目	2010年	2011年	2012年	2013年	2014年
城乡居民年底储蓄存款余额(亿元)	303302	343635	399551	447601	485261
平均每人储蓄存款余额(元)	22619	25505	29508	32894	35477

资料来源：国家统计局。

四、社会文化环境

社会文化主要指一个国家、地区的民族特征、价值观念、生活方式、风俗习惯、宗教信仰、伦理道德、教育水平、语言文字等的总和。人类在某种社会生活，久而久之，必然会形成某种特定的文化，这种社会文化是企业所面临的一种较为复杂和难以理解的市场环境因素，了解不同社会文化和考虑各文化差异，对企业的市场营销决策活动影响十分重大。

(一)价值观念

价值观念是社会文化环境的核心，指人们对社会生活中各种事物的态度和看法，如人们的生活准则和处世的态度等。不同的文化背景下，价值观念差异很大，影响着消费需求和购买行为。如东西方人对待储蓄与信贷消费观念相差甚远，中国人崇尚节俭，多有储蓄，不愿贷款，怕背债务；美国人愿意借贷消费，美国消费者注意商品的包装与装潢，包装与装潢新奇的商品，能激起他们的购买欲，英国人忌用人像作为商品的装饰。对于不同的价值观念，营销管理者应研究并采取不同的营销策略。

(二)风俗习惯

风俗习惯是人们在一定的社会物质条件下，长期形成的风尚、礼节、习俗、惯例和行为规范的总和。它主要表现在人们的饮食、服饰、居住、婚丧、节日、道德伦理、心理、行为方式和生活习惯等方面。给英国、加拿大女士送鲜花时，不要送百合花，其象征死亡。而在我国百合花喻义百年好合，象征吉祥。巴西人忌讳棕色和黄色，他们以棕色为凶色，认为人死好比黄叶落下，而泰国、哥伦比亚等国则喜爱黄色，认为黄色代表和谐等。企业要想获得成功的营销，不仅要遵从国际商务礼仪，而且要了解各国风俗习惯，做到有的放矢。

(三)宗教信仰

在生产力低下，人们对自然现象和社会现象迷惑不解的时期，人们追求生活的幸福、安全等容易带着盲目崇拜的宗教色彩。沿袭下来的宗教色彩，逐渐形成一种模式，影响人们的消费方式。在中东伊斯兰社会里，宗教和等级制度根深蒂固。宗教控制和影响着国家的经济、政治和日常生活，忽视了宗教就不能从事商务活动，不尊重对方的教义和习俗，他们是不可能和你做生意的。同宗同族的人在做生意时占有天然的优势。与阿拉伯人做生意时，与对方讨价还价是对对方的尊重，不讨价还价即将东西买走的人，受不到店主的尊重。

【案例3-3】

在日本，商品包装忌用荷花，日本人认为荷花意味着祭奠；日本人对饰有狐狸或獾图案的物品也很反感，认为二者是贪婪狡猾的象征；在数字上，日本人忌用“4”和“9”，因在日语发音中，“4”同“死”相近，“9”与“苦”相近。

在英国，商品包装上忌用白象，白象的英文是white elephant，象征好吃懒做，有大而无用之意；英国人还忌用山羊和孔雀做商标，认为孔雀是祸鸟，孔雀开屏，是一种自我炫耀的不良习惯。

在法国，对墨绿色特别厌恶，这是基于对第二次世界大战的痛苦回忆。

在中东，一些国家严禁带有六角形图案的商品包装；包装图案不能用美女照片，色彩方面，以绿色最受欢迎，白色镶边或白底上的红绿色，也较合乎当地人的审美观念。

在埃及人面前，不能把两手的食指碰在一起，他们认为这个手势是不雅的。

伊拉克人忌讳蓝色，认为蓝色是魔鬼的象征；他们除不吃猪肉以外，还不吃辣椒和蒜。

总之，出口产品前，务必使包装式样或图案与商品接受地的风俗习惯保持一致。

(资料来源：公开资料整理。)

(四)审美观

审美观通常指人们对某种事物的好坏、美丑、善恶的评价。不同的国家、民族、种族、宗教、阶层等，往往有不同的审美标准、审美意识和审美习惯。审美观直接影响着人们对商品式样、规格、色彩、品种、装潢、包装等的选择。审美观是随着时代的发展而发展的，而不是一成不变的。

(五)教育水平

教育水平不仅影响劳动者收入水平，而且影响着消费者对商品的鉴别力，影响消费者心理、购买的理性程度和消费结构，从而影响着企业的营销策略的制定和实施。

五、科学技术环境

科学技术是第一生产力，科技的发展对经济发展有巨大的影响，不仅直接影响企业内部的生产和经营，还同时与其他环境因素互相依赖、互相作用，给企业营销活动带来有利与不利的影响。新技术的应用，既会引起企业市场营销策略的变化，还会改变经销商的经营业态和消费者购物习惯的变化。任何企业如果不能及时跟踪该行业的科研趋势，不断开拓创新，将会面临生存和发展的压力。一种新技术的应用，可能为企业创造一个明星产品，并产生巨大的经济效益，也有可能迫使企业的一种已经成功的传统产品不得不退出市场。

当前高新技术高新基础产业蓬勃发展，企业生产水平的增长越来越依赖科技的进步，产品从进入市场到被市场所淘汰的时间周期越来越短，新兴产业的出现越来越频繁。

【案例3-4】

中国信息中心专家委主任宁家骏认为，目前我国经济发展方式并没有发生根本改变，如何运用“互联网+”来推动优势传统产业可持续发展，推动网络和产业之间的融合形成新的价值链、产业链、新的服务模式和业态是最关键的。

众所周知，我国医疗资源分布不均、信息不对称，看病难、就医难一直是大难题。当医疗遇上互联网会发生什么“化学反应”？金蝶医疗软件科技有限公司总经理陈登坤表示，互联网一大特点就是用户可以实时体验，通过互联网与传统产业融合，关键在于转变企业固有思维，以消费者的视角去考虑。现在，以往保守、传统的医院开始觉醒，也在主动拥抱互联网。

“以前，大家在医院等几个小时排队挂号觉得很正常，在移动互联网普及的今天，大家更加重视时间的价值。”陈登坤告诉记者，截至目前，他已在全国范围签约了70多家医院，通过互联网和医院的跨界合作，整合医疗资源，科学调配医疗信息，让患者看病更加便捷。

去年开始，金蝶与广州市妇女儿童医疗中心合作，通过网络已连接了25万患者，使用智能手机直接获取基本医疗服务：挂号、缴费、查看检查报告、住院押金、住院结算等，除了诊断和治疗其他都在线上完成。数据显示，该业务平均为患者从进入到离开医院，节省了47分钟。而医院原来的10多个缴费窗口也因此变成了5个，节约了不少成本。

“越来越多的医疗机构已经意识到‘互联网+’的可能性和重要性，今年我们计划签约全国500家医院。医疗与互联网的融合产生了无限创新可能，未来互联网医疗的市场潜力非常大。”陈登坤说。

（资料来源：高亢，周相吉．当传统产业遇上互联网——“互联网+”带来的裂变．新华网．http://news.xinhuanet.com/2015-04/26/c_1115092767.htm.）

六、自然环境

自然环境主要指企业为生产消费者需求的各种产品，而从自然界获得原材料及其受营销活动所影响的自然资源。营销活动要受自然环境的影响，也对自然环境的变化负有责任，营销管理者应注意当前自然环境面临的难题和趋势，如资源短缺的加剧、环境污染愈加严重、能源成本的持续上涨等。自然环境的恶化引发全社会对环境保护的重视，也使得企业在营销过程中不得不将自然环境状况列入重要的考虑范畴。

第三节 微观市场营销环境

企业营销活动的微观环境要素主要是指对企业营销活动过程和结果有直接影响的各种力量，这些要素与企业经营的供应链直接发生关联，包括以下几种内容。

一、企业内部环境

企业为开展营销活动，必须设立某种形式的营销部门，而且营销部门不是孤立存在的，它还面对着其他职能部门以及高层管理部门，如图 3-2 所示。从纵向看，有战略管理(高层管理)、职能管理(中层管理)和作业管理(基层管理)三个层次的管理；从横向看，有技术开发管理、生产管理、物资供应管理、市场营销管理、财务管理、人事管理部门。企业内部的这些部门与机构构成了企业内部营销环境，市场营销部门在制订营销计划和决策的时候，不仅要考虑到企业外部的环境力量，也要考虑到企业内部各部门的协调。

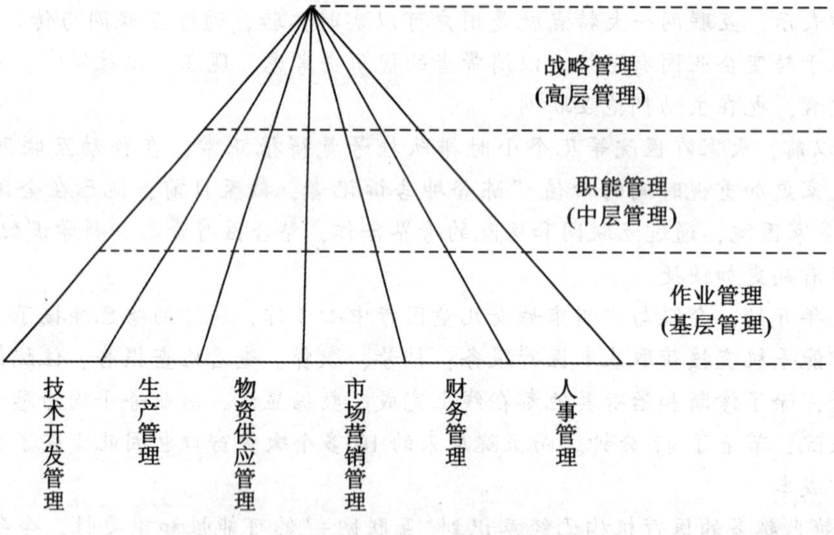

图 3-2 企业管理体系

企业高层管理是企业管理体系中最重要的组成部分，处于统帅地位。高层管理由董事会、总经理及其办事机构组成，负责企业管理全局，确定企业的任务、目标、方针政策和发展战略。营销部门在高层管理部门规定的职责范围内作出营销决策，市场营销目标属于企业总目标，并为总目标服务的次级目标，营销部门所制订的计划也必须在高层管理部门批准后实施。市场营销部门一般由企业主管市场营销的副总经理、销售经理、推销人员、广告经理、营销研究与计划及定价专家等组成。它包括市场研究、订货合同、销售渠道、广告宣传、产品定价、为用户服务等方面的管理工作。营销部门在制定和实施营销目标与计划时，不仅要考虑企业外部环境力量，而且要充分考虑企业内部环境力量，争取高层管理部门和其他职能部门的理解和支持。

二、顾客环境

顾客是企业服务的对象，也是营销活动的出发点和归宿。企业的一切营销活动都应以满足消费者的需要为中心。因此，消费者是企业最重要的环境因素。企业经营的实践证明：谁能赢得顾客对企业的信任和支持，谁就能在市场上立于不败之地。企业必须充分的了解、研究顾客需求。企业要认真研究为之服务的不同顾客群，研究顾客的类别、需求特点、购买动机、购买规律以及从事购买的人员或组织、购买方式等，使企业的营销活动能针对顾客需要，符合顾客的愿望。

虽然营销人员可以支配目标市场的选择，但也不能控制人口的各种特征。为了应对这些不可控制因素，市场营销人员必须了解影响消费者行为的文化、社会因素。一般来说，消费者的购买决策会受到家庭、朋友、宗教、教育水平、职业、行为准则、禁忌、习俗和其他形成文化、社会因素的影响。

【案例 3-5】

杭州“狗不理”包子店是天津狗不理集团在杭州开设的分店，地处商业黄金地段。正宗的“狗不理”以其鲜明的特色(薄皮、水馅、滋味鲜美、咬一口汁水横流)而享誉神州。但正当杭州南方大酒店创下日销包子万余只的纪录时，杭州的“狗不理”包子店却将楼下三分之一的营业面积租让给服装企业，依然“门前冷落车马稀”。

当“狗不理”一再强调其鲜明的产品特色时，却忽视了消费者是否接受这一“特色”。那么受挫于杭州也是势在必然了。

首先，“狗不理”包子馅比较油腻，不合喜爱清淡食物的杭州市民的口味。

其次，“狗不理”包子不符合杭州人的生活习惯。杭州市民将包子作为便捷快餐对待，往往边走边吃。而“狗不理”包子由于薄皮、水馅、容易流汁，不能拿在手里吃，只有坐下用筷子慢慢享用。

最后，“狗不理”包子馅多半是蒜一类的辛辣刺激物，这与杭州这个南方城市的传统口味也相悖。

(资料来源：中国经典营销案例库. http://www.360doc.com/content/16/0306/10/31296241_539801397.shtml.)

三、竞争环境

竞争是绝对的，并决定企业成败，竞争同时创造需求使企业强大，竞争中有的企业衰落，更多的企业成长起来，所以，企业不能回避竞争，回避意味着限制自我发展，缺乏竞争的勇气往往使企业丧失持续发展的劲头，正确地看待竞争、主动迎接竞争是企业成败的关键。竞争者主要有以下几种形式：

1. 欲望竞争者

欲望竞争者是满足消费者目前各种不同的欲望的竞争者。人的欲望有多种多样，但是由于收入及各种客观条件的限制，导致诸多欲望很难同时满足，在某一时刻可能只能满足其中的某一个欲望，这样就产生了各种不同欲望的竞争。如汽车企业可将房地产、高档耐用消费产品等企业看作竞争对手，因为消费者若购房或购买其他高档消费品，就无力消费汽车了。

2. 一般竞争者

一般竞争者指提供不同产品以满足同一种需要的竞争者，是在决定需要类型后的次一级竞争，也称平行竞争。如汽车企业不仅将所有汽车制造商作为竞争者，而且将摩托车、自行车等制造商作为竞争者，因为它们都能满足消费者出行的需要。

3. 产品形式竞争者

产品形式竞争者指满足同一需求的产品的各种不同产品形式间的竞争者。同一产品，规格、型号不同，性能、质量、价格各异，消费者将在充分收集信息后作出选择，如购买空调的消费者，要对空调的款式、性能、质量、价格、服务等进行多方比较后再作决策购买。

4. 品牌竞争者

品牌竞争者指满足同一需要的同种形式产品不同品牌之间的竞争。这种竞争只是对参与竞争的同种形式的产品附加了特定品牌而已。如购买可乐的消费者，往往在百事可乐和可口可乐之间作出选择，顾客并不能很好地分辨口感的区别，而往往依据品牌的差异作出选择的标准。

四、营销渠道企业环境

营销渠道是企业在完成营销活动的过程中，协助企业将产品从上游转移到消费者手中的各种不同组织，它们协助企业完成营销活动的不同环节，主要包括以下几个方面：

(一)供应商

供应商是向企业及其竞争者提供生产经营所需资源的企业或个人，包括提供原材料、部件、能源、劳动力和资金等资源的企业和组织。供应商对企业营销业务有实质性的影响，其所供应的原材料数量和质量将直接影响产品的数量和质量；所提供的资源价格会直接影响产品成本、价格和利润。根据不同供应商所供货物在营销活动中的重要性，企业对供货商进行归类、建档，以便合理协调资源，保持与供应商的良好关系，切实保证货源供应在时间上和连续性上满足生产的顺利进行。

(二)中间商

营销中间商主要指协助企业促销、销售和经销其产品给最终购买者的机构，包括中间商、物流企业、营销服务机构和财务中介机构。

五、社会公众

社会公众是指对企业实现其市场营销目标构成实际或潜在影响的任何团体和个人，如：影响企业融资能力的金融机构(开发银行、投资企业、证券经纪企业、保险企业等)的融资公众；报纸、杂志、广播电台和电视台等大众传播媒体的媒介公众；负责管理企业营销业务的有关政府机构的政府公众；保护消费者权益的组织、环保组织及其他群众团体等的社团公众；企业所在地邻近的居民和社区组织的社区公众；上述各种关系公众之外的其他的一般公众；企业的员工，包括各层管理人员和一般职工，都属于内部公众等。

第四节　市场营销环境分析

市场营销环境通过对企业构成威胁或提供机会来影响企业的营销活动。

一、环境威胁

环境威胁是指环境中不利于企业营销的因素的发展趋势，对企业形成挑战，对企业的市场地位构成威胁。这种挑战可能来自于国际经济形势的变化，也可能来自社会文化环境的变化等。如2008年9月美国信贷危机的爆发，给世界多数国家的经济和贸易带来负面影响；某些国家实施“绿色壁垒”，对那些生产产品不完全符合环保水平要求的企业，会带来进入市场的难度加大等负面影响等。

企业最高管理层可以用“环境威胁矩阵图”来分析、评价，如图3-3所示。环境威胁矩阵图的横排代表“出现威胁的可能性”，纵列代表“潜在的严重性”，表示赢利减少程度。由图3-3可见，1、9类潜在威胁严重性大，出现威胁的可能性也大，这一类是企业最应该引起重视，甚至应设立相对固定的机构进行相关威胁处理；2、7、8类潜在严重性大，但出现威胁的可能性小，这一类是企业较应该引起重视，准备应急预案，但不必设立相对的机构进行威胁处理；3、4、5类潜在严重性虽然不大，但出现的可能性大，这一类是企业应该引起重视，并将威胁处理职能交由或划归某常设立机构，以便及时处理；6、10类潜在严重性不大，出现的可能性也不大，这类不是主要威胁，也可不必花太多精力处理。

出现威胁的可能性

潜在的严重性	高	低
高	1、9	2、7、8
低	3、4、5	6、10

图3-3　环境威胁矩阵

企业对所面临的主要威胁有三种可能选择的对策：

(一)反抗

反抗就是试图限制或扭转不利因素的发展。例如，长期以来，日本的汽车、家用电器等工业品不断打入美国市场，而美国的农产品却遭到日本贸易保护政策的威胁。美国政府为了对付这一严重的环境威胁，首先，在舆论上提出美国的消费者愿意购买日本的优质产品，为何不让日本的消费者购买便宜的美国产品。其次，美国向有关国际组织提出起诉，要求进行仲裁。与此同时，又提出如果日本政府不改变农产品贸易保护政策，美国对日本工业产品的进口也要采取相应的措施，结果，扭转了不利的环境因素。

(二)减轻

减轻即通过调整市场营销组合等来改善环境适应，以减轻环境威胁的严重性。例如，百事可乐针对可口可乐展开竞争，其广告词提出："百事可乐是年轻人的恩赐，青年人无不喝百事可乐。"面对新秀百事可乐的威胁，老牌可口可乐及时调整市场营销组合，来减轻环境威胁的严重性：一方面，聘请社会上的名人对可乐市场购买行为新趋势进行分析，采用更加灵活的宣传方式，向百事可乐展开宣传攻势；另一方面，花费比百事可乐多50%的广告费用，与之展开了一场广告战，力求将广大消费者吸引过来，经过上述努力，收到了一定的效果。

(三)转移

转移就是把企业的目标市场转移到其他赢利更多的行业或市场。例如，唐山市自行车总厂在1969年至1978年近10年间，一直生产28型定型整车，由于产品无特色，加上与国内几家大厂激烈竞争，结果累计亏损538万元，工厂濒临破产倒闭。后来该厂对自行车市场进行调查分析，结果发现28型自行车早已被永久、飞鸽、凤凰这三大名牌挤满，而广大农村需要的加重自行车生产却近乎空白，而中国90%的人口是农村人口。因此，该厂将主要精力放在生产加重自行车上，仅用4年，该厂生产的燕山牌自行车就获利5000多万元，由此燕山牌在广大的农村市场扎下了根。目前，该厂已成为我国自行车行业小有名气的厂家，在全国自行车行业排名第五，工厂经营状况出现了勃勃生机。

二、环境机会

环境机会指对企业营销活动富有吸引力的领域，在这些领域，企业拥有竞争优势。环境机会对不同企业有不同的影响力，企业在每一特定的市场机会中成功的概率，取决于其业务实力是否与该行业所需要的成功条件相符合，如企业是否具备实现营销目标所必需的资源，企业是否能比竞争者利用市场机会获得较大的"差别利益"。市场机会具有四方面的特征：一是公开性。任何市场机会都是客观存在，所以它是公开的，即每个企业都有可能找到。二是时限性。机会本身带有行事的际遇或时机之意，所以会有一定的时限性。不及时利用，机会所具有的机会效益——即它本身的效用、价值就会逐渐减弱，最后完全消失。三是理论上的平等性和实践中的不平等性。由于机会的公开性，从理论上说任何企业都可以发现和利用，不存在一家独占的情况，在这个方面各个企业都是平等的，但是，由于各个企业的具体情况、内部条件的差别，在利用某一机会时的优势不会相同，因而所能获得的差别利益也就有大有小。四是多样性。市场需求的多样化，必然导致机会的多样性。同一企业、同一时期，可能面对多个市场机会，因而没有必要，也不可能统统开发利用。

【案例 3-6】

在美国某年冬天，盛传人们将大量需要冷饮。一些冷饮厂赶紧生产，但商品生产后无人问津。其中有个小型冷饮厂将自己全部资本都投入了产品中，若这批产品卖不出去，后果不堪设想。厂长苦心思虑，仍无良策。一日，他在街上行走，发现一张海报吹落地上，他拾起一看，原来是一个很有名气的马戏团来这个城市演出的广告。他深思了一下，一个促销计划在他脑海里形成了。第二天，在该马戏团入口处，观众每人分得了一包爆炒的蚕豆，人们一边看马戏团的表演一边吃着蚕豆，很是惬意。戏场休息时间，突然跑来一群卖冷饮的小孩，此时人们吃了蚕豆，正口渴，一下争相购买。如此一直持续到马戏团在这个城市演出结束。结果这家小型冷饮厂靠这种创造需求的方式，不仅售出了产品，而且取得了赢利。

（资料来源：公开资料整理。）

美国著名市场营销学者西奥多·莱维特(Theodore Levitt)曾警告企业家们，要小心地评价市场机会，他说："这里可能是一种需要，但是无市场；或者这里可能是一个市场，但是没有顾客；或者这里可能是一顾客，但目前实在不是一个市场。又如，这里对新技术培训是一个市场，但是没有那么多的顾客购买这种产品，那些不懂得这种道理的市场预测者对于某些领域(如闲暇产品、住房建筑等)表面上的机会曾作出惊人的错误估计。"因此，最高管理层对企业面临的市场机会，必须慎重地评价其质量。

企业的最高管理层可以用"环境"机会矩阵图来分析，如图 3-4 所示。环境机会矩阵图的横排代表"成功的可能性"，纵列代表"潜在的吸引力"，表示潜在赢利能力。由图 3-4 可见，1、9 类机会吸引力大，出现的可能性也大，这一类是企业的最好机会，应该引起高度重视，甚至于应不惜一切，利用这类机会；2、7、8 类机会吸引力大，但出现的可能性小，这一类是企业应该引起关注或重视，应可能去利用，但不必动用企业主要业务去冒险；3、4、5 类吸引力虽然不大，但出现的可能性大，这一类是企业应该引起重视，并利用企业较多资源，利用这类机会，确保稳定收入来源；6、10 类吸引力不大，出现的可能性也不大，这类是企业尽可能放弃的一类机会。

潜在吸引力 \ 成功的可能性	大	小
高	1、9	2、7、8
低	3、4、5	6、10

图 3-4　环境机会分析矩阵

面对企业所面临的市场机会，必须慎重地评价其质量。美国著名市场营销学者西奥多·莱维特曾告诫企业家，要小心仔细地评价市场机会。他说：“这里可能是一种需要，但没有市场；或者这里可能是一个市场，但没有顾客；或者这里可能是一群顾客，但目前实在不是一个市场。又如，这里对新技术培训是一个市场，但是没有那么多顾客购买这种产品。那些不懂得这种道理的市场预测者会对某些领域（如闲暇产品、住房建筑等）表面上的机会做出惊人的错误估计。”

三、环境状态分析

对企业营销的环境威胁和环境机会分别进行了充分的分析之后，还要综合分析企业营销所处环境的综合状态，以便全面考察企业的环境状况，为企业制定正确的发展战略提供切实可靠的依据。用上述矩阵方法来分析、评价营销环境，可能出现4种不同的结果，综合如图3-5所示。

机会水平 \ 威胁水平	低	高
高	理想业务	冒险业务
低	成熟业务	困难业务

图3-5　环境分析综合评价图

理想业务，即高机会和低威胁的业务。处于这种环境状态的企业，其经营活动的风险比较小，企业发展的机会比较多，潜力也比较大，企业处在蒸蒸日上之中。此时企业应该充分发挥自身优势，抓住机会，同时密切注意威胁因素的变化情况。

冒险业务，即高机会和高威胁的业务。处于这种环境状态的企业，如果成功，企业可能因此占领市场，取得巨大的胜利；如果失败，企业则可能遭受毁灭性的打击，所以是处于冒险的状态。因此，企业应该在慎重调研的基础上，选用适当的营销策略，勇于冒风险，努力限制、减轻或转移威胁因素或威胁水平，使企业向理想化企业转化。

成熟业务，即低机会和低威胁的业务。成熟环境是企业长期成功经营之后所取得的。在这种环境状态中，企业经营活动的市场机会已被充分利用，同时，企业经营的威胁也被基本化解，不必为处理环境威胁而增加另外的费用。此时对于企业来说应该是处于一个老化的环境中，企业应在继续其一般经营时，积极寻找适合自己生存的环境，开拓新的营销领域，并发觉对企业有利的环境因素，提高企业经营的机会水平。

困难业务，即低机会和高威胁的业务。处于这种环境状态的企业，其经营活动处处受到环境因素的制约，即使有点市场机会，往往也处在高风险之中，可以说是四面楚歌。此时企业应该因势利导，发挥自己的主观能动性，反抗或扭转对企业不利的威胁因素，或实行撤退和转移战略，调整目标市场，经营对企业有利、威胁程度较小的产品。

【本章小结】

1. 营销环境是指直接或间接影响组织营销投入产出活动的外部力量，是企业营销职能外部的不可控制的因素和力量，如经济、政治、法律、技术、文化、竞争者、消费者和原料提供商等。

2. 营销环境可以分为宏观营销环境和微观营销环境。宏观环境指影响微观环境的一系列巨大的社会力量，主要是人口、经济、政治法律、科学技术、社会文化及自然生态等因素。微观环境指与企业紧密相连，直接影响企业营销能力的各种参与者，包括企业本身、市场营销渠道企业、消费者、竞争者以及社会公众。

3. 市场营销环境分析与对策。对企业营销的环境威胁和环境机会分别进行了充分的分析之后，可能出现 4 种不同的结果，理想业务、冒险业务、成熟业务和困难业务。企业对面临的主要威胁有 3 种可供选择的营销对策：反抗、减轻和转移。

【重要概念】

营销环境　宏观营销环境　微观营销环境　一般竞争者　愿望竞争者

【思考与练习】

1. 企业如何适应环境变化调整市场营销战略战术？
2. 当前世界自然环境的主要发展趋势有哪些？
3. 现代企业应如何处理与竞争者的关系？
4. 企业在进行经济环境分析时，主要考虑哪些经济因素？
5. 企业对其所面临的环境威胁可能采取的对策有哪些？
6. 企业为什么必须重视对市场营销环境的研究？
7. 分析消费者收入及其变化对企业营销活动的影响。
8. 技术进步对企业营销活动的影响是什么？

【综合案例】

德克士在内地市场的崛起

德克士于 1994 年才开始在成都开设第一家店，1996 年被中国台湾地区顶新集团收购。作为一个后起的快餐品牌，德克士是如何在短短十年成长为中国西式快餐前三名的呢？关键在于其制定的三大竞争战略。

(一) 选址战略：农村包围城市

地域的选择对连锁经营企业来说是战略性的选择，它意味着连锁经营企业进入什么样的地域市场，在什么样的地域与什么样的对手进行竞争。

实际上，德克士在 1996 年到 1998 年间，曾一腔热血与麦当劳、肯德基在一线城市进行正面对抗，短短两年间就在 13 个大城市建立了 54 家直营店。但由于品牌影响力太小、运营成本居高不下，德克士持续亏损。在这种情况下德克士不得不忍痛断腕，关闭北京、上海、广州等地区的分店。

随后德克士吸取教训，采取“农村包围城市”战略，向麦当劳、肯德基无暇顾及的国内二三线城市进军，主攻西北市场。在进入城市选择上，德克士只选择那些非农业人口在15万人以上、居民年平均收入在4500元以上的地级市和那些非农业人口在10万人以上、年人均收入在6000元以上的县级市；在商圈选择上，除了秉承在“城市内最繁华地段或人流量最大的大型超市或商场”这一基本选址要求外，德克士主要选择在主商圈、社区以及学校周围等商圈进行其不同规格店铺的选址。

德克士的选址战略避实就虚，避免了和肯德基、麦当劳的正面对抗，使德克士在几乎是西式快餐空白的市场得到快速发展。在很多城市，由于最先进入，德克士成为该城市的西式快餐第一品牌，即便后来肯德基或麦当劳也进入了该市场，但不论是品牌影响力还是单店的营业额，德克士也都处在领先地位。

（二）连锁战略：以特许加盟主导

在连锁模式上，相对于麦当劳、肯德基在特许加盟上的谨慎做法，德克士采取了“加盟连锁为主、直营连锁为辅”的战略。其中在加盟连锁方式上，德克士以特许加盟为主、以合作加盟为辅。特许加盟是为愿意全额投资并全心经营的加盟者提供的合作模式；而合作加盟是针对投资型加盟者，由加盟者与德克士共同投资，德克士以设备资本作为投资，加盟者以场地、装修等资本作为投资，德克士负责餐厅经营并承担经营风险，加盟者提取固定利润。

正是因这两种加盟方式充分考虑到了国内中小投资者的不同处境和经营观念，再加上德克士根据不同地点、不同面积推出的不同店型并设计合理的加盟费用，使德克士很快吸引了大批加盟者。

德克士灵活的特许加盟模式以及低成本扩张策略使德克士迅速壮大，品牌影响力也不断增强。到2005年肯德基新开店铺达300家，总店数超过1500家；紧随其后的麦当劳新开店约70家，总店数约700家；排名第三的德克士新开店铺160家，总店数超过500家。就店数而言，德克士与位于第二位的麦当劳的差距在逐渐缩小。

（三）营销战略：差异化营销

“农村包围城市”“特许加盟战略”本身就是德克士与麦当劳、肯德基进行差异化竞争的重要策略。除此以外，德克士在产品开发、促销方式等方面相比麦当劳、肯德基等洋快餐严格执行的“千店一面”更具有个性化特色。

在产品开发上，虽然德克士的主打产品和肯德基一样都是炸鸡，但德克士在口味选择上非常注意与后者形成区别。德克士炸鸡采用开口锅炸制，因而鸡块具有金黄酥脆、鲜美多汁的特点，并以此与肯德基炸鸡形成鲜明差别。另外，在德克士开发的产品中，有很多是具有东方口味的美食，比如玉米浓汤、米汉堡、鲜肉芙蓉堡、咖喱鸡饭等。近年，德克士还推出照烧鸡肉饭、红烩牛肉饭等饭类产品。

在促销上，德克士有别于麦当劳、肯德基自上而下的全国性或区域性促销体系，采取自下而上与自上而下相结合的促销策略。德克士的每个加盟店都可以根据自身情况随时提出新的促销措施，经过与德克士公司讨论通过后，第二天就可以实施。而麦当劳要搞促销的话，一个签呈就可能要在内部走半年。正是凭借这种贴近市场和消费者需求的灵活而快捷的促销方式，德克士能以更低的成本和更有效的方案吸引越来越多的回头客。德克士的差异化营销使德克士具有强大的竞争能力，加上德克士的投资额以及运营成本相对麦当劳、肯德基要低，加盟商具有更大的赢利空间。

（资料来源：根据德克士　反败为胜的三大法宝改编．中国企业报道．http://www.ceccen.com/html/2013-04-09/2013-04-09_1365502414.html.）

讨论题：

1. 德克士的成功与其对于营销环境的把控有何关系？
2. 试分析德克士所面临营销环境中的机会与威胁。

第四章 市场营销调研

【学习目标】

1. 了解市场营销调研的含义和作用、市场营销调研的基本程序、市场需求测量的主要概念。

2. 熟悉市场营销调查技术、市场需求测量的含义。

3. 掌握市场营销调研的内容、市场营销调查的方法。

【本章摘要】

随着社会的进步和经济的快速发展，现今的市场可以用瞬息万变来形容。想要在众多的竞争者中脱颖而出，企业只有及时、充分地了解市场信息，在挑选、分析和评估这些信息后，及时有效地传递给营销管理者，才能够作出正确的营销决策，才能在激烈的市场竞争中立于不败之地。

第一节 市场营销信息

一、市场信息概述

(一)市场信息的含义

信息是各种相互联系的客观事物在变化中以一定的传递形式而显示的有关特性内容的总和。市场信息是指有关市场及市场发展变化趋势规律的，并与企业市场营销活动相关的各种信息、情报、数据、资料等。信息是对客观世界的反映，也是构成客观世界的要素之一，它对信息接受者是知识，是可以交流和传递的，是有价值的。我们生存的这个世界没有一天不是在发展变化之中，即“变化是绝对的，静止是相对的”。因此，对企业来说，及时准确的市场信息是企业进行经营决策、市场预测、营销活动及其他经营活动的客观依据。市场信息不仅反映市场供需状况、购买趋势、行业发展特点、其他企业经营情况、本企业营销形势等市场活动的直接经济动态，还能反映影响和制约市场经济活动的宏观影响因素如政治、法律、经济、技术、社会、文化等。时机是在对市场有全面的了解基础上才能把握的，这一点已经被越来越多的企业经营者所认知，成为企业经营成败的关键。随着我国加入 WTO 和全球经济一体化的趋势，国内经济与国际经济联系日趋紧密，科学技术迅速发展，信息量急剧增加，传递手段的丰富，传递的高速性，载体的日益先进，使得市场信息成为企业重要的财富。

迅速、准确、及时地搜集和掌握国内外市场动态、信息、情报资料，对企业制定营销组合策略，打通产品销售渠道，实现企业营销目标和经营目标具有十分重要的意义。企业营销成功的关键在于营销决策，而营销决策成功的关键在于市场信息的掌握。目前，国内外企业对信息的需求十分旺盛，市场信息的传递效率与信息质量已直接决定了企业经营活动的水平，甚至关系到企业重大决策成功与否。从某种程度上说，企业的经营活动是由信息活动开始并贯穿于整个经营活动中的。

(二)市场信息的特征

1. 市场信息的时效性

信息是有价值的，其价值的存在是以交换来实现的。也就是说，市场信息最重要的价值在于它交换的时效性。如果这个信息是准确的、及时的，它可能价值连城，但如果这个信息是准确的，但不及时，它可能一文不值。所以，市场信息的时效性是其最主要的特点。

2. 市场信息的种类繁多

市场信息主要来自于企业外部，是对企业经营环境的客观反映。基于环境的复杂，市场信息的种类也非常多。因此，企业要想掌握全面的市场信息就必须从各个信息源获取信息，如政治、法律、技术、经济、社会人文、相关行业、供应商、销售商、竞争者、顾客等。忽略了哪个方面，企业在进行决策和营销活动时，都会受到不同程度的影响。而不同种类的信息在获取和处理上也并非完全相同。

3. 市场信息的数量大

市场信息由于来源多，而我们又处在一个动态变化的环境中，因此，每日每时每分每秒都会有新的信息产生，而且随着科学技术的发展，技术周期缩短和信息传递技术水平的提高，使得企业必须面对庞大的市场信息，并能够应付自如，不致被信息淹没。

4. 市场信息的模糊性

不是所有信息都是完美无缺的，由于信息来源渠道、来源时间、传递手段不同，事实上企业所期望得到的高质量、准确、及时的信息并不多，大多数情况下，都需要我们去伪存真。不能否认，在市场上显现的各种信息中有相当数量是不准确的，甚至是错误的，乃至于是假的。得到信息是一回事，掌握信息是另一回事。分析信息情报是非常重要的企业活动，任何信息情报的使用都是有风险的，这方面的分析能力越强，企业的经营风险就会相对减少，对企业经营决策活动的消极影响就越小。

5. 市场信息的动态性

由于市场本身千变万化，其构成因素也不断地发生变化，因此市场信息作为对市场的客观反映，其所反映的事物在时空中是对应的时点，那么企业在获取、传递、分析、运用信息等方面就会产生滞后性，这在一定程度上会制约市场信息的使用效率，但这又是不可避免的。所以，在市场信息的处理中就要有意识地考虑企业制定市场营销策略在时间上与市场发展的差距，在信息系统建设与战略和策略中解决以上的问题。

(三)市场信息的功能

市场信息对企业营销活动的成败影响很大，即所谓“运筹帷幄之中，决胜千里之外”，能够决胜千里一定是以掌握大量的信息为基础的。在发达国家，信息被认为是现代社会的“三大支柱”之一，是“无形的财富”。

1. 市场信息是企业制定正确的市场营销决策的基本保证

企业在营销决策活动甚至经营决策活动中，都必须掌握大量的市场信息作为决策的直接依据和间接依据。企业只有掌握了大量的市场信息，才能制定出科学合理的营销决策，而正确的决策几乎绝大部分要依靠信息。没有市场信息作基础，企业的营销决策不亚于“摸着石头过河”，风险是可想而知的。

【案例 4-1】

在绍兴市有家小型纺织企业，因忽视市场调查，未经科学决策盲目生产，造成17 万米人造棉布积压，占压资金约 45 万元。结果企业停工，职工发不出工资。有了以上教训，该企业对市场进行认真调研，发现涤纶布当时的市场需求较大，而本企业在生产能力上有这方面的优势，于是努力攻关，设计新工艺，用了两个多月就上马生产，经过大力的市场推销，客户纷纷下订单，企业当年就赢利 27 万多元。利用市场信息，企业拯救了自己。

（资料来源：公开资料整理。）

2. 市场信息是企业进行市场预测的必要条件

在企业市场营销决策和实施营销策略前，通常都要进行市场预测，这是进行营销活动必需的环节。市场信息所提供的资料、数据则是进行市场预测活动的基本前提。没有市场信息作为支撑的市场预测本身就是一种冒险。

【案例 4-2】

20 世纪 70 年代末期的美国克莱斯勒汽车企业由于没有对“石油危机”以后的市场需求作出正确的预测，仍继续生产新型豪华耗油量大的大型轿车，结果汽车销售量大大下降，存货积压，每天损失 200 多万美元，仅三个季度就损失达 7 亿多美元，导致许多企业停产，董事长辞职，企业到了破产的边缘。

（资料来源：公开资料整理。）

3. 市场信息是企业制定营销策略的基本前提

企业的营销策略是用于实现营销目标和营销战略的，而如何制定营销策略是个复杂的专业问题。营销策略的决定因素虽然是可控的，但如何作出选择，要以企业不能控制的环境条件为根据，才能针对用户需求，发挥增进销售的作用。企业对不可控因素的掌握则要通过了解市场信息来实现。

4. 市场信息是企业制订营销计划的基础

众所周知，计划是企业的首要职能。营销计划作为企业计划的重要组成部分，它规定了企业营销活动的目标和达到目标的主要途径和措施。企业要想了解市场需求情况，必须掌握市场信息。如果企业不了解市场信息，是无法制订符合实际的营销计划的。

【案例 4-3】

根据我国的有关独生子女的政策，20 世纪 80 年代出生的孩子基本上为独生子女，他们的生活条件和生活质量明显地高于其前辈，当时中国有 2 亿个家庭，因此，国内外许多厂家都将目标锁定了这个庞大的消费群体，制订营销计划生产婴幼儿产品，获益丰厚。在 20 世纪 90 年代，国家加大了对教育的投入力度，重视教育，培养人才之风渐盛，学生家长也对子女教育投入很大，庞大的市场需求，巨大的市场潜力，使许多企业认识到教育产业的美好发展前景，于是制订出专门针对这个消费群体的营销计划，使企业进入朝阳产业中并获得良好的发展。

（资料来源：公开资料整理。）

5. 市场信息是企业营销控制的保障条件

市场是变幻莫测的，企业在营销活动中会遇到许多新的问题和未知的情况，使原来的营销决策和销售计划无法适应变化了的市场环境。这就需要企业领导重新决策或修订计划，使企业目标保持动态平衡。因此，企业在市场营销活动过程中，要随时注意市场信息的变化，据此来进行营销控制。

【案例 4-4】

一个铅笔生产企业，在获悉国际市场石油价格在不断下降的趋势时，即由此推断，中东产油国的国民经济可能会因此而受到消极影响，而该厂有相当批量的产品是出口到中东地区国家的。所以，该企业迅速对原有的营销计划进行了调整，适当降低内外销的比例，强化内销产品的种类和质量，拓宽销售渠道。结果，在铅笔出口订单大幅下降的不利条件下，该铅笔生产企业却能实现订货量上升 20%，在整个行业不景气的情况下，成为同行中唯一销售额上升的企业。

（资料来源：公开资料整理。）

二、市场营销调研

（一）市场营销调研的概念

市场是一个不断变化的、开放的系统，它有着自身的发展变化特征与规律。企业要在市场经济条件下生存与发展，就必须及时、准确地掌握市场中与企业相关各种因素的变化情况。对一般企业而言，所获取的信息主要来自两个方面，即企业内部的信息和外部的信息。企业内部信息的获取主要通过企业的内部报告系统或会计系统，这方面的信息和情报主要是由企业的会计、财务管理和统计等部门提供。而企业所需的外部信息除了依赖二手资料外，还需要企业本身或委托其他单位或机构直接进行市场营销调研活动来获取。

广义的市场营销调研是指企业为制定营销决策而有目的、有计划、系统地搜集和分析处理有关市场的信息情报资料并形成企业需要的相关研究成果而进行的所有活动。狭义的市场营销调研主要指市场本身的调研活动。因此，根据市场营销调研内容的不同，可分为市场营销调研与消费者调研两大类。

(二)市场营销调研的内容

市场营销调研的内容十分广泛，根据调研重点不同可具体分为：市场环境调研、市场需求调研、市场营销策略、市场营销效果评估调研。

1. 市场环境调研

市场环境调研是针对与企业市场营销活动相关的各种环境因素进行的调研活动。影响企业的环境因素大致可分为宏观环境因素和微观环境因素两类。宏观环境因素主要指政治和法律因素、经济因素、社会文化因素、科学技术因素、人口与地理因素等。微观环境因素主要指企业内部因素、企业的供应商、企业的中介单位、企业的竞争者与社会公众等。市场环境对企业而言，其某些方面的影响重大并具有绝对性，所以必须对市场环境因素进行有针对性的专门研究。

2. 市场需求调研

市场需求调研是根据市场需求的规模、特点及其变化规律进行的调研活动。市场需求调研主要包括对市场现实需求与潜在需求的调研。市场现实需求调研是针对市场已经具有的需求结构、数量、特点等进行的调研活动；而市场潜在需求调研是就对市场未来的发展规模、需求特点、购买力因素等进行的调研活动。

3. 市场营销策略调研

市场营销策略调研是针对企业销售的产品和服务活动、价格、分销渠道及促销等营销变量进行的研究活动。比如产品调研：研究现有产品处在其生命周期的哪个阶段，应采取的产品策略，如何进行新产品设计、开发和试销；价格调研：研究影响产品价格的因素，分析产品价格策略的合理性和竞争性；分销渠道调研：调查企业现有销售渠道的合理性，研究如何正确地选择和扩大销售渠道；促销策略调研：调查企业现有的促销策略是否合理，效果如何，是否还有改进的空间等。

【案例 4-5】

20 世纪 70 年代初我国从国外引进乙二醇生产技术，为此对 22 项专利技术支付使用费 100 万美元。后来才发现这 22 项技术中有 7 项在合同签订时已期满失效，另有 2 项仅差几个月过期。按照惯例，过期失效专利技术不应支付使用费，而我方整整多花了 41 万美元。

（资料来源：刘根生. 是出国考察还是“开洋荤”. 华人时刊，1995(12)：7.）

4. 市场营销效果评估调研

市场营销效果评估调研是对企业所进行的各种营销战略及营销策略实施效果的评价与分析，以此来指导和修正企业市场营销计划、市场营销决策及其实践的活动。

(三)市场营销调研的类型

1. 探索性调研

探索性调研主要应用于企业对所要研究的对象不十分明确时，其目的是为了发现并提出问题，为进一步地深入考察确定研究重点，是一种非正式的初步调研。探索性调研的应用十分广泛，譬如国内钢铁价格上涨，造成这种情况的原因可能有多种，包括国内制造业发展导致原材料需求增加、战争导致出口国外的需求增加、国内钢铁厂商生产成本上升导致供给减少、贸易壁垒加强导致进口不足等。对这种问题，一般就要从探索性调研入手，因为如果不经过广泛的调查，就难以确定什么因素是最重要的，进一步地深入调研便难以进行。简言之，探索性调研就是正式调研开始前的序曲，通过探索性调研，企业可以广泛地收集资料信息，从这些信息中发现问题，找到症结所在，从而确定下一步的研究重点。

2. 描述性调研

描述性调研在市场营销调研中应用较多，指通过翔实的调查分析，对市场营销活动的某个方面进行客观的描述，对已经找出的问题作如实地反映和具体回答。例如在上面那个钢铁价格上涨的例子中，若通过初步的调研发现这主要是由贸易壁垒引起，此时就应当拟订调研计划，对相关资料进行收集、整理和分析，并将其结果进行描述，以如实地反映客观情况，找出对策。与探索性调研相比，描述性调研的目的无疑更加明确了，研究的问题也更加具体，所以在描述性调研的过程中，形式和方法的规范性都较强，企业的投入也更多。基于以上考虑，在探索性调研开始进行之前，企业往往需要制订非常周密的调研计划，做好各项准备工作，以确保整个调研工作顺利进行。在实际工作中，描述性调研需要进行实地调查，收集第一手的资料，所以调查法是其经常运用的方法之一。

3. 因果关系调研

描述性调研不是万能的，因为它只能说明变量之间的某些关系，面对实际工作中大量存在的因果关系它就无能为力了，此时我们有必要引入因果关系调研。所谓因果关系调研，顾名思义，就是为了找出关联现象或者变量之间的因果关系，而在描述性调研的基础上进行的进一步分析，其目的是揭示变量的变化受到哪些因素的影响、各种影响因素的变化以及各因素对变量产生影响的程度。还是就钢铁价格上涨的例子来说，通过因果关系调研，我们就可以知道钢铁价格上涨对钢铁生产厂商利润的影响如何，究竟是正相关、负相关还是相关性不大。其目的和性质决定了，因果性调研和描述性调研相同，也要有详细的计划，并在实施之前做好各项准备工作。就实际情况而言，在调查过程中，实验法是其主要的研究方法。

4. 预测性调研

预测性调研就是对未来市场的需求进行估计，它对企业合理制订营销计划、有效进行营销环节控制以及防范市场风险，具有非常重要的特殊意义。在钢铁价格上涨的例子之中，我们通过预测性调研就可以估计出未来的市场需求量，进而使产量和库存保持在最佳范围，最终使企业盈利最大。与探索性调研类似，出于目的和性质的考虑，预测性调研可采用的研究方法较多，研究方式也较为灵活。

(四) 市场营销调研的程序

市场营销调研是一项比较繁琐而复杂的活动，但市场营销调研的效果会直接对企业的经营活动产生较大影响，因此必须认真、科学地计划与实施市场营销调研活动才能完成企业的市场营销调研目标。市场营销调研是指根据企业的市场营销调研目标，组织实施市场调查计划，对市场调查的结果做全面研究分析的整个过程。市场营销调研活动基本可以划分为七个步骤，如图 4-1 所示。

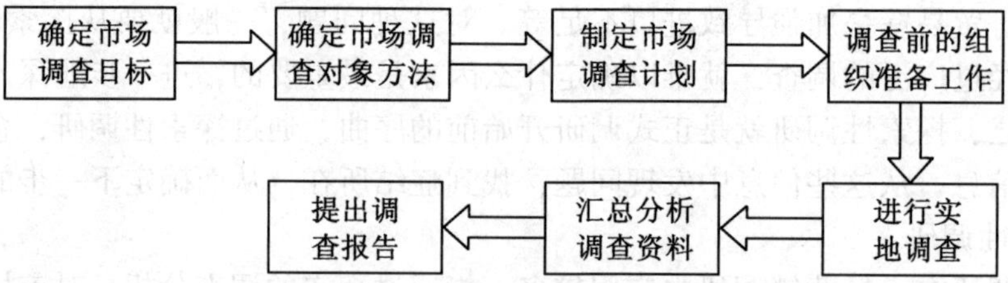

图 4-1　市场营销调研程序图

1. 确定市场调查目标

在确定市场调查目标前，应先明确问题所在。因为并不是每个调查人员都很清楚进行市场调查的原因。在寻找到问题的过程中，会使调查人员对形成问题的主要因素有一定的了解，会有利于调查工作的展开。同时，企业要研究和解决企业经营中的问题，不能为调查而调查，一定要从企业经营活动的实际出发。市场调查人员要对企业的生产经营状况，进行全面分析研究，找出所需要解决的问题，再根据问题的重要程度，确定调查目标的层次。即在调查前，要知道为什么进行调查？调查要了解什么问题？了解这些情况可帮助解决什么问题？因此，只有找到了问题，才能确定市场调查的目标。

2. 确定市场调查对象和方法

确定市场调查对象和方法就是明确获取第一手资料和第二手资料的对象是哪些单位、机构和个人？并在什么时间、地点？是一次性调查还是多次性调查？是普查还是抽查等。

3. 制订市场调查计划

市场调查计划是整个市场调查的关键。调查计划应包括以下内容，采用什么调查方法，分几个步骤，由哪些人员参加调查及如何组织分工，整个调查工作的时间和进度，调查费用预算等。

4. 调查前的组织准备工作

进行市场调查的前期工作主要包括：(1)对调查人员进行集中培训。(2)市场调查的某些内容是有相当的专业性的，为了做好市场调查工作，必须对现场调查人员进行选择和培训。(3)确定调查问题项目或调查表。(4)确定抽样设计。(5)安排好各项具体工作，具体包括所需要的调查资料的类型，已掌握的资料，已明确尚需调查补充的资料，据以确定调查项目；根据调查任务和调查规模，建立调查组织，配备调查人员，进行费用核算；做好实地调查所需物质准备工作。

5. 进行实地调查

要求市场调查人员按计划规定的时间、地点、方法、内容进行具体的实地调查，收集有关资料。

6. 汇总分析调查资料

首先，按照市场调查项目将调查结果汇总和整理。然后，对调查资料进行分析。也就是把调查收集到的资料进行统计分析和技术处理。市场调查所得的信息资料常常是分散的、零星的，其中有些资料也可能是片面的、失真的，这就是必须加以整理分析，挤出其中的水分，去伪存真，以保证资料的系统完整和真实可靠。这样才能揭示问题的本质和各种市场现象之间的因果关系。

7. 提出调查报告

在以上市场调查工作的基础上，市场调查报告是针对具体问题或项目进行深入的分析研究之后，编写的书面报告。调查报告应该用事实材料对所调查的问题做出系统的分析与说明，并提出结论性的意见。编写调查报告是整个市场调查最后阶段的主要工作，以此反映市场调查的全部成果。市场调查报告虽然没有统一的格式，但需包括以下基本内容：引言、正文、结论、附件。

【案例 4-6】

湖南九芝堂股份有限公司是国家重点中药企业，深圳证券交易所上市公司。九芝堂的市场营销信息系统囊括了业务管理、仓库管理、账务管理、客户管理、领导查询、费用管理、计划管理、系统管理八大子系统，基本涵盖了营销业务领域的方方面面。实现了以事务为基础，以客户为中心，确保账账相符，账实一致的营销管理指导思想。

该市场营销信息系统的特点之一在于它充分体现了 8/2 定律，通过周密细致的客户分析使业务会计将注意力集中在 20%能带来 80%效益的客户上，从而对业务进行指导、监督和审核；特点之二在于通过实时的库存管理，有效地对库存进行控制，从而减少库存损失，减少不合理的库存占用资金，盘活和提高资金的周转率；特点之三在于进销存财的一体化，数据的透明性和一致性将确保各部门对账的顺畅，减少错误和摩擦，提高工作效率；特点之四在于通过数据的安全性控制，将过于集中的营销管理职能适当分离出去，从而减少内勤部工作压力，提高内勤部的综合战斗力；特点之五在于通过各类报表(尤其是综合报表和当天的账龄分析表)，有效地发挥营销中心的指导、监督和审核职能，将一些更严格的管理规则应用到业务实践中去，通过管理产生效益。

（资料来源：赵鸿鹍．九芝堂的营销管理信息系统．http://www.scopen.net/file_post/display/read.php？FileID=56882.）

第二节　市场营销信息的收集

一、信息收集的原则

信息收集是指为保证完成某项任务，从各种信息源处获得信息的过程。信息收集是企业利用信息的第一步，也是非常关键的一步，它直接关系到整个市场营销调研工作的质量。为了保证信息收集的质量，在市场调研中应坚持以下几项原则：

(一) 针对性原则

信息的收集必须有非常明确的针对性，必须根据具体的任务和实际的需要，有的放矢地收集资料信息。没有明确目的作为指导，只会浪费企业的人力、物力和时间，造成不必要的损失。

(二)准确性原则

准确性原则要求我们所收集到的信息必须真实可靠。信息收集者必须对收集到信息的真实准确性反复核实与检验，把误差减少到最低。因为不准确的信息不仅浪费了资源，严重的时候甚至会导致决策者失误，造成巨大经济损失。

(三)全面性原则

全面性原则要求我们所收集到的信息广泛完整，因为只有这样的信息才能反映企业营销活动进展的全貌，从而为决策的科学性提供保证。当然这里的全面不是指绝对意义上的全面，但在实际工作中，这是我们收集信息的一个努力方向。因此，我们在信息收集时，应尽量采取多种方法相结合，实行多方位地收集，并在可能的范围内把收集对象的相关点联系起来加以综合，找出其中的共性和一般规律。

(四)系统性原则

由于信息具有分散性和大量性的特点，一般而言，信息不是一次性地集中发出，而往往在时间上有间隔，内容上也不完善。因此，我们要多方面拓展信息的来源，平时注意信息的积累，以加强收集信息的系统性，最终提高信息的质量。

(五)时效性原则

时效性也是信息所具有的一个重要属性。信息只有及时、迅速地提供给使用者才能有效地发挥作用。只有信息是“事前”的，对决策才是有效的。如果过时，也就失去或减弱了使用价值。我们保证信息收集时效性的办法，就是积极做好信息预测工作，抓潜在信息，走在时间的前面。

二、信息收集的对象

信息收集的对象就是解决信息收集中，如何找到合适的调查对象，更好更快地收集企业所需要的信息。一般而言，确定信息收集的对象就是要解决如何抽取合适样本和多少样本最合适(见图 4-2)。

图 4-2　信息收集的对象

(一)抽样方法的确定

抽样方法的确定是指运用什么抽样的方法，从母体中抽出若干样本组成调查的样本对象。运用这种方法，需要解决如何进行样本抽样的问题。实际上，任何一种原始资料的收集方法都需要解决抽样即确定调查对象的方法问题。

总的来说，抽样方法分为两大类，一是随机抽样，二是非随机抽样。随机抽样是指抽样时，母群体中每一个抽样单位被选为样本的几率相同；非随机抽样则是指在抽样时，抽样单位被选为样本的几率未知。

1. 随机抽样

(1)简单随机抽样。简单随机抽样指母群体中的全部个体完全采用均匀分布抽取样本，使每一个个体被抽出的概率均为已知并且相等。此种方法较常用，因为其方法简单，抽样误差也比较容易估计。

(2)分段抽样。分段抽样是先由母体中抽取 n 个单位随机样本，再由这 n 个单位随机样本中抽出 m 个单位，就这 m 个单位进行调查，称为二段抽样。如果继续从这 m 个单位中抽取更小的单位进行调查，则称为三段抽样。三段以上的，称多段调查。由于其便利性，此种方法较为常用，但误差可能较大，整理分析也比较复杂。

(3)分层抽样。分层抽样是先设立目的和某种分类标准将母体分为若干组或若干类，这些组或者类称之为层，然后将母体的各个体分别编入相应的层中，再在各层中以简单抽样法或系统抽样法选取适量样本进行调查的方法。由于精确度较高，这种方法也比较常用，其缺点为整理推算工作较为复杂。

(4)系统抽样。系统抽样是将母体的每个单位都加以编号，先计算出样本的区隔，在每个样本间隔中随机选出一个号码作为样本单位，循序抽出样本。

(5)分群抽样。分群抽样是随机选出一群，以群为单位，而不是个别单位的抽样方法。这种方法的精确度高，调查的成本费用却较低，所以也比较常用。

2. 非随机抽样

(1)便利抽样。便利抽样是在样本选择时只考虑接近样本或衡量便利。

(2)判断抽样。判断抽样是当母体的构成极不相同而且样本数量很小时，根据抽样设计者的判断来选择样本个体。

(3)配额抽样。配额抽样是先选择控制特征，作为将母体进一步分类的标准，根据这一标准，将母体细分为几个子母体并分配各子母体样本数大小，实际调查时则由调研人员自行选择子母体中的样本。

(4)雪球抽样。雪球抽样是利用随机方法或社会调查选出原始受访者，再根据原始受访者提供的信息去取得其他受访者。

(二)样本数目的确定

样本是从调查总体中，被作为实施调查的对象，因而，在随机抽样时必须确定必要的样本数目。样本数目是指抽样单位数。关于样本数目的确定牵涉两方面的因素：首先，样本数目的多少和调查结果的正确性呈正相关关系。通常，样本数目越多则调查的结果越是全面，准确性程度越高。其数目的极限就是总体中的所有个体都是样本，这样就变成普查了，所以从结果的正确性来考虑，样本数目越多越好。其次，样本数目的多少又和调查的费用和时间呈正相关关系，样本数目越多调查的费用就越大，所需时间也越长，所以从经济性和时效性考虑，样本数目应越少越好。

这两方面的要求是相互矛盾的，这就需要在确定样本数时不能只顾其一，而要两面兼顾。一方面要考虑调研结果正确性的保证，另一方面又要尽可能地节省费用和时间。

1. 影响样本数目大小的因素

必要的样本数目是在事先给定的抽样误差范围内所确定的能够反映总体特征的样本单位数。

影响样本数目多少的因素有：第一，总体中各单位之间标志值的变异程度，通常用方差表示。变异程度大，需要抽选的样本数目愈多；反之，需要抽选的样本数目愈少。第二，允许误差的大小。允许误差又称极限误差或最大可能误差，是指抽样误差的范围。允许误差是以符号 Δ 表示。其计算公式为：$\Delta = t\mu$。式中，t 代表概率度是指扩大或缩小抽样误差范围的倍数，μ 代表抽样误差，允许误差 Δ 等于 t 倍的抽样误差。允许误差大，抽样数目可以少一些，允许误差小，抽样数目可以多一些。允许误差的大小要根据调查的目的要求和条件来确定，一般来说，调查准确度要求高，力量强，费用充足，允许误差要小一些；反之可取大一些。第三，不同的抽样方法也会影响抽样数目的多少。一般来说，随机抽样比非随机抽样样本数目少一些，不重复抽样比重复抽样样本单位数少一些。第四，不同的置信区间也会影响抽样数目的多少。

2. 样本数目大小的理论计算

样本数目的计算公式有以下几种：

（1）平均数指标重复样本数目的计算公式：

$$n = \frac{t^2\sigma^2}{\Delta_x^2}$$

式中，n 代表样本单位数；σ^2 代表总体方差；t^2 代表概率度平方；Δ^2 代表平均数允许误差平方。

【例 4-1】

某市进行职工家庭收支抽样调查。根据过去资料已知该市职工家庭平均每人每月生活费收入的标准差为 12.3 元，要求可靠程度为 95.45%，误差范围为 1 元，问：至少需要抽取多少户进行调查？

解：已知，$\sigma = 12.3$ 元，$\Delta x = 1$ 元，$F(t) = 95.45\%$，$t = 2$，则：

$$n = \frac{t^2\sigma^2}{\Delta_x^{\ 2}} = \frac{2^2 \times 12.3^2}{1^2} = 605(\text{户})$$

故，需要抽取 605 户进行调查，才能满足要求。

（2）平均数指标不重复抽样数目的计算公式为：

$$n = \frac{t^2\sigma^2 N}{N\Delta_x^{\ 2} + t^2\sigma^2}$$

式中，N 代表总体单位数，其他符号同上。

（3）成数指标重复抽样数目的计算公式为：

$$n = \frac{t^2NP(1-P)}{\Delta_p{}^2}$$

【例 4-2】

调查某厂一批某型号电子元件的合格率。根据过去资料，该型号电子元件的合格率曾有过98%、96%、95%的数据记载。现在要求把握程度为95%，合格率的误差范围不超过5%，问：抽取多少样本单位调查比较合适？

解：已知，$P1=98\%$，$P2=96\%$，$P3=95\%$，取方差的最大值进行计算，则：

$P(1-P)=0.95(1-0.95)=0.0475$

又知，$\Delta p=0.05$；$F(t)=95\%$；$t=1.96$，则：

$$n = \frac{t^2P(1-P)}{\Delta_p{}^2} = \frac{1.96^2 \times 0.0475}{0.05^2} = 72.99 \approx 73$$

故，需要抽取73件进行检验，才能满足要求。

(4)成数指标不重复抽样数目的计算公式：

$$n = \frac{t^2NP(1-P)}{N\Delta_p^2 + t^2P(1-P)}$$

式中，t 代表概率度；P 代表成数；Δp 代表成数允许误差；n 代表抽样数目。

【例 4-3】

为了抽查某种牌号的奶粉质量，根据以往资料合格率为98%，现又到货5000袋，要求以99%的可靠性，保证抽样合格率的极限误差不超过5%，问：至少应抽取多少袋奶粉进行检验？

解：已知，$N=5000$，$P=98\%$，$\Delta p=5\%$，$F(t)=99\%$，$t=2.58$，则：

$$n_p = \frac{NtP(1-P)}{N\Delta_p{}^2 + t^2P(1-P)} = \frac{5000 \times 2.58^2 \times (1-0.98)}{5000 \times 0.05^2 + 2.58^2 \times 0.98(1-0.98)}$$

$$= 51.66 \approx 52(\text{袋})$$

故，需要抽取52袋进行检验，才能满足要求。

t 值小，允许误差范围小，把握程度就小，反之就大。因为在抽样调查时，每100次抽样中有95.45次的正负误差不超过2，其余4.55次则会超过，其概率度 t 值为2，把握程度(即可信程度为95.45%)。它们之间的相互关系如表4-1所示。

表4-1　　概率表

概率度(t)	把握程度(F)	允许误差($\Delta=tu$)
1.00	0.6827	1.00u
1.50	0.8664	1.50u

续表

概率度(t)	把握程度(F)	允许误差($\Delta = tu$)
1.96	0.95	$1.96u$
2.00	0.9545	$2.00u$
3.00	0.9973	$3.00u$

(三)样本设计的几个值得注意的问题

一是要目的明确，只有目的明确的抽样才能够保证调研结果的有效性，目的不明确的抽样，不仅不能保证其结果的有效性，还浪费了时间和劳动，甚至造成企业经营管理决策的失误。

二是要注意比较成本收益，一定要使抽样活动带来的价值大于为了实施抽样而付出的成本，否则抽样没有必要进行。

三是要尽量减少误差，任何一种抽样方式都存在一定误差，在可供选择的范围内，要尽量使用误差最小的抽样方法，并在抽样过程中注意质量控制，在抽样完毕以后运用各种方法矫正已存在的偏差。

四是在可能的情况下，应当尽量简化抽样步骤，以节省费用并减少意外，保证抽样调查的顺利进行。

三、信息收集的方法

(一)询问法

询问法是市场调查者通过一定的方式向被调查者询问问题而收集到所需要信息和资料的一种常用调查方法。市场调查者一般事先设计好一系列的问题，常以编制成的一套调查表或问卷有步骤地提问，避免使被调查者被任意提问导致回答问题的内容和质量下降。询问法主要采用以下方式进行。

1. 人员访问调查法

人员访问调查法也称为个人访问法，就是由进行调查的企业或调查机构派出市场调查访问人员直接向被调查者(可以是企业或个人)当面询问问题。这是一种最常见的调查方法，这种方法的优点是：可以察言观色直接观察到被调查者的反应；可以互相沟通交流，可以发现事先没有预料到的问题；可以更深入地了解情况，对不明确的地方可以连续提出问题。

一般来说，人们都更愿说而不是写，所以相对语言回答率比其他的调查方式的回答率要高一些。另外，“见面三分情”，双方面对面地交流，市场调查者被拒绝的概率会小一些。

以上优点使人员访问调查法能得到更为翔实的信息和资料，但是这种方法也有缺点，如：人员访问调查法的成本费用相当高、时间比较长，调查所得到的资料受调查人的主观倾向的影响较大。所谓主观倾向就是调查事先对问题的认知情况，调查人员在市场调查时头脑里切忌带有偏见，应该力求实事求是。

2. 书面调查法

书面调查法是通过将设计好的调查表，分发或邮寄给被调查者，由被调查者进行书面回答并寄回给调查者的一种常用市场调查方法。这种方法的优点是：进行市场调查的空间局限性小，只邮寄信函可以达到的地方就能展开调查；市场调查的成本比较低；进行书面调查时，被调查者有足够的时间就自己不清楚的问题与别人讨论，这样在调查表中就可能会反映出多人的意见。

这种方法的缺点是：书面调查法的答复率比较低，尤其是调查比较多且复杂时，通常答复率在1%~5%。目前，针对这一问题可考虑采用有酬邮寄调查法或有奖邮寄调查法。另外，这种方法所获取市场信息的效果与被调查者的书面表达能力直接相关，一般文化层次越高的被调查者，书面表达能力就越强，可能会使调查资料被引偏。

3. 电话调查法

电话调查法是以电话为媒介与被调查者进行交谈来收集所需市场信息的一种方法。这种方法的优点是：收集市场资料速度快，时效性好；收集市场资料空间限制小；收集市场资料的成本比较低。这种方法的缺点是：进行市场调查时手段会受限较大，例如一些书面资料或图表资料就会用不上；进行市场调查时所使用的问题一般都比较简短，复杂问题难以沟通，因为在电话里常说不清楚；进行市场调查时对被调查者的基本情况掌握较差，不利于调查；进行市场调查时会受该市场范围内电话覆盖率的影响，如果覆盖率小则会不利。

4. 网络调查法

网络调查法是随着互联网络的不断发展而发展进来的一种新的市场调查方法，它是利用网站或网页为平台对被调查者进行调查的一种方法。这种方法的优点是：收集市场资料速度较快，时效性较好；收集市场资料可以是多方面的，调查表的设计自由度比较大；收集市场资料空间限制小。这种方法的缺点是：进行市场调查受互联网络的覆盖率影响很大，互联网络覆盖率低的地区调查的效果会很差；市场调查中网络用户特点联系过于集中和相似，网络用户通常知识层次比较高，职业较好，收入较高，其中脑力劳动者与学生居多，这会大大影响被调查人群的普遍性与代表性；进行市场调查时无法了解被调查者的反应。

5. 组合市场调查法

根据以上分析，各种市场调查方法各有利弊。在实施市场调查过程中，企业通常都是将多种市场调查方法组合使用，在取得良好调查效果的同时，也可以保证市场调查的经济性。例如，将电话调查、书面调查与人员访问调查组合使用等。

(二)观察法

观察法与询问法的差别很明显，强调的是“耳听为虚，眼见为实”。观察法一般不会向被调查者直接提问，而是重点观察被调查者的行为活动及反应。观察法主要采用以下方法进行。

1. 直接观察法

直接观察法是以企业派出观察员到现场亲眼观察为主，利用观察员的视、听器官感知被调查者的行为活动。例如，移动电话生产商在进行市场调查时可通过调查员观察、记录消费者对何种款式的移动电话、具备何种功能的移动电话感兴趣及其对生产商或经销商所做的促销活动的反应如何等。

2. 亲自实践法

亲自实践法是要求市场调查者对所要调查的对象活动直接参与。例如，公交企业的管理人员要了解公交服务质量水平下降的问题，就可以化装为乘客乘车来进行实际观察和亲身感受。这种亲自实践法对公交、旅游、宾馆、零售等服务业的服务水平等情况的掌握相当有效。

3. 痕迹分析法

痕迹分析法的应用主要是在企业广告宣传的效果等方面。例如，某珠宝生产企业开发出一系列新款的珠宝首饰，并进行了大量的广告宣传。为了掌握促销的效果，该企业可将报纸广告或宣传单上附加印花，通过印花回收来判断分析广告的效果。当然，这种印花的回收应是有偿的，或可以凭借印花给顾客一定的折扣等。

4. 记录分析法

记录分析法主要是以机器设备来记录调查对象活动的一种方法。所使用的机器设备包括录像机、录音机、照相机等，将这些设备固定在调查对象活动现场就可以被如实地记录下来。

以上观察法对于所收集的市场信息都比较客观真实的，这几种方法的主要优点是：市场调查时对被调查者的观察是非常直观而具体的；市场调查时被调查者的反应都是自然的，真实的；市场调查时可能会发现一些意想不到的新情况或新问题。但需要注意的是，观察法只能观察到被调查对象的外在行为与活动，而对于其内在实际思想与态度是无法直接感知的，这也就是说我们不能只依据表象来对事物进行判断分析来寻求因果。

(三)实验法

实验法原是实验者实验求证的一种方法。在进行市场调查中如果条件允许，例如事实上就存在较小的一个细分市场，该细分市场的情况与目标市场总体情况相似(当然不可能完全一样)，调查者就可以对某种影响新产品销售的主要因素，进行实际试验取证，分析其原因，以判断企业营销活动是否有大规模推行的可能。

第三节 市场营销信息的分析

一、信息资料的整理

信息资料的整理是指按不同的研究目的，将收集到的信息资料加以校编、分类、编号、制表和统计，以方便研究，并为信息分析提供平台和基础。信息资料的整理至少包括五个步骤，如图 4-3 所示。

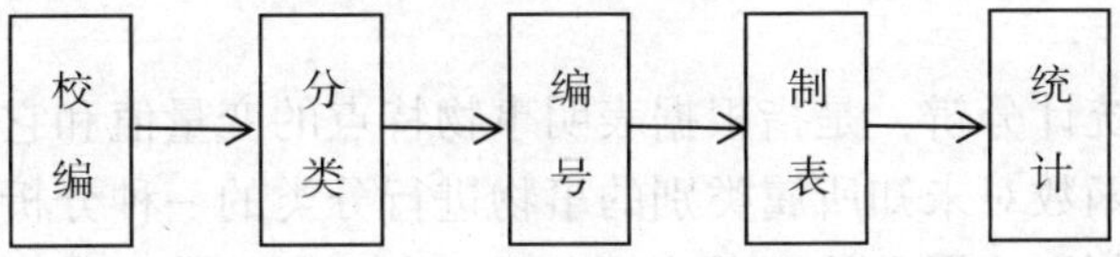

图 4-3　信息资料整理的步骤

(一) 校编

校编是指检查核对收集的信息资料，消除资料中的错误、遗漏或含糊之处，用以提高信息资料的准确程度。这项工作是在信息收集完成之后便立即进行的，为的是在发现问题的时候，调研人员能够凭记忆或临时记录加以处理。

(二) 分类

分类是市场营销信息整理的一个重要环节。由于对调研结果的客观性和准确性至关重要，分类工作必须严格遵循科学的原则、应用科学的标准、采取科学的方法。

值得一提的是，这里的分类实际上是对设计问卷时已经进行了的分类作出的补充。由于某些信息资料在调查以前进行分类工作难度较大，所以只能采取这种事后的分类方法。

(三) 编号

编号是指用数字来代表类别。

(四) 制表

制表是指将经过上述处理信息资料进一步加工，使其成为方便于分析和使用的表格形式。常见的表格有单栏表和多栏表两种。前者适用于列出某一种特性的调查结果；后者则可以列出多种。

(五) 统计

统计是资料整理的最后一步，是指对数据进行必要地统计加工，但仅包括最为初级的统计加工，深入的统计推断属于信息资料分析阶段的内容。

二、信息资料的分析

整理资料的目的在于对信息进行分析，进而获得调研结论。根据分析的方式不同，我们常常将其分为数学分析和经验分析两种。此外，若依照不同的性质，信息分析也可以分为定量分析与定性分析。

定量分析是依据统计数据，建立数学模型，并利用此模型计算出分析对象的各项指标及其数值。常用的定量分析方法包括判别分析、聚类分析、相关分析、回归分析、因子分析、方差分析等。

(一)判别分析

判别分析又叫作统计分辨，是指根据表明事物特点的变量值和它们所属的类别求出判别函数，再根据判别函数对未知所属类别的事物进行分类的一种分析法。在进行判别分析时，由于假设前提、判别依据和处理手法的不同，有不同的数学模型和具体方法，实际工作中常用的有距离判别、Bayes 判别、Fisher 判别等。判别分析的主要步骤如图 4-4 所示。

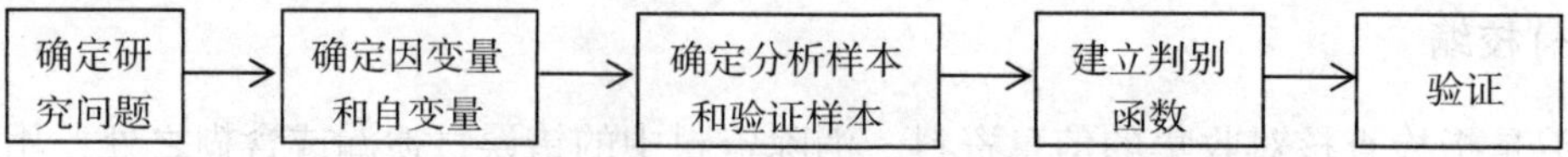

图 4-4 判别分析的主要步骤

(二)聚类分析

聚类分析是指根据事物之间彼此不同的属性进行辨认，将具有相似属性的事物聚为一类，使得同一类的事物具有高度的相似性。聚类分析根据类间距的不同可以分为最短距离法、最长距离法、中间距离法、平均距离法、重心法、类平均法、离差平方和法等。聚类分析的主要步骤如图 4-5 所示。

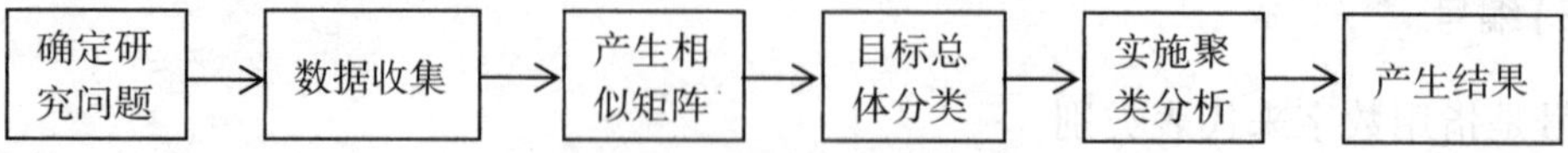

图 4-5 聚类分析的主要步骤

(三)相关分析

相关分析是指对客体间具有的相关关系进行研究分析，对其密切程度和变化规律提供判断依据，并作为预测的基础。

这里我们有必要解释一下什么叫作相关关系。相关关系指现象之间数量上不严格的依存关系，即两者之间不具有确定性的对应关系。为了和函数关系以示区别，这里介绍相关关系的两个特点：第一，现象之间确实存在数量上的依存关系，即某一社会经济现象变化要引起另一社会经济现象的变化；第二，现象之间的这种依存关系是不严格的，即无法用数学公式表示。

相关分析的主要步骤如图 4-6 所示。

(四)回归分析

回归分析是指在考虑预测对象发展变化本质的基础之上，根据已知的一个或一个以上的变量的值来估计另一个变量的值，并计算出估计误差的分析方法，用以描述变量之间的平均变化数量关系，进而进行控制或预测。回归分析的主要步骤如图 4-7 所示。

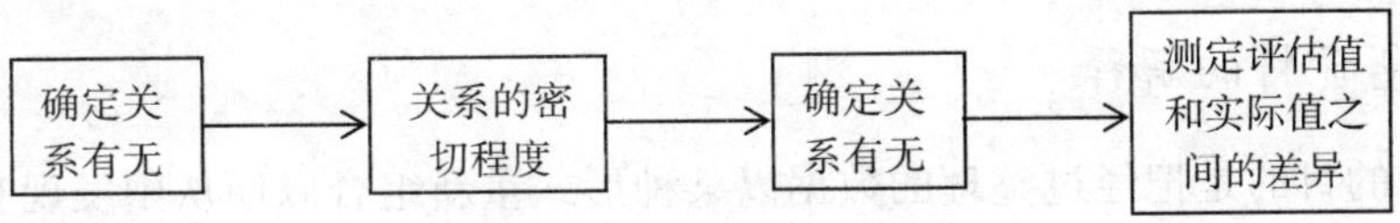

图 4-6 相关分析的主要步骤

图 4-7 回归分析的主要步骤

(五)方差分析

方差分析又称变异数分析或 F 检验，其目的是推断两组或多组资料的总体均数是否相同，检验两个或多个样本均数的差异是否有统计学意义，其基本原理是不同处理组的均数间差别基本来自于随机误差和实验条件。根据资料设计类型的不同，方差分析可分为单因素方差分析和二因素方差分析两种。方差分析的主要步骤如图 4-8 所示。

图 4-8 方差分析的主要步骤

虽然我们可以借定量分析深入研究对象内部的构成比例、规模大小和水平高低，但定量分析却不是万能的，如果我们试图了解某种新事物的概念或者事物发展的方向、趋势等，就不能不借助于定性分析。

定性分析是凭借分析者的经验和直觉、凭分析对象过去和现在的状况以及各种最新的信息，对分析客体的性质、特点和变化发展规律作出判断。定性分析和定量分析相比既有区别又有联系。其区别在于相较后者，前者需要的数学统计知识较少；其联系在于就算单纯地使用定量分析，也要通过定性分析中较常用的比较对照方法，而且从另一个方面来说，定性分析也需要建立在一定的数据处理基础之上。

在目前的市场营销调研工作中，大部分的企业对定性分析都不够重视，一旦提到市场调研和信息分析的准确性、专业性就会立刻联系定量分析，好像只有定量调查才是唯一的、科学的调研分析方法，相反同样科学实用的定性分析却被人视为主观臆断而加以排斥和贬低。在没有定性调查的辅助之下，企业花费大量的人力、物力、财力进行市场调研得到了大量的数据，然而由于没有定性分析作为指导而单纯地使用定量分析，分析的结果不可能具有客观实用性。

正是由于定量分析和定性分析相辅相成、缺一不可，在通常情况下，我们往往将这两种分析方法结合起来综合使用，以保证分析结果具有最大的准确性和客观性。

三、信息资料的解释

信息分析的目的是把经过整理的数据以某种形式重新组合以便从中发现有用信息，而信息解释则是在信息分析的基础之上进行，其目的是把经过分析的资料与其他资料放在一起进行比较，进而得到与所研究的主题相关的信息。

在市场营销调研的实际工作之中，一般而言，信息资料的解释方法是灵活多样的，大多需要根据实际情况制定。但是，尽管没有统一的模式可以遵循，在所有的解释工作中仍然有几点共同之处需要密切注意。

(一) 必须坚持客观性原则

在信息资料的解释中，坚持客观的态度非常重要，如果人为地加入主观因素，解释的结果往往就会丧失可靠性，甚至和所要反映的客体完全相反。举例来说，由于需要解释的信息资料完全由负责解释工作的人员掌握，为了让解释结果“看上去很美”，他们完全有可能摒弃那些反面的信息，从而使资料更倾向于支持其预先设定的观点。

(二) 必须坚持全面性原则

全面性原则要求信息资料的解释人员尽量从各个不同的角度去解释。信息资料的解释工作实际上是提炼某种规律的过程，这些规律要真实地反映客观的事物和现象就必须全面。当然这里所说的全面也不是绝对，而是建立在收集整理分析而得来的信息资料的基础之上的。我们在收集信息的过程中坚持了全面性的原则，那么在解释信息的时候更要坚持这一点，否则不仅前功尽弃，而且还会导致调研结果丧失客观性，失去使用的意义。

(三) 必须坚持创造性原则

解释也是一种创造，它以纯粹理性的信息资料为依据，从中发现相关规律，进而提出对企业营销有用的结论。这项工作仅仅依靠信息分析是完成不了的，因为分析只是针对客观存在的信息资料进行，运用的是统计方法，而解释则是针对分析的结果进行，是在分析的结果之上运用人类最高的抽象思维能力进行的一项活动。企业的整个营销活动都是新鲜的、充满生命力的，所以缺乏创造性的信息解释是没有意义的。

(四) 必须坚持谨慎性原则

谨慎性原则是指在信息解释的过程之中解释人员处理具体工作要认真细致，对于哪怕微不足道的内容或者处理环节都应当持负责的态度。谨慎性原则还表现在选择信息的尺度之上，因为并不是所有的分析结果对企业来说都是有用的，解释工作还必须对其进行筛选，但此时筛选的原则和标准对解释结果的有用性来讲就至关重要了，若尺度过松则会导致解释结果冗长杂乱，降低其对于企业营销决策或营销控制活动的相关性和有效性，所以在这里必须坚持谨慎性原则。

（五）必须坚持相关性原则

在信息资料的解释过程中，相关性也非常重要。前面提到解释工作必须对经过分析的信息进行筛选，所以就存在一个筛选尺度的问题，尺度不能过松，也不能过紧，否则会导致与所研究的主题相关程度高、具有重要价值的信息不能在解释结果中反映出来，所以在这一点上除了坚持谨慎性原则外，坚持相关性原则也是相当重要的。

（六）必须坚持科学性原则

科学性原则要求解释人员在解释工作中要坚持科学的态度和方法。在这里需要注意的是，虽然不存在统一的解释模式，但在进行解释工作的时候，也是有章可循的，譬如经常使用的归纳推理方法和演绎方法等，前者是由个别的事物或现象推出该类事物或现象的普遍性规律，后者则正好相反。

（七）必须坚持明晰性原则

明晰性原则是指阐述解释结果要尽量简单明确、易于理解和使用。因为解释结果是由专业人员做出，但使用解释结果的人却往往是非专业人员，于是就存在一个沟通的问题，这里最直接的解决方法就是尽量使解释简明通俗、便于直接使用，从而减少可能造成的沟通问题。

【案例 4-7】

1985 年，成就了一个经久不衰的经典营销故事，可口可乐公司犯下了一个重大的营销失误。在 99 个成功的年头后，它放弃了长期以来的准则——“别和老可乐混为一谈”——并且放弃了它的原始配方可乐！取而代之的是新可乐，有着更甜、更润滑的口感。

开始时，得益于狂轰滥炸式的产品介绍广告和宣传品的作用，新可乐销售得很好。但很快，新可乐的销量变得低迷。每天可口可乐公司从不满的消费者那里收到大量的邮件和电话。一个名为“喝老可乐的人们”的组织发出抗议，威胁说如果可口可乐公司不重新使用老的可乐配方，他们将提起公诉。仅仅 3 个月后，可口可乐公司重新采用了老可乐配方。现在被称为“经典可乐”的老可乐和新可乐被并排摆放在超市的货架上。公司认为新可乐可以保持它作为佼佼者的品牌，但消费者不这么认为，那年年末，超市中经典可乐的销售量是新可乐的 2 倍。

迅速的反应把公司从潜在的巨大危险中挽救出来，它增强了经典可乐的投入，经典可乐再次成为公司的主要品牌，新可乐成为公司的“攻击品牌”——作为百事可乐的拦路者，其广告公然地与百事可乐作对比。但新可乐只占据了 2%的市场份额。在 1990 年春，公司重新包装了新可乐，并把它冠以新名字“可乐Ⅱ”以作为品牌延伸。今天，经典可乐约占领了美国软饮料市场份额的 17%，而“可乐Ⅱ”却悄无声息地退出了市场。

为什么新可乐被推到了新的位置？哪里出错了？许多分析都把错误归咎于拙劣的

市场调研。

（资料来源：菲利普·科特勒，加里·阿姆斯特朗．市场营销原理(亚洲版)．清华大学出版社，2005.）

【本章小结】

1. 在信息时代的今天，市场信息已成为企业重要资源之一。市场营销信息系统(MIS)帮助营销决策者收集、挑选、分析、评估和分配需要的、及时的和准确的信息，它由内部报告系统、营销情报系统、营销调研系统和信息分析系统四个部分构成。

2. 市场营销调研是企业发现市场机会、进行市场预测和营销决策的依据，包括市场需求、消费者购买行为、营销因素、竞争对手等调研内容。

3. 市场营销调研一般包括确定问题和调研目标、拟订调研计划、收集信息、分析信息、提出研究结论五个步骤。

4. 企业进行市场预测包括对目前和未来的市场需求的测量和预测。目前市场需求测量包括总市场潜量、区域市场潜量、行业实际销售量和本企业市场份额的测量，未来市场需求预测的方法包括购买者意向调查法、销售人员意见综合法、专业人士意见法、市场试销法、时间序列分析法、直线趋势法、统计需求分析法等。

【重要概念】

营销调研　随机抽样

【思考与练习】

1. 市场调研的概念及调研程序是什么？
2. 市场调研的方法有哪些？
3. 如何收集市场信息？市场信息收集的方法和原则是什么？
4. 在设计市场调查表时，应注意哪些问题？
5. 如何进行抽样调查？
6. 如何确定合理的样本数目？
7. 如何进行市场调研资料的分析？

【综合案例】

中国消费电脑产业市场格局的变化

2003 年，中国消费电脑市场在遭遇了一系列突发性因素考验之后，呈现出强烈的复苏趋势。传统台式个人电脑的功能升级和形态细分、消费笔记本电脑的异军突起、渠道变革的积极萌动，都使中国消费电脑产业的现有格局发生了变化。

国内某咨询企业通过对全国的互联网用户进行关于电脑消费品市场问题的调研，从消费者的角度对电脑消费品市场的格局和趋势给予了真实精确的分析。本次调查主要面向全国互联网用户，采取网络问卷调查的方式进行，调查时段为2003年7月1日至2003年7月7日，共收到有效问卷5850份。

收入水平在很大程度上制约了人们对电脑品牌、档次等方面的追求。根据调查统计数据，我们把月收入在1500元以下视为低收入，1500~4000元视为中等收入，4000元以上视为高收入。通过收入水平细分，我们定量发现本次受调查者以中、低档收入者居多。同时受教育程度决定了一个人的文化层次、品位追求、生活情趣和对流行时尚的理解，当然不同层次的电脑消费者会有不同的出发点和需求。调查显示，受调查者的学历绝大部分是本科和大专，达到了76.06%。应该来说，这部分消费群体素质较好，使用电脑学习、上网的频率较高，是中低档消费电脑的主力军。

让我们首先看一组统计数据，在接受调查的人群中：有90.12%的人拥有个人电脑；有57.80%的人两年前已经拥有个人电脑；拥有品牌机的占27.46%，拥有组装机的占63.35%；拥有台式机的占77.87%，拥有笔记本的占3.93%，两种都拥有的占8.95%；有76.93%的人在未来的一段时间内打算新买或重新调换电脑。

以上数据强烈表明个人电脑在中国普通家庭中已经非常普及，组装的台式机成为人们家庭用、办公用和学习用电脑的首选配置，品牌机以其卓越的品质和售后服务开始逐渐为大众所接受，笔记本电脑正受到有经济实力人士特别是白领阶层的热捧。同时，软硬件惊人的更新速度加速了现有产品的淘汰率，电脑网络技术的推广，宽带ISDN、ADSL等服务的推出，无疑更是推动个人电脑硬件普及率的强有力因素，个人电脑消费品的前景非常看好。

上网、工作、学习和娱乐被看作是电脑的四大用途。其中电脑网络化成为一种流行趋势，人们特别是年轻人正在把上网看成是一种全新的生活方式，通过电脑联网方便地获取信息和休闲娱乐。有44.58%的人每周大约花费28小时以上，有85.70%的人感觉电脑对其日常生活影响非常大。现在绝大多数的企业实行办公信息化、网络化，缺少了电脑和网络，大部分的工作将无从开展；社会各项服务，比如银行、医院、交通运输等，正在实行信息网络化，缺少了电脑和网络，将给人们的生活带来诸多不便。人们对于网络的依赖程度从未像今天这样强烈，未来国际互联网的无限发展无疑预示着电脑的全面普及。在被问到“对国内和国外的电脑品牌，哪一个抱有比较大的好感”时，国外品牌略显优势，占40.02%，而国内品牌占30.50%，另有29.48%的人对此没有区分。在国外众多品牌中，IBM、戴尔和索尼最受欢迎。在国内品牌中，联想和方正颇得人心，除了知名度高和性能优越外，完善、周到、专业的售后服务体系让消费者买得放心，用得放心，成为联想和方正与国内其他品牌甚至国际品牌竞争的有力武器。调查还反映，价格已不再是人们衡量国内和国外品牌的标准，激烈的市场竞争使得同一档次的国内和国外品牌价位基本上保持在同一水平，价格不再左右人们对国内和国外品牌的取舍，“打价格牌”的时代已经过去，而售后服务体系开始在品牌间的竞争中扮演重要角色。

产品细分的动力来自市场需求。随着家庭二次购机的时机逐渐成熟，新一代无线技术和移动计算机的价格门槛大大放低，既有产品同质化的倾向越来越严重，产品细分成为越来越多的企业的发展战略。这种战略风潮的突出体现，是台式电脑的细分升级、消费笔记本电脑的崛起和渠道通路的多元化。在目前的市场行情下选购电脑，54.43%的人会选择台式机，值得十分关注的是，剩下45.57%的人将选择笔记本。消费笔记本电脑，将是产品细分带来的新的最大机会。

消费电脑的传统销售渠道仍占主导地位，标准化的连锁卖场是未来趋势。人们在购买电脑时多数会选择到品牌专卖店和大规模电脑商城，而这两者均属于消费电脑厂商的传统销售渠道，从这一点可以反映出目前电脑市场的销售局面还没有全面打开，类似家电大卖场的销售渠道因为厂商和销售方的利益关系尚在酝酿之中。梳理今天中国消费电脑市场的重要角色，拥有传统优势的全国性品牌、迅速成长的区域品牌以及卷土重来的国外品牌位列原厂商阵营，层级分销的传统渠道和标榜直接的大卖场位列渠道方队，每个阵营都在寻找、探索着能够使自身利益最大化的途径。这个过程有可能是明火执仗的战斗，更有可能是各取所需的联合。

（资料来源：中国电脑消费品市场调查分析报告．网易财经．http://www.zikoo.com/payreport/article.）

讨论题：

从中国电脑消费品市场调查分析报告说明，企业进行市场调研时应该如何操作？

第五章 购买行为分析

【学习目标】

1. 了解消费者购买行为、组织购买行为类型。
2. 熟悉影响消费者购买、组织机构购买的主要因素。
3. 掌握消费者购买、组织机构购买的决策过程。

【本章摘要】

人们习惯上根据购买者的特点及其购买商品的目的，将市场划分为消费者市场和组织市场两种基本形态。生产经营企业必须深刻认识消费者市场和组织市场的特点，准确把握其购买行为，才能制定科学的营销策略，满足市场需要，实现企业的经营目标。此外，消费者市场是各种市场中最复杂、需求量最大、对其他市场能起决定作用的市场，它是本章研究的重点。

第一节 消费者市场购买特点

一、消费者市场特点

(一)消费者市场的含义

市场指有购买力、有购买欲望的顾客所构成的整体。按照顾客购买目的或用途的不同，市场可分为组织市场和消费者市场两大类。组织市场指以某种组织为购买单位的购买者所构成的市场，购买目的是为了生产、销售、维持组织运作或履行组织职能。消费者市场是个人或家庭为了生活消费而购买商品或服务的市场。生活消费是商品和服务在流通环节的终点，因而消费者市场也称为最终商品市场。

(二)消费者市场特点

1. 分散性

生活中的每一个人都不可避免地发生消费行为或消费品购买行为，成为消费者市场的一员，因此，消费者市场人数众多，范围广泛。而且消费者的购买单位是个人或家庭，家庭人口较少，商品消耗量不大；消费者每次购买数量较少，购买次数频繁。

2. 复杂多变性

消费者受到年龄、性别、身体状况、性格、习惯、文化、职业、收入、教育程度和市场环境等多种因素的影响而具有不同的消费需求和消费行为，几乎找不到两个真正相同的消费者、消费需求和消费行为，他们所购商品的品种、规格、质量、花色和价格也就千差万别了。而且随着生产技术的发展、消费水平的提高和社会习俗潮流的变化，消费者在需求的结构和层次上将不断发生改变，日益多样化。这就要求企业必须在对消费者进行市场细分的基础上，根据自身条件准确地选择目标市场。

3. 无限扩展性

人类社会的生产力和科学技术总是在不断进步，必然伴随新商品不断出现，必然带来消费者收入水平不断提高，消费水平也在不断提高，进而消费需求也就呈现出消费需求的量和质由低到高，消费者的需求永远不会停留在一个水平上，它是无止境的。消费者的一种需求满足了，又会产生出新的需求，循环往复，以至无穷。因此市场营销者需要不断开发新产品，开拓新市场。

4. 可诱导性

消费者需求的产生，有些是出自本能的，但是更多的是由于外界的刺激所产生的。经济政策的变动、社会交际的影响、商业广告的诱导等，使得消费者不断被诱导，产生出新的需求。消费者在购买商品前通常是无严格计划的，他们会因场景变化、心情变化改变原来设想的本不太严格的购买计划或购买投向。例如一个年轻的女性消费者，原本此次的购物计划是采购家庭食材，但路边服装店橱窗中展示的新款连衣裙在店内灯光、装饰的衬托下显得尤为吸引人，该女性消费者可能会在去超市购买食材之前先在服装店购买几件原本并不在计划中的新款服装。消费者需求的这一特征，要求市场营销者不仅要满足消费者当下的需求，更应该通过各种途径挖掘、诱导出新的消费需求。

5. 非专家性

大多数消费者对所购买的商品大多缺乏专门的甚至是必要的知识，对质量、性能、使用、维修、保管、价格乃至市场行情都不太了解，消费者只能根据个人好恶和感觉作出购买决策，受环境因素、情感因素影响较大，受企业广告宣传和推销活动的影响较大，大多属于非专家购买。

二、消费者购买模式

消费者行为是指消费者在寻求、购买、使用、评价和处理预期能满足其需要的商品或服务时所表现出来的行为。研究消费者行为就是要研究消费者是如何用有限的可支配的资源(时间、精力、金钱等)来更高效率地、尽可能多地满足自身需要的行为过程。消费者市场研究涉及的内容千头万绪，从哪里入手进行分析呢？市场营销学家菲利普·科特勒研究了一系列较为完整的消费者购买行为过程后，归纳为7个问题，由于7个英文字母的开头都是O，所以称为“7O”研究法。

消费者市场由谁构成？(who)——购买者(occupants)

消费者市场购买什么？(what)——购买对象(objects)

消费者市场为何购买？(why)——购买目的(objectives)

消费者市场的购买活动有谁参加？(who)——购买组织(organizations)

消费者市场怎样购买？（how）——购买方式（operations）

消费者市场何时购买？（when）——购买时间（occasions）

消费者市场何地购买？（where）——购买地点（outlets）

诸多因素的共同作用使得消费者最终做出一定的购买行为，决定如何满足其需要和欲望。

三、消费者购买心理暗箱

消费者购买行为通常受一系列复杂因素的影响，理论界形象地把由这些影响因素产生的环节或过程称为“消费者购买心理黑箱（或暗箱）”。消费者的购买行为往往是一个投入产出的过程，消费者一方面接收外部的各种刺激，另一方面作出各种消费反应。外部的刺激和消费反应往往看得见、摸得着，然而消费者如何“消化”外部的刺激，进而产生某种消费反应则需要进一步揣测和研究，种种消费反应似乎就是“心理黑箱”操作的结果。

研究和了解“消费者购买心理黑箱”中将发生的事情，以便企业采取正确和行之有效的决策。研究消费者购买行为的理论中最有代表性的是刺激——反应模式，如图 5-1 所示。市场营销因素和市场环境因素的刺激进入购买者的意识，购买者根据自己的特征处理这些信息，经过一定的决策过程导致了购买决定。

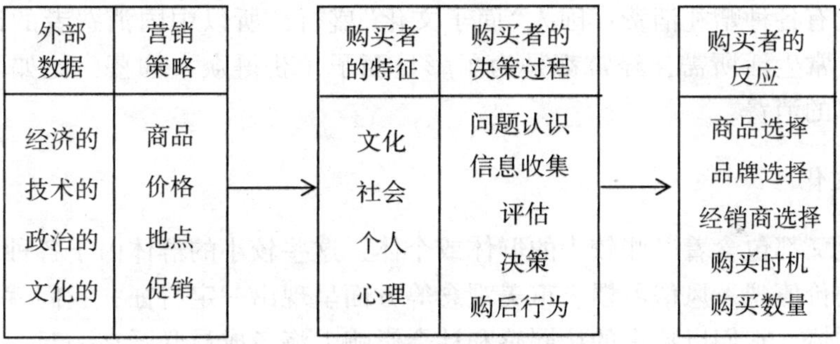

图 5-1　消费者购买行为模式

【案例 5-1】

某饭店正在大力吸引消费者来举办婚宴，这就应该研究一下购买决策过程的参与者。参与选择婚宴场所通常包括新郎、新娘、双方的家长和亲朋好友等。最初可能由新娘的某位亲友倡议在某饭店举办，然后新娘和新郎可能还要征求许多人的意见，再由两人共同决定在某饭店举行，由新郎的父母与饭店签约预定，而使用者则是新郎、新娘及婚礼的所有参加者。

饭店的营销人员应搞清各种不同身份的参与者所起的作用，尽量将广告宣传集中在主要决策者身上。一般来说，新娘有最大的决策力，饭店应当充分研究新娘选择饭店的标准，而新郎和新郎的家人可能对费用特别关心。如果饭店的促销方案能针对上述参与者的不同情况，选择恰当的广告媒体和广告语言，将会取得良好的效果。

（资料来源：公开资料整理。）

第二节　影响消费者购买行为因素

为了弄清“消费者心理黑箱”中到底是怎样运作、怎样影响消费者最终的消费反应的，我们首先来探索消费者自身的一些特殊因素是怎样对消费行为造成影响的。消费者的购买行为很大程度上受到他们自身文化、社会、个人、心理等因素的影响。

一、文化因素

（一）文化

文化是指人类需求和行为最基本的决定因素，从生活实践中建立起来的价值观念、道德、理想和其他有意义的象征的综合体。它包含法律、宗教、风俗、语言、艺术、工作方式及其他能影响社会及社会成员行为的人文环境。文化决定了人类个体起居、建筑风格、节日、礼仪等物质和文化生活各个方面的不同特点。比如，中国人讲究礼尚往来，那么每逢节假日，就有各种赠礼消费；国人“面子文化”盛行，所以中国消费者的许多消费行为往往超越了日常生活所需，经常都是为了彰显面子、获得众人仰慕，比如名牌服装、首饰，豪华轿车的消费。

（二）亚文化

任何文化又都包含着一些较小的群体或个体，这些较小的群体由于各种因素的影响使得其中人们的价值观、风俗习惯、审美观念等方面呈现出一定特征，我们就可以称这些群体为亚文化群体。它们以特定的认同感和社会影响力将各成员联系在一起，使这些较小群体具有特定的价值观、生活方式和生活情趣。就目前而言，对消费者最具影响力的亚文化主要有四种：民族亚文化群、宗教亚文化群、种族亚文化群、地理亚文化群。不同的亚文化群，消费者对商品和服务的需求构成不同，而且对企业的促销方式有不同的要求和限制。因此，企业在用亚文化群分析需求时，应把每一个亚文化群视作一个细分市场，分别制定不同的营销方案。

（三）社会阶层

社会阶层是社会学家根据职业、收入来源、教育水平、价值观和居住区域对人们进行的一种社会分类，是按层次排列的、具有同质性和持久性的社会群体。不同阶层的人们，无论是在商品的购买行为或是购买商品种类上都具有明显的差异性。如，在服饰、家具、活动及其活动方式等方面，都会因阶层不同存在着不同偏好。

【案例 5-2】

中产阶层中家庭年收入位于平均水平之上的群体称为新中产阶层。

新中产阶层人群画像：以 80 后为主，人群相对比较年轻，年龄位于 26 岁至 45 岁之间的占比 71%；具有良好的教育背景，本科以上学历占比 85%。1980 年至 1990 年出生的两代人是目前中产阶层的主力人群。社会物质文化产品的丰富，使他们在成长过程中，在身上打上鲜明的标签——“普遍接受过高等教育，有不错的收入和体面的工作，自己驾车或出门打车，坚持自己的兴趣爱好，经常出没在高尔夫球场和保龄球馆、艺术展览馆等时尚场合，偶尔参加周末 party”。新中产阶层在各个区域中的占比均超过 50%。新中产阶层即将成为今后十年带动消费支出上涨的重要引擎之一。与此同时，上层中产阶层的消费行为引领中国未来的消费趋势，他们的消费行为更加理性，更愿意为高品质产品付费。

（资料来源：田拓．中产阶层科技消费调查报告．中关村在线．http://tech.hexun.com/2017-08-11/190415884.html.）

二、社会因素

人们在作出购买决策时，通常乐于听取所依赖或信任之人的意见，以降低购买决策中的潜在风险，并从了解他们的想法和行为中获得慰藉。因此消费者的购买行为也受到诸如参照群体、家庭、社会角色和地位等一系列社会因素的影响。

（一）参照群体

参照群体是指个人在形成其购买或消费决策时用以作为参照、比较的个人或群体。参照群体可分为直接参照群体和间接参照群体，如图 5-2 所示。

参照群体	直接参照群体	首要群体
		次要群体
	间接参照群体	向往群体
		厌恶群体

图 5-2 参照群体的划分

直接参照群体又称成员群体，即消费者本人所属的群体或与其有直接关系的群体。直接参照群体又分首要群体和次要群体。首要群体是指与消费者直接、经常接触的一群人，一般都是非正式群体，比如家庭成员、亲戚朋友、同事、邻居等。次要群体是对其成员影响并不很经常，但一般都较为正式的群体，如宗教组织、行业协会等。间接参照群体是指消费者的非成员群体，即此人不属于其中的成员，但有时又会受其影响的一群人。这种参照群体又分为向往群体和厌恶群体。向往群体是指消费者尊敬或崇拜的一些人，例如体育明星、影视艺人等，因此消费者往往愿意购买其崇拜的偶像或明星推荐或使用的产品。厌恶群体是指消费者讨厌或反对的人群，一个人总是不愿意与厌恶群体发生任何联系，在各方面都希望与其保持一定距离，甚至经常反其道而行之。

参照群体对消费行为的影响表现在三个方面：一是示范性，即参照群体的消费行为和生活方式为消费者提供选择的模式；二是参照群体的消费行为引起人们仿效欲望，影响人们的商品选择；三是一致性，即由于仿效而使得消费行为趋于一致。参照群体对购买行为的影响程度视商品类别而定。据研究，相关群体对汽车、摩托车、服装、香烟、啤酒、食品和药品等商品的购买行为影响较大，对家具、冰箱、杂志等影响较弱，对洗衣粉、收音机等几乎没有影响。

（二）家庭

消费者大多以家庭为单位购买商品，家庭成员和其他有关人员在购买活动中往往起着不同作用并且相互影响，构成了消费者的购买组织。分析这个问题、了解这个组织，对于企业抓住关键人物开展营销活动，提高营销效率十分重要。

1. 家庭经济收入

经济因素是指消费者可支配收入、储蓄、资产和借贷的能力。经济因素是决定购买行为的首要因素，决定着能否发生购买行为以及发生何种规模的购买行为，决定着购买商品的种类和档次。

2. 家庭权威中心点

家庭不同成员对购买决策的影响往往由家庭特点决定，家庭特点可以由家庭权威中心点确定。当然，即使是相同的家庭权威中心点，但根据商品的价值大小不同，商品的复杂程度不同，其起决定作用的实际决策点也是在发生变化的。

【资料 5-1】

社会学家根据家庭权威中心点不同，把所有家庭分为 4 种类型：(1) 各自做主型。指每个家庭成员对自己所需的商品可独立作出决策，其他人不加以干涉。(2) 丈夫支配型。指家庭购买决策权掌握在丈夫手中。(3) 妻子支配型。指家庭购买决策权掌握在妻子手中。(4) 共同支配型。指大部分购买决策由家庭成员共同协商作出。家庭权威中心点会随着社会政治经济状况的变化而变化。

3. 家庭成员的文化与社会阶层

家庭主要成员的职业、文化及家庭分工不同，在购买决策中的作用也不同。据国外学者调查，在教育程度较低的“蓝领”家庭，日用品的购买决策一般由妻子作出，耐用消费品的购买决策由丈夫作出。在科学家和教授的家庭里，贵重商品的购买决策由妻子作出，日用品的购买普通家庭成员就能决定。

（三）身份和地位

每个人的一生会参加许多群体，如家庭、企业、俱乐部及各类组织。一个人在群体中的影响可用身份和地位来确定。身份是周围的人对一个人的要求或一个人在各种不同场合应起的作用。比如，某人在女儿面前是父亲，在妻子面前是丈夫，在企业是经理。每种身份都伴随着一种地位，反映了社会对他的总评价。虽然，人们以何种商品或品牌来表明身份和地位，会因社会阶层和地理区域等多方面的不同而不同，但是，消费者作出购买选择时往往会考虑自己的身份和地位。比如因为有着教师的身份，为了体现为人师表该有的身份面貌，老师们在校期间总会选择较为正式、得体的服饰产品。

三、个人因素

(一)生理因素

生理因素指年龄、性别、体征、健康状况和嗜好等生理特征的差别。生理因素决定着对商品款式、构造和细微功能有不同需求。不同年龄层次的人们除有不同的世界观或价值观外，他们会因本身的年龄层次选择与他的年龄相一致的商品。例如，身材高大的人要穿特大号；儿童和老人的服装要宽松，方便穿脱；体格较大的顾客往往更看重汽车内部空间大小；有减肥需要的顾客更在意超市食物的热量。

(二)个性因素

各人都有影响其购买行为的不同个性。个性会导致对自身所处环境相对一致和连续不断的反应。个性特征有若干类型，如外向与内向、创新与保守、自恃与谦逊、乐观与悲观、细腻与粗犷、谨慎与急躁、领导与追随、独立性与依赖性等。一个人的个性影响着消费需求和对市场营销因素的反应。例如，外向的人爱穿颜色明快的衣服；追随性或依赖性强的人对市场营销因素敏感度高，独立性强的人对市场营销因素敏感度低等。

(三)生活方式

所谓生活方式是指人们的生活格局和格调，集中表现在他们的思想见解、兴趣爱好和活动方式上。不同的生活方式群体对商品和品牌有不同的需求。企业营销人员应设法从多种角度区分不同生活方式的群体，如保龄球馆不会向节俭者群体推广保龄球运动，名贵手表制造商应研究高成就群体的特点以及如何开展有效的营销活动，环保商品的目标市场是社会意识强的消费者。人们已经注意到“80后”和“50后”“60后”的生活方式呈现出较大的差异，所以长辈和晚辈生活在一起时总是会因为生活方式带来的消费方式的差异产生一定的摩擦。“80后”普遍认为闲暇时间去电影院看新出的影片或去咖啡厅感受一杯现磨咖啡是很正常的生活方式，而长辈们可能认为去购买更多的家庭必需品才是正确的选择。

(四)信念和态度

信念指一个人对某些事物所持有的确定性看法。人们对企业产品或服务所持有的信念，即为企业产品和品牌的形象。人们总是会根据自己的信念采取行动，因此企业需要尽可能修正或影响消费者心目中对于企业品牌的不良信念。态度指一个人对某些事物或观念长期持有的好与坏的认识评价、情感感受和行动倾向。例如由于“三聚氰胺”事件的影响，相当多的中国消费者对国产奶粉产生了强烈的抵制态度，更愿意大费周章选择海外代购奶粉，殊不知绝大部分国产奶粉品质是过关的，完全可以满足婴幼儿的营养需求，要扭转中国消费者的这一态度，还需要国产奶粉品牌做出相当多的努力。

【案例 5-3】

MINI Cooper 是一款具有 50 余年历史的经典两厢小车，这款个性十足的车型风靡全球，拥有无数的“粉丝”。几乎每个年轻人都想拥有一部开着彰显个性、拉风动力强劲的 MINI，但是 MINI Cooper 真的适合所有的年轻人开吗？其实不然——尤其是身材高大的人群不适合购买此车。50 年前，经济型定位的 MINI 正式诞生，更小的车身以及更低的售价为的是让普通消费者都买得起，所以两门四座的 MINI 体型十分袖珍，车型尺寸为：长 3714/宽 1683/高 1407(mm)，轴距仅为 2467(mm)。虽然是四座设计，但是实际上是非常适合两人驾驶。因为 MINI Cooper 车身尺寸的原因，车身高度较低，身材高大的消费者朋友，比如身高 1.8 米的男性在驾驶 MINI Cooper 时会感觉空间比较局促，特别是头顶空间。而后排座椅最适合儿童乘坐，一般身材的人几乎无法安然落座。

（资料来源：不是所有人都合适　购买 MINI 注意事项．中国汽车消费网. http://inf.315che.com/n/2010_07/122619/1.htm.）

四、心理因素

（一）动机

动机是引发和维持人的行为导向一定目标的心理动力，是决定行为的内在驱动力。人由于某种需要会引起内在的心理冲动，这种冲动会引发人的购买行为。营销人员要了解消费者的动机及其对购买行为的影响，从而诱导其动机，促使其购买产品。关于动机的形成和发展，如下这些经典理论均作出了一定探讨。

1. 需要层次论

美国行为科学家马斯洛（A. H. Maslow）提出了需要层次论，将人类的需要分为由低到高的 5 个层次，即生理需要、安全需要、社会需要、尊重需要和自我价值实现需要，如图 5-3 所示。

马斯洛需要层次论最初应用于美国的企业管理中，分析如何满足企业员工的多层次需要以调动其工作积极性，之后被用于市场营销中分析多层次的消费者并提供相应的商品来予以满足。例如，对于满足低层次需要的购买者要提供经济实惠的商品，对于满足高层次需要的购买者应提供能显示其身份地位的高档消费品，还要注意需要层次随着经济发展由低级向高级的发展变化。当然，马斯洛需要层次论在一定程度上分析了人类的需要结构及需要变化的一般规律，但是在探讨需要从一个范畴到另一个范畴的运动时仍有不足之处。

2. 精神分析论

弗洛伊德创立了精神分析理论，他把人们的言行动机比作冰山，即露在水面上的小部分（10%）为意识领域，水下的大部分（90%）为无意识领域，造成人类行为的真正心理力

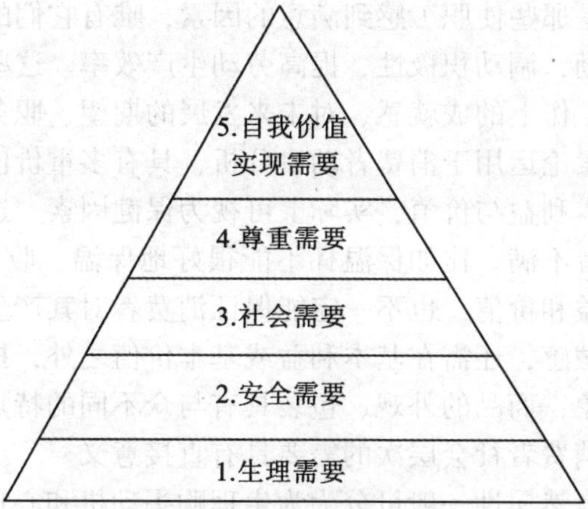

图 5-3　马斯洛需要层次图

量大部分是无意识的，这个无意识由冲动、热情、被压抑的愿望和情感构成。无意识动机理论建立在三个体系基础之上，即本我、自我和超我。

(1)本我。本我是心理体系中最原始的、与生俱来、无意识的结构部分，由遗传的本能、冲动、欲望等组成，是所有行为后面心理动力的来源。

(2)自我。自我是从本我中分化出来并得到发展的那一部分，处于本我和外部世界之间，是与外界接触的体系，统管个人的行为。

(3)超我。超我是在人格诸领域中最后形成的，反映社会的各项准则，由理想、道德、良心等组成。它的运转是反对本我的不可接受的冲动，而不会同自我一样寻求延长或保持它们。超我追求至善至美，不考虑现实原则和快乐原则。超我主要是有意识的，代表理想而不是行动。本我是生长进化的产物，自我是客观现实相互作用的产物，超我是社会化的产物。

弗洛伊德认为，人们为了自我原则，有意识地压制本我原则，压制冲动，用社会承认的做法去行动。但这些冲动并没有消除，也不可能消除，当条件合适、环境许可，就可能表现出来，或是在不经意时本能反应出来，或是在梦里出现等。因此，弗洛伊德用梦、自由联想等方法探寻人们的无意识的真正内心。

3. 双因素理论

双因素理论是由美国心理学家弗雷德里克·赫茨伯格(Frederick Herzberg)于 1959 年创立的。20 世纪 50 年代末期，赫茨伯格和他的同事们对匹兹堡附近一些工商业机构的约 200 位专业人士做了一次调查。调查主要是想了解影响人们对工作满意和不满意的因素。结果发现，影响职工工作积极性的因素可分为两类：保健因素和激励因素，这两种因素是彼此独立的并且以不同的方式影响人们的工作行为。

所谓保健因素，就是那些造成职工不满的因素，它们的改善能够解除职工的不满，但不能使职工感到满意并激发起职工的积极性。它们主要有企业的政策、行政管理、工资发放、劳动保护、工作监督以及各种人事关系处理等。由于它们只带有预防性，只起维持工作现状的作用，也被称为维持因素。

所谓激励因素，就是那些使职工感到满意的因素，唯有它们的改善才能让职工感到满意，给职工以较高的激励，调动积极性，提高劳动生产效率。这些因素主要有工作表现机会、工作本身的乐趣、工作上的成就感、对未来发展的期望、职务上的责任感等。

将赫茨伯格的双因素论运用于消费者动机分析，具有多重价值与意义。商品的基本功能或为消费者提供的基本利益与价值，实际上可视为保健因素。这类基本的利益和价值如果不具备，就会使消费者不满。比如保温杯不能很好地保温，收音机杂音较大等。然而，商品具备了某些基本利益和价值，也不一定能保证消费者对其产生满意感。要使消费者对企业商品、服务形成忠诚感，还需在基本利益或基本价值之外，提供附加价值，比如使商品或商标具有独特的形象，商品的外观、包装具有与众不同的特点等。因为后一类因素才属于激励因素，对满足消费者社会层次的需要具有直接意义。

购买动机按动机的自然属性一般可分为为生理购买动机和心理购买动机两大类。生理购买动机是由消费者生理需要所引起的购买动机。心理购买动机是由消费者的认识、情感、意志等心理活动所引起的购买动机。心理动机一般又可分为三种类型：情感动机、理智动机、惠顾动机。

（二）知觉

知觉是指个人选择、组织并解释信息的投入，以便创造一个有意义的外界事物图像的过程。两个处于相同环境或情景之中的人，对相同的环境或情景会有不同的感觉，也就是说，不同的人对同一刺激物会产生不同的知觉，相应地也会有不同判断、采取不同的行为方式。为什么不同的人对同一刺激物会产生不同的知觉呢？是因为知觉会经过人们结合现实社会，经过大脑主观判断后作出反应，即选择性注意、选择性扭曲和选择性保留。

1. 选择性注意

选择性注意是指众多信息中，人们更容易注意到对自己有意义的信息，或者与周围信息相比有明显差别的信息。例如，一个顾客在逛超市时打算购买洗衣液，那么在洗衣产品货架旁，顾客会更容易注意到洗衣液相关的促销信息。

2. 选择性扭曲

选择性扭曲是指人们总是习惯将信息加以扭曲，使之符合自己原有的认知和态度，然后加以接受。由于选择性扭曲的存在，消费者所接受的信息不一定与信息的本来面貌相一致。例如，顾客一直认为德国的西门子家电就是质量优于国产的家电品牌，当家电卖场的海尔品牌的促销员向其介绍海尔产品的先进技术时，顾客总是习惯挑毛病，认为促销员所介绍的海尔产品再怎样先进都不如德国的西门子技术优秀。

3. 选择性保留

选择性保留是指人们更容易记住与自己的态度和信念相一致的信息，忘掉与自己的态度和信念不一致的信息。比如某顾客一直认为德国的西门子质量优于国产的海尔，在逛了半天的家电卖场之后，顾客更容易记住西门子的推销员介绍的关于西门子产品的特色与优势，而容易淡忘海尔促销员介绍的关于海尔产品的亮点。

上述三种感觉加工处理程序，使得同样数量和内容的信息，对不同的购买者会产生不同的反应，而且都会在一定程度上阻碍购买者对信息的接收。这就要求企业营销人员必须采取相应的市场营销策略，如大力加强广告宣传，不断提高和改善商品的质量和外观造型、包装装潢等，以打破各种感觉障碍，使企业的商品信息更易为消费者所注意、了解和接收。

(三)学习

学习是指由于经验而引起的个人行为的改变的过程。人们可以通过书籍学习前人的经验，通过交往学习父母、亲朋、同事、老师、同学等的经验，也可以通过自已的生活积累经验。这些经验都直接改变着人们的行为。当今社会，由于新产品、新品牌不断涌现，消费者必须经过多方收集相关信息、结合自身先前累积的经验，才能够作出适宜的购买决策，这本身就是一个学习的过程。

第三节　消费者购买决策过程

营销人员在分析了影响消费者购买行为的主要因素之后，还需要了解消费者如何作出的购买决策，即了解是谁参与了购买决策以及如何一步步完成购买决策。

一、参与消费决策的角色

消费者在购买活动过程中，有以下五种角色参与：

(一)发起者

发起者是指首先想到和提出购买意向的人，可以是有消费需求的顾客本人，也可以是与其相关的人。

(二)影响者

影响者是指对购买决策施加直接或间接影响的人，一般是与决策者或购买者或使用者有关的群体或个人。

(三)决策者

决策者是指作出购买决定的人，通常是权力的拥有者。

(四)购买者

购买者是指具体执行购买决策、从事购买活动的人，主要是个人和家庭，他们是购买活动的主体。

(五)使用者

使用者是指实际上最终使用或消耗产品的人。

以上五种角色，在实际购买过程中，可能由一个人同时担任，也可能由不同的人担任，营销人员需要充分分析五种角色人员的特点，尤其需要重视决策者的需求特点。

二、消费者购买决策过程

(一)认知需要

由于消费者只有首先认识到需要得到满足的需求，才能产生购买动机。唤起消费者认知需要的刺激可以来自三个方面：一是人体内部的刺激，如饥饿、寒冷等；二是人体外部的社会环境刺激，如流行时尚、相关群体影响；三是企业销售环境的刺激，如面包的芳香、茶座的优雅等。消费者对自身的各种需求加以正确认识，可以为购买决策限定范围，因而是有效决策的前提。

现代市场营销研究认为，需要是人们与生俱来的，不能创造出来，但是可以通过自身活动唤起。因此，企业不仅仅可在交易行为上下工夫，还可从唤起需要阶段开始，调查研究那些与本企业商品实际上和潜在的有关联的驱动力，以及善于按照消费者的购买规律，适当地安排诱因，促使消费者对本企业生产经营商品的需要变得很强烈，并转化为购买行动。

(二)收集信息

消费者认识到自身的需求后，就会广泛收集有关信息，包括能满足需求的商品种类、规格、型号、价格、质量、维修服务、有无替代品、何处何时有出售等。消费者寻求信息的积极性高低取决于需求强弱。收集信息的主要途径有：(1)工商企业，包括企业广告、商品介绍、商品展示、营销人员讲解等。(2)相关群体，包括家庭成员、亲朋好友、同事邻居的推荐介绍等。(3)公众传播媒介，包括报纸、杂志、广播、电视的新闻报道等。(4)个人经验，即通过对各种商品的触摸、查看、试验、使用等得来的信息。

企业应该分析和了解消费者获得商品信息的渠道，以及对于所获得渠道的信赖程度，设计有效的广告和有利于本企业的传播信息，从而影响消费者的购买决策，促使他们采取购买行动。例如对于护肤品的选择，女性消费者常会愿意寻求专业护肤达人的建议或推荐，因此诸多护肤品品牌总是会寻找有一定网络知名度的美容护肤博主发布本公司产品的使用体验等相关文章。

(三)判断选择

收集信息后，消费者要对信息进行分析、整理，对可供选择的商品进行分析、对比和评估，最后作出选择。消费者通常是采取期望价值标准进行判断的。首先是确定商品的主要属性，这些属性作为消费者对于商品考虑的主要因素，如购买服装时，消费者在意的属性是服装的质量、款式、价格、品牌、店铺服务、品牌等。其次是确定商品属性的重要性，例如很多年轻女性消费者就认为服装的款式、价格比质量要重要。最后是确定各比较商品的综合期望价值(加权平均值法)，并以综合期望价值的大小，来决定商品的好坏优劣。

评价的标准是多方面的、综合的，而不是单一的，消费者会运用不同的评估方法在多重属性目标之间作选择。同时因为消费者的个人特征不一样，他们对于商品各属性的重视程度又会产生差异。不同的消费者面对同一商品往往会作出完全不同的评价。

基于以上分析，营销人员应该积极采取行动，如修正产品的某些属性，使其符合消费者心中对于产品相关属性的要求，或者通过广告和各种宣传活动消除顾客对于产品属性的误解。另外，也可以通过广告和宣传策略改变消费者对产品各种属性的重视程度，努力提高自身产品在消费者心目中的优势。

【案例 5-4】

国内高端酸奶品牌简爱酸奶上市已达两年，成长足迹遍布华南、华中、华东、华北区域，超过 73 个城市的线下覆盖率，进驻 2138 家门店，以及线上超过 90 个城市的人群范围，售出 30000000 杯酸奶，备受消费者欢迎，称为当之无愧的“网红”酸奶。

作为一个酸奶行业的新人，两年来，简爱酸奶专注于研发打造高品质的健康无添加酸奶，充分强调其产品不含食品添加剂，只含生牛乳、乳酸菌、糖，并在包装上直白地描述“其他没了”。让过去只注重酸奶口感和益生菌含量的顾客首次注意到，原来酸奶的成分有生牛乳和奶粉的区别，原来酸奶可以真正做到添加剂“都没了”，充分唤醒了顾客对于本品牌优势所在地的重视程度。

（资料来源：公开资料整理。）

（四）购买决策

当消费者对搜集的信息进行综合评价，并根据一定选购模式进行判定后，就会形成明确的购买意图。但购买意图并不一定会导致购买行动，这一过程中还可能受到其他因素的干扰，这种干扰因素主要来自多个方面：（1）相关群体态度。如果关系密切的人陈述种种理由，坚决反对购买，且否定的态度越强烈，关系越亲近，则消费者改变其原先购买意图的可能性就越大。（2）意外收入变化。这个因素会影响消费者的购买意图，比如家庭收入减少或由于意外原因或变故而改变购买计划等。（3）营销意外情况。商品的质量和服务人员的态度都会改变消费者的购买决定。如消费者购买时突然发现商品明显瑕疵，购买时偶然发现商品大量退货，购买时突然发现买卖双方激烈争吵等。由此可见，消费者对某种商品的偏好和购买意图指出了消费者购买行为的方向，但并不包括许多意外情况，因而不能完全决定消费者的最后购买决策。

（五）购后评价

消费者完成购买后，并不是购买过程的结束，消费者将体会到某种程度的满足或不满足，由此形成购买后的感受，这将影响消费者以后的行动，并对相关的群体产生影响。因此，现代市场营销非常重视消费者购买后的评价。许多西方企业信奉这样一句名言：“最好的广告是满意的顾客。”

一是预期满意理论，即认为消费者对商品的满意程度，取决于预期希望到实现的程度。若以 S 表示满意感或不满意感，以 E 代表预期希望，以 P 代表商品的实际效用，则三者之间存在函数关系：$S=f(E, P)$。如这个商品的实际效用与购买该商品的期望相符，则称消费者满意；期望与现实距离越远，则消费者的不满就越大，这不仅影响消费者以后的重复购买行为，而且也影响周围人的购买选择。

二是认识差距论，即认为消费者购买商品后都会引起程度不同的不满意感。原因是任何商品总有它的优点和缺点，别的同类商品越是有吸引力，对购买商品的不满意感就越大。企业的任务就是要使买主的不满意感尽可能降到最低限度。

购后评价是购买过程中重要的信息反馈，反映了企业所经营的商品对消费者需求的满足程度，这是企业最原始的信息。因此，企业应重视搜集消费者的购买后评价，加强售后服务，以影响消费者的购后感受，增强满意感。

【案例 5-5】

当方便快捷的速溶咖啡进入美国市场，美国的家庭主妇并不买账。厂商对美国家庭主妇进行调查，询问其不购买速溶咖啡的原因，绝大多数家庭主妇回答是不喜欢速溶咖啡的口味。为了了解她们的口味偏好，厂商对家庭主妇进行了一次测试：请主妇们品尝没有标志的天然咖啡与速溶咖啡，比较哪种咖啡的品质好，结果家庭主妇根本分不出两种咖啡的区别。这说明拒绝购买的原因并不在生理上，而在其他原因上。于是厂商又做了一个“购物单”法调查：假设两张家庭主妇购买了 8 种商品的购物单，前 7 种商品完全一样，只是购买的第 8 种商品不一样，一位家庭主妇购买了天然咖啡，另一位购买了速溶咖啡，请被测试的家庭主妇描绘两位购买者的形象。购买天然咖啡的主妇被测试者描绘是一位责任感强的贤妻良母，而购买速溶咖啡的则是缺乏家庭责任感，不会持家的懒婆娘。找到阻止家庭主妇购买速溶咖啡的埋藏在其心灵深处的潜意识后，厂商重新设计了广告的主题：购买速溶咖啡的家庭主妇是善于持家的贤妻良母，使用速溶咖啡提高了操持家务的效率，她们腾出更多的时间相夫教子。这一广告改变了速溶咖啡购买者的形象，速溶咖啡很快成为美国市场上的畅销品。

（资料来源：徐联沧．消费者心理学．电子工业出版社，2006.）

第四节 组织市场购买分析

一、组织市场构成

组织市场是指各种组织机构形成的对企业商品和劳务需求的总和。它可分为四种类型，即生产者市场、中间商市场、非营利组织市场和政府市场。

(一) 生产者市场

生产者市场也称为产业市场或企业市场，它指所购买的一切商品和服务将用于生产其他商品或劳务，以销售、出租或供应给他人和组织。产业市场通常由以下产业所组成：农业、林业、水产业、制造业、建筑业、通信业、公用事业、保险业和其他服务业等。

（二）中间商市场

中间商市场也称转卖者市场，是指那些将购买商品或劳务转售或出租给他人以获取利润为目的的组织市场。转卖者不提供形式效用，而是提供时间效用、地点效用和占用效用。转卖者市场由各种批发商和零售商组成。批发商的主要业务是购买商品和劳务并将之转卖给零售商和其他商人以及产业用户、公共机关用户等，但它不能把商品大量卖给最终消费者；而零售商的主要业务则是将商品或劳务直接卖给消费者。

（三）非营利组织市场

非营利组织指所有不以营利为目的、不从事营利性活动的组织。我国通常把非营利组织称为机关团体、事业单位。非营利组织市场指为了维持正常运作和履行职能而购买商品和服务的各类非营利组织所构成的市场。

（四）政府市场

政府市场指那些为执行政府的主要职能而采购或租用商品的各级政府单位，也就是说，政府市场上的购买者是国家各级政府的采购机构。由于各国政府通过税收、财政预算等，掌握了相当大一部分国民收入，所以形成了一个很大的政府市场。

二、组织市场特点

（一）购买者比较少

组织市场营销人员比消费品营销人员接触的顾客要少得多。发电设备生产者的顾客是各地极其有限的发电厂，大型采煤设备生产者的顾客是少数大型煤矿，某轮胎厂的命运可能仅仅取决于能否得到某家汽车厂的订单。

（二）购买量比较大

组织市场的顾客每次购买数量都比较大，有时一位买主就能买下一个企业较长时期内的全部产量，有时一张订单的金额就能达到数千万元甚至数亿元。

（三）供需关系密切

组织市场的购买者需要有源源不断的货源，供应商需要有长期稳定的销路，每一方对另一方都具有重要的意义，因此供需双方互相保持着密切的关系。有些买主常常在商品的花色品种、技术规格、质量、交货期、服务项目等方面提出特殊要求，供应商应经常与买方沟通，详细了解其需求并尽最大努力予以满足。

（四）购买者的地理位置相对集中

组织市场的购买者往往集中在某些区域，以至于这些区域的业务用品购买量占据全国市场的很大比重。例如我国的北京、上海、天津、广州、沈阳、哈尔滨、武汉等城市和苏南、浙江等地的业务用品购买量就比较集中。

(五)需求弹性小

组织市场对商品和服务的需求总量受价格变动的影响较小。一般规律是：在需求链条上距离消费者越远的商品，价格的波动越大，需求弹性却越小。原材料的价值越低或原材料成本在制成品成本中所占的比重越小，其需求弹性就越小。组织市场的需求在短期内特别无弹性，因为企业不可能临时改变商品的原材料和生产方式。

(六)专业人员采购

组织市场的采购人员大多经过专业训练，具有丰富的专业知识，清楚地了解商品的性能、质量、规格和有关技术要求。供应商应当向他们提供详细的技术资料和特殊的服务，从技术的角度说明本企业商品和服务的优点。

(七)影响购买的人多

与消费者相比，影响组织市场购买决策的人多。大多数企业有专门的采购组织，重要的购买决策往往由技术专家和高级管理人员共同作出，其他人也直接或间接地参与，这些组织和人员形成事实上的采购中心。供应商应当派出训练有素的、有专业知识和人际交往能力的销售代表与买方的采购人员和采购决策参与人员打交道。

(八)直接采购

组织市场的购买者往往向供应方直接采购，而不经过中间商环节，价格昂贵或技术复杂的项目更是如此。

三、影响组织市场的因素

(一)环境因素

环境因素指组织无法控制的宏观环境因素，包括国家的经济前景、市场需求水平、技术发展、竞争态势、政治法律状况等。假如国家经济前景看好或国家扶持某一产业的发展，有关组织就会增加投资，增加原材料采购和库存，以备生产扩大之用。在经济衰退时期，组织会减少甚至停止购买，供应商的营销人员试图增加组织需求总量往往是徒劳的，只能通过艰苦努力保持或扩大自己的市场占有率。

(二)组织因素

组织因素指组织自身的有关因素，包括经营目标、战略、政策、采购程序、组织结构和制度体系。如追求市场占有率的企业会把价格放在其次，如追求降低成本的企业会对低价格产品更有兴趣等；安居工程会把价格放在首位，品牌工程会更注重质量、外观等。

(三)人际关系

人际关系指组织内部参与购买过程的各种角色(使用者、影响者、决策者、批准者、采购者和信息控制者)的职务、地位、态度和相互关系。这些人际关系对购买行为都会带来直接影响。企业的营销人员应当了解在组织购买决策中，各人扮演的角色是什么、各角色相互之间关系如何等，合理地利用这些因素促成商品交易。

(四)个人因素

个人因素指组织内部参与购买过程有关的人员的年龄、教育、个性、偏好、风险意识等因素对购买行为的影响，与影响消费者购买行为的个人因素相似。

四、组织市场的决策过程

从一般理论意义上说，组织市场完整的购买过程可分为8个阶段，但是具体过程依不同的购买类型而定，直接重购和修正重购可能跳过某些阶段，新购则会完整地经历各个阶段。

(一)认识需要

认识需要指组织用户认识自己的需要，明确所要解决的问题。认识需要是组织用户购买决策的起点，它可以由内在刺激或外在刺激引起。(1)内在刺激。比如，企业决定推出一种新商品，需要新设备或原材料来制造；机器发生故障，需要更新零件；已购进的商品不理想或不适用，需更换供应商。(2)外在刺激。采购人员通过广告、商品展销会或卖方推销人员介绍等途径了解到有更理想的商品，从而产生需要。而在组织市场上，内在刺激是其最重要、最多的需要产生的来源。企业供应商可利用上述方式刺激买方认识需要。

(二)确定需要

确定需要指通过价值分析确定所需商品的品种、性能、数量和服务。标准化商品易于确定，而非标准化商品需由采购人员和使用者、技术人员乃至高层经营管理人员共同协商确定。他们对产品的功能、质量、价格、可靠性、耐久性和其他属性按其重要性加以排序。卖方营销人员应当向买方介绍商品特性，协助买方确定需要。

(三)说明需要

说明需要指说明所购商品的品种、性能、数量和服务，写出详细的技术说明书，作为采购人员的采购依据。买方会委派一个专家小组从事这项工作，卖方也应通过价值分析向潜在顾客说明自己的商品和价格比其他品牌更理想。未列入买方选择范围的供应商可通过展示新工艺、新商品把直接重购变为新购，争取打入市场的机会。

(四)物色供应商

物色供应商指采购人员根据商品说明书的要求寻找最佳供应商。如果是新购或所需品种复杂，组织用户为此花费的时间就会较长。调查表明，企业采购部门信息来源及重要性的排列顺序是：内部信息，如采购档案、其他部门信息和采购指南，推销员的电话访问和亲自访问；外部信息，如卖方的商品质量调查、其他企业的采购信息、新闻报道、广告、商品目录、电话簿、商品展览等。供应商应当进入工商企业名录和计算机信息系统，制订强有力的广告宣传计划，寻找潜在现实的购买者。

(五)征求供应建议书

征求供应建议书指邀请合格的供应商提交供应建议书。对于复杂和花费大的项目，买方会要求每一潜在供应商提出详细的书面建议，经选择淘汰后，请余下的供应商提出正式供应建议书。卖方的营销人员必须擅长调查研究、写报告和提建议。这些建议应当是营销文件而不仅仅是技术文件，能够坚定买方的信心，使本企业在竞争中脱颖而出。

(六)选择供应商

选择供应商指组织用户对供应建议加以分析评价，确定供应商。评价内容包括供应商的商品质量、性能、产量、技术、价格、信誉、服务、交货能力等。组织用户在作出决定前，还可能与较为中意的供应商谈判，以争取较低的价格和较好的供应条件，供应商的营销人员要制定应对策略以防止对方压价和提出过高要求。组织用户会同时保持几条供应渠道，以免受制于人，并促使卖方展开竞争，供应商要及时了解竞争者的动向，制定竞争策略。

(七)签订合同

签订合同指组织用户根据所购商品的技术说明书、需要量、交货时间、交货条件、担保书等内容与供应商签订合同。许多组织用户愿意采取签订长期合同的形式，而不是签订短期的采购合同。买方若能在需要商品的时候通知供应商随时按照条件供货，就可实行无库存采购计划，降低或免除库存成本。卖方也愿意接受这种形式，因为可以与买方保持长期的供货关系，增加业务量，抵御新竞争者。

(八)绩效评估

绩效评估指组织用户对各个供应商的绩效加以评价，以决定维持、修正或中止供货关系。评价方法是询问使用者或按照若干标准加权评估。供应商必须关注该商品的采购者和使用者是否使用同一标准进行绩效评价，以保证评价的客观性和正确性。

【案例 5-6】

与从计划模式艰难蜕变出来的大型国有企业相比，通用的采购体系可以说是含着银匙出世，它没有必要经历体制、机构改革后的阵痛，全球集团采购策略和市场竞标体系自公司诞生之日起，就自然而然地融入了世界上最大的汽车集团——通用汽车的全球采购联盟系统中。相对于尚在理论层次彷徨的众多国有企业和民营企业而言，通用的采购已经完全上升到企业经营策略的高度，并与企业的供应链管理密切结合在一起。

据统计，在美国的采购量每年为580亿美金，全球采购金额总共达到1400亿~1500亿美金。1993年，通用汽车提出了全球化采购的思想，并逐步将各分部的采购权集中到总部统一管理。目前，通用下设四个地区的采购部门：北美采购委员会、亚太采购委员会、非洲采购委员会、欧洲采购委员会，四个区域的采购部门定时召开电视会议，把采购信息放到全球化的平台上来共享，在采购行为中充分利用联合采购组织的优势，协同杀价，并及时通报各地供应商的情况，把某些供应商的不良行为在全球采购系统中备案。

在资源得到合理配置的基础上，通用开发了一整套供应商关系管理程序，对供应商进行评估。对好的供应商，采取持续发展的合作策略，并针对采购中出现的技术问题与供应商一起协商，寻找解决问题的最佳方案；而在评估中表现糟糕的供应商，则请其离开通用的业务体系。同时，通过对全球物流路线的整合，通用将各个公司原来自行拟定的繁杂的海运线路集成为简单的洲际物流线路。采购和海运路线经过整合后，不仅是总体采购成本大大降低，而且使各个公司与供应商的谈判能力也得到了质的提升。

（资料来源：三个“采购案例”的对比分析．美国通用咨询有限公司网站．http://www.gci.corp.com/Article/qyzl/200612/95491.html.）

【本章小结】

1. 消费者市场是个人或家庭为了生活消费而购买和使用产品和劳务而形成的市场，也称为最终产品市场、消费品市场、生活资料市场、个人消费者市场或个人市场。消费者市场有需求的无限扩展性、需求的多层次性、需求的复杂多变性、需求的可诱导性、购买者的分散性、购买具有非专家性等特点。消费者的购买行为要受文化、社会、消费个人和心理等因素的影响。消费者的购买行为过程一般是认识需要、信息收集、备选产品评估、购买决策、购后评价与购后行为，在诸多因素的影响下，消费者在购买过程中会表现出不同的具体行为。

2. 组织市场(organizational market)简单地说，是由那些为维持经营活动，对产品进行再加工、转售，或向社会提供服务的工商企业、政府机构及各种社会团体组成的。它主要包括生产者市场、中间商市场、非营利组织市场、政府市场等四种类型。

3. 组织市场与消费者市场具有明显的区别，组织市场主要有购买者数量相对较少、组织市场的需求是派生需求、组织市场的需求一般缺乏弹性、专业人员购买、购买决策更复杂规范等特点。

4. 组织采购人员在作出购买决策时受到许多因素影响。我们可以把影响组织购买者的因素归为四类：环境因素、组织因素、人际关系和个人因素。

5. 组织购买者作出采购决策的过程与消费者有相似之处，但又有其特殊性。一般认为，组织购买者的采购决策过程可分为8个购买阶段：认识需要、确定需要、说明需要、物色供应商、征求供应建议书、选择供应商、签订合同、绩效评估。

【重要概念】

消费者市场 组织市场

【思考与练习】

1. 消费者市场有哪些特点？
2. 影响消费者购买行为的因素有哪些？
3. 简述消费者的购买决策过程并举例说明。
4. 影响组织市场购买行为的因素有哪些？与消费者市场相比有哪些不同？
5. 组织市场的决策过程怎样？

【综合案例】

昨天上午，看着自己的网购消费记录，家住杨浦区双阳北路的丁小姐心情复杂，既为买到大批便宜货而高兴，也为这笔全年最高消费而心痛。在半个月前的“双十一”，在面对高达9千多元的巨额账单前，丁小姐发誓今年购物到此为止。可是“双十一”刚走，“双十二”又来了。在便宜货的诱惑下，丁小姐忍不住又一次加入“抢货大军”，结果就是在三十天内，她在网购上花费的总额轻松突破1万元大关，如今家中堆满快递邮包。丁小姐苦笑着说，这1万多元花得莫名其妙，她甚至有些怀疑，自己是为了享受“抢便宜货的快感”而购物，至于实用与否则并不重要。

丁小姐说，她特意放弃昨天凌晨“秒杀”，只在上午上网看看，希望不要被“抢货”的氛围所影响。仅仅半小时后，丁小姐拨通记者电话，沮丧地说：“又没控制住，花掉2千多元。”如此一来，在短短三十天内，她在网购上的消费已经破万，虽然她一直强调买来的大多数商品都是有用的，但就拿大批廉价的夏装来说，起码还要等半年后才能用上。

虽然依旧在昨天用掉2000多元，但丁小姐依然明显感觉到和一个月前相比，自己购物的积极性已经降低。“看到好东西还是想买，但有一种力不从心的感觉。”丁小姐告诉记者，商品再便宜，她的购买力毕竟有限，三十天的网购消费轻松超过全年其余时间购物消费的总和，丁小姐已经取消圣诞节和元旦的购物计划，甚至通知在国外的朋友，放弃之前提出的代购要求。即便对廉价商品再感兴趣，丁小姐也已经对促销活动产生“审美疲劳”。

除囊中羞涩，对商品品质的不确定也让她在“双十二”活动中不敢放手消费。丁小姐说，一个月前参加活动的主要是大牌商家，货源比较正规，买东西相对省心。但参加“双十二”活动的大多是普通网店，如果不仔细挑选，质量很难保证，也有可能会买到假货。“平时选货可以和客服线上沟通，一遇到活动，小店的客服根本应付不过来，要么下线，要么忙到回答不上，也不敢买太多，只在一些熟悉的网店购物。”丁小姐还发现，虽然大多数网店的优惠措施都比较“实诚”，但也有个别网店弄虚作假，如“双十一”活动时她在一家正牌商城购买了一件打对折的衣服，结果活动结束后这件衣服依然是打折后的标价，她怀疑该服装是被涨价后再打折，打折后的价格就是零售价，参加活动其实就是一个噱头。

法资广告公司的胡迪小姐也感觉到这次参加促销活动的积极性不如上次，上个月她一口气网购了两千多元的商品，但在昨天的活动中，她只用了几百元，也没有了积极性守在电脑前“秒杀”紧俏商品，只是在白天随便看一下。胡小姐告诉记者，她也觉得两次活动间隔的时间太短了，即便是网购也需要时间“喘口气”。

（资料来源：李一能．网店折扣猛买家手痒　专家提醒消费者购物要理性．搜狐新闻．http://news.sohu.com/20111213/n328873257.shtml.）

讨论题：

1. 从案例中是否可以分析得知网络店铺商家可以利用消费者的哪些心理刺激其消费？
2. 消费者的购物积极性为何会在“双十二”时减弱？据此商家可以如何改良营销策略？

第六章　目标市场营销战略

【学习目标】

1. 了解市场细分的意义及评价方法。
2. 理解市场细分、目标市场和市场定位的含义。
3. 熟悉选择目标市场的战略以及市场定位的原则、步骤、变量，掌握消费者市场、组织市场的细分方法与步骤。
4. 掌握通过市场定位获得竞争优势最大化的方法。

【本章摘要】

市场是由购买者构成，而购买者在许多方面各不相同。任何企业都清楚地认识到，企业所拥有的资源是有限的，仅凭自己的力量不可能为整个市场服务。因此就必须对市场进行细分，以确定哪些子市场或子群体才是适合本公司的目标市场。“知人者智，自知者明”，企业在对自身有着客观认识的同时，也要在市场中找到自己的位置，即进行合理的定位。正确的定位可以使企业在市场营销中处在有利于自己发展的位置。目标市场营销是市场营销理论和实践中极具意义的进步，成为现代营销的核心战略。目标市场营销主要包括三个环节：市场细分(segmenting)、目标市场选择(targeting)、市场定位(positioning)，所以也被称为STP战略。

第一节　市场细分

一、市场细分的含义和作用

(一)市场细分的含义

市场细分是指营销者通过市场调研，依据消费者的需要和欲望、购买行为和购买习惯等方面的差异，把某一产品市场的整体划分为若干消费者群体的过程。每个消费者群都是一个细分市场，每个细分市场都是由具有类似需求倾向的消费者构成的群体。如服装市场可细分为男性服装市场、女性服装市场、儿童服装市场和老年服装市场等。

市场细分是企业经营由生产观念转向营销观念的情况下产生的。在生产观念指导下，企业从产品出发，把用户看成具有同种需求的整体市场，企业只生产单一品种的产品去满足社会需要。而现代市场营销观念认为，用户的需求是有差异的，他们从满足消费者的不同需求出发，有针对性地生产不同的产品，并运用不同的销售渠道和促销方式，把产品卖给相应的用户，这时就出现了市场细分的概念。所以市场细分并不是对产品的分类，而是辨别和划分具有不同欲望和需求的用户群的过程。

市场细分作为一种观念，是对现代市场营销在认识上的一种深化。现代营销观念要求企业一切活动以市场为中心。市场细分的概念最早是由美国市场学家温德尔·R. 史密斯(Wendell R. Smith)于1956年提出。

(二)市场细分的作用

1. 有利于企业发掘新的市场机会

市场机会的实质，是市场上消费者尚未满足或没有完全满足的需要和欲望。企业通过市场调研和分析，进行市场细分，可以了解不同消费者群体的需要情况和目前满足的程度，从而发现哪些顾客群体没有得到满足或没有充分满足。没有满足或没有充分满足的部分就可能是企业最好的市场机会。这对于中小企业而言更为重要，因为中小企业能力较弱、资源有限，难以在整个市场上与大企业直接竞争，如果能从市场细分中选择一个合适的较小的分市场，见缝插针或拾遗补阙，往往能在竞争中较好地生存和发展。

2. 有利于企业有针对性地开展营销活动

通过科学的市场细分、选择目标市场，必然有利于企业有的放矢地采取措施，提高市场营销水平。如企业可以根据目标市场及其需求的变化，及时地调整其产品组合，使产品适销对路；企业还可以科学地安排其价格策略、分销策略和促销策略，使产品顺利地送抵目标市场，并占领和巩固市场。

3. 有利于合理地利用企业的资源

进行科学的市场细分之后，每一细分市场上竞争者的优势和劣势明显地暴露出来。企业只要看准市场机会，利用竞争者的弱点，同时有效地开发本企业的资源优势，就能用较少的资源把竞争者的顾客和潜在顾客变为本企业的顾客，提高市场占有率，增强竞争能力。

二、市场细分的依据

(一)消费者市场细分依据

市场细分的依据，就是导致顾客需求出现异质性、多元化的各种因素。它使得顾客的需要、动机和行为千差万别、不尽相同，从而为市场细分提供了依据。

1. 地理因素

按照消费者所处的地理位置、自然环境来细分市场，如根据地区、气候、地域文化、城镇规模等方面的差异将整体市场分成不同的小市场。处在不同地理位置的消费者，会产生不同的需求和爱好，并对企业的同一产品及其市场营销手段产生不同反应。这是一种传统的市场细分标准，早期由于产品及交通条件的限制，企业只能以其所在地区的消费者为服务对象，现代市场营销依据把地理因素作为市场细分的重要标准，但是赋予了它新的内容，即地理环境会对消费者需求发生重要影响。如在我国沿海的一些省份，某些海产品被视为上等佳肴，而内地的许多消费者则觉得味道平常。又如，由于居住环境的差异，城市居民与农村消费者在室内装饰用品上的需求大相径庭。

2. 人口因素

按地理因素进行市场细分后，处于同一地理位置的消费者，比如居住在同一国家、地区和城市的消费者，需求的差别也很大。因此，还可以按人口变量，如年龄、性别、家庭规模、家庭生命周期、收入、职业、教育程度、宗教、国籍和种族等因素进一步细分市场。

人口统计变量比较容易衡量，有关数据相对容易获取，因此企业经常以它作为市场细分依据的重要依据。

(1)性别。由于生理上的差别，男性与女性在产品需求与偏好上有很大不同，如在服饰、发型、生活必需品等方面均有差别。比如洗发水品牌海飞丝从市场中细分出男性去屑群体，推出了海飞丝男士去屑洗发水。

(2)年龄。不同年龄的消费者有不同的需求特点，如青年人对服饰的需求与老年人的需求差异较大：青年人需要鲜艳、时髦的服装，老年人需要端庄素雅的服饰。

(3)收入。高收入消费者与低收入消费者在产品选择、休闲时间的安排、社会交际与交往等方面都会有所不同。比如，同是外出旅游，在交通工具以及食宿地点的选择上，高收入者与低收入者会有很大的不同。正因为收入是引起需求差别的一个直接而重要的因素，在诸如服装、化妆品、旅游服务等领域根据收入细分市场相当普遍。

(4)职业与教育。按消费者职业的不同，所受教育的不同以及由此引起的需求差别细分市场。比如，农民购买自行车偏好载重自行车，而学生、教师则是喜欢轻型的、样式美观的自行车。又如，由于消费者所受教育水平的差异所引起的审美观具有很大的差异，所以不同消费者对居室装修用品的品种、颜色等会有不同的偏好。

(5)家庭生命周期。一个家庭，按年龄、婚姻和子女状况，可划分为单身阶段、新婚阶段、满巢阶段、空巢阶段、孤独阶段5个阶段。在不同阶段，家庭购买力、家庭人员对商品的兴趣与偏好会有较大差别。

此外，经常用于市场细分的人口变数还有家庭规模、国籍、种族、宗教等。实际上，大多数企业通常是采用两个或两个以上人口统计变量来细分市场。

3. 心理因素

按人口因素细分市场之后，各个群体中的消费者仍有可能表现出较大差别的心理特征。因此，还可根据消费者所处的社会阶层、生活方式、个性等心理因素进行市场细分。不同阶层的成员在价值观、兴趣爱好和行为方式上，存在较大的差异，这些差异为市场细分提供了重要的依据。

(1)社会阶层。社会阶层是指在某一社会中具有相对同质性和持久性的群体。处于同一阶层的成员具有类似的价值观、兴趣爱好和行为方式，不同阶层的成员则在上述方面存在较大的差异。很显然，识别不同社会阶层的消费者所具有不同的特点，对于很多产品的市场细分将提供重要的依据。比如大宝主要针对的就是社会中下层人群的日常护肤需求，而雅诗兰黛则更偏向于满足社会中上层人群的高端护肤需求。

(2)生活方式。通俗地讲，生活方式是指一个人怎样生活。人们追求的生活方式各不相同，如有的追求新潮、时髦，有的追求恬静、简朴，有的追求刺激、冒险，有的追求稳定、安逸。西方的一些服装生产企业，为"简朴的妇女""时髦的妇女"和"有男子气的妇女"分别设计不同服装；烟草企业针对"挑战型吸烟者""随和型吸烟者"及"谨慎型吸烟者"推出不同品牌的香烟，均是依据生活方式细分市场。

(3)个性。个性是指一个人比较稳定的心理倾向与心理特征，它会导致一个人对其所处环境作出相对一致和持续不断的反应。俗语说，"人心不同，各如其面"，每个人的个性都会有所不同。通常，个性会通过自信、自主、支配、顺从、保守、适应等性格特征表现出来。因此，个性可以按这些性格特征进行分类，从而为企业细分市场提供依据。

4. 行为因素

根据购买者对产品的了解程度、态度、使用情况及反应等方面的差异将他们划分成不同的群体，叫行为细分。营销人员普遍认为，行为变量如购买时机、利益追求、使用者状况、使用率、忠诚状况、购买者准备阶段和态度等是对建立细分市场至关重要的出发点。

(1)购买时机。根据消费者产生需要、进行购买和使用产品的不同时机，可以将他们划分成不同群体。例如航空企业根据旅客的商务、度假或家事等乘机旅行需要，专门在节假日为度假的旅客提供租机服务。

(2)利益追求。按顾客购买、使用产品所期望得到的主要利益，进行市场细分。例如，在牙膏市场上，有的顾客追求价格便宜，有的顾客希望牙膏能够防蛀，还有的消费者希望能够更好地洁白牙齿，而儿童顾客的选择主要是其味觉的偏好。根据顾客追求利益的不同，佳洁士特别推出具有防蛀功能的牙膏，在市场上取得了很大的成功。

(3)使用者状况。许多产品可以根据使用者情况，把市场细分为从未使用者、曾经使用者、潜在使用者、首次使用者和经常使用者等顾客群体。市场占有率较高的企业，努力争取把潜在使用者变为实际使用者；小企业则注重稳住经常使用者，吸引竞争对手的曾经使用者和首次使用者。

(4)使用数量。根据消费者使用产品数量的多少可以把市场细分为大量使用者、中度使用者和少量使用者群体。通常大量使用者的人数只占市场人数的一小部分，但是他们的消费量在全部销量中占有很大的比重。如美国一家企业经调查发现，美国啤酒的80%是被50%的顾客消费掉的，另外一半顾客的消费量只占总量的20%。因此，啤酒企业宁愿吸引大量消费的顾客，而不是少量消费的顾客，并把大量消费者作为自己的目标市场。

(5)品牌忠诚状况。企业可以根据消费者对产品的忠诚程度进行市场细分。根据忠诚程度可以把消费者分成四类：不忠诚于任何品牌的多变者；经常在几种固定品牌中选择的不坚定忠诚者；由偏爱一种品牌转向偏爱另一种品牌的转移型忠诚者；始终坚持购买某一种品牌的坚定忠诚者。通过了解消费者的品牌忠诚状况和品牌忠诚者与转移者的各种行为与心理特征，不仅为市场细分提供依据，也有助于企业了解为什么有些消费者忠诚于本企业产品，而另外一些消费者忠诚于竞争对手的产品。从而为企业选择目标市场或改进营销策略提供启示。

(6)购买者的准备阶段。任何时候，人们对于购买一件产品的准备程度各不相同。有些人虽然有某种消费需求，但却不知道该产品的存在；有些消费者知道产品的存在，但对产品还有一定的疑虑；有些消费者则正在考虑购买。

(7)消费者对产品的态度。在市场中，消费者对某种产品的态度可分为热情、肯定、无差别、否定和敌视5种类型。企业可根据消费者对产品的不同态度进行市场细分。

【案例6-1】

在中国的洗发水领域，宝洁公司推行了多品牌的差异化市场细分策略，旗下拥有飘柔、海飞丝、潘婷、沙宣、伊卡璐五个强势宝洁洗发水品牌，在洗发水市场中占据着绝对优势的地位，因此宝洁也被称为“洗发水品牌的教父”。五大宝洁洗发水品牌都拥有独特的个性。飘柔突出“飘逸柔顺”，海飞丝宣扬的是去头屑——“头屑去无踪，秀发更出众”，潘婷则强调“营养头发，更健康更亮泽”，沙宣是专业美发，伊卡璐是“染发洗护”。五大品牌宝洁洗发水都各有各的功能价值，消费者在购买上便有了针对性。几十年来，宝洁公司不断地改良配方、创新品牌，使旗下品牌不断被赋予新时代的价值，永远活力不减。

（资料来源：公开资料整理。）

(二)生产者市场细分依据

大多数用于细分消费者市场的依据，也同样可用于细分生产者市场。但毕竟生产者与消费者在购买动机和行为上有一定的差别，所以除了运用消费者市场细分依据外，还可以使用一些新的因素。

1. 产品的最终用途

不同的最终用户常常追求不同的利益，所以对所购产品通常都有特定的要求。如橡胶轮胎市场，飞机制造商所需轮胎比农用拖拉机制造商所需的轮胎在安全标准方面要严格得多；同是钢材用户，根据用途不同，有的需要普通钢，有的则需要硅钢、钨钢或其他特种钢。企业可根据用户需求的不同，将需求大致相同的用户作为一个细分市场。

2. 用户的购买规模

在生产者市场中，有的用户购买量很大，而有的用户购买量很小。以钢材市场为例，造船企业、汽车制造商对钢材的需求量很大，而一些小的机械加工企业，购买量通常较小。企业可依据用户购买规模的不同进行市场细分，同时采用不同的营销策略。

3. 顾客的地理分布

产业用户的地理分布往往受一个国家的资源分布、地形气候和经济布局的影响和制约。例如，我国钢铁企业主要集中在东北钢铁工业区、上海钢铁工业区；轻工业主要分布于东部和东南沿海地区，如长江三角洲、珠江三角洲。这些不同的产业地区对不同的生产资料具有相对集中的需求。

4. 其他变量

许多企业实际上不是用一个变量，而是用几个变量，甚至用一个系列变量来细分产业市场的。

企业在进行市场细分时要注意以下几个问题：首先，市场细分的依据和标准是动态的。市场细分的各项标准不是一成不变的，而是随着社会生产力及市场状况的变化而不断变化。如年龄、收入、购买动机等都是可变的。其次，不同的企业在市场细分时应采用不同标准。因为各企业的生产技术条件、资源、财力和营销的产品不同，所采用的标准也应有所区别。再次，企业在进行市场细分时，可采用一项标准，即单一变量因素细分，也可采用多个变量因素组合或系列变量因素进行市场细分。

三、市场细分的原则

市场细分有多种标准和方法，然而，并不是所有的细分都是有效的。选用的细分标准越多，相应的子市场也就越多，每一个子市场的容量相应就越小。相反，选用的细分标准越小，子市场就越少，每一个子市场的容量则相对较大。如何有效地进行市场细分，在营销实践中并非易事。一般而言，有效的市场细分应遵循一系列基本原则。

1. 可衡量性

可衡量性即用来划分细分市场大小和购买力的特性程度，应该是能够加以测定的，即细分的市场是可以识别和衡量的。可衡量性要求细分出来的市场不仅范围明确，而且对其容量的大小也能作出大致的判断，如果在实际中很难测量，以此为依据进行市场细分就没有什么意义。

2. 可盈利性

可盈利性即细分市场的容量规模要大到能够让企业盈利的程度。进行市场细分时，企业必须考虑细分市场上顾客的数量、购买力状况等。一个细分市场应该值得企业为之设计一套营销方案的同质群体。如果细分市场的容量太小，企业将很难获利。例如，为身高不足 1.4 米的人设计生产专用的汽车对汽车制造商来说是不合算的。

3. 可进入性

可进入性指企业通过努力能够使产品进入细分的市场，否则该细分市场就没有价值。例如，生产空调的企业，如果将我国的贫困山区作为一个细分市场，恐怕在一个较长的时期内都很难进入，这样的细分市场就没有意义。

4. 可区分性

细分市场在观念上能被区别，并且对不同的营销组合和方案有不同的反应。如果不同细分市场对产品需求或对不同营销方案反应的差异不大，行为上的同质性远大于异质性，企业就不必费力进行市场细分。

四、市场细分的程序

美国市场学家麦卡锡提出细分市场的一整套程序，这一程序包括 7 个步骤。

(1)选定产品市场范围，即确定进入什么行业，生产什么产品。产品市场范围应以顾客的需求，而不是产品本身特性来确定。例如，某一房地产企业打算在乡间建造一幢简朴的住宅，若只考虑产品特征，该企业可能认为这幢住宅的出租对象是低收入顾客，但从市场需求角度看，高收入者也可能是这幢住宅的潜在顾客。因为高收入者在住腻了高楼大厦之后，恰恰可能向往乡间的清静，从而可能成为这种住宅的顾客。

(2)列举潜在顾客的基本需求。例如，企业可以通过调查，了解潜在消费者对前述住宅的基本需求。这些需求可能包括：遮风避雨、安全、方便、宁静，设计合理，室内陈设完备，工程质量好等。

(3)了解不同潜在用户的不同要求。对于列举出来的基本需求，不同顾客强调的侧重点可能会存在差异。例如，经济、安全、遮风避雨是所有顾客共同强调的，但有的用户可能特别重视生活的方便，另外一类用户则对环境的安静、内部装修等有很高的要求。通过这种差异比较，不同的顾客群体即可初步被识别出来。

(4)抽掉潜在顾客的共同要求，而以特殊需求作为细分标准。上述所列购房的共同要求固然重要，但不能作为市场细分的基础。如遮风避雨、安全是每位用户的要求，就不能作为细分市场的标准，因而应该剔出。

(5)根据潜在顾客基本需求上的差异方面，将其划分为不同的群体或子市场，并赋予每一子市场一定的名称。例如，西方房地产企业常把购房的顾客分为好动者、老成者、新婚者、度假者等多个子市场，并据此采用不同的营销策略。

(6)进一步分析每一细分市场需求与购买行为特点，并分析其原因，以便在此基础上决定是否可以对这些细分出来的市场进行合并，或作进一步细分。

(7)估计每一细分市场的规模，即在调查基础上，估计每一细分市场的顾客数量、购买频率、平均每次的购买数量等，并对细分市场上产品竞争状况及发展趋势作出分析。

五、市场细分的方法

(1)单一变量因素法。就是根据影响消费者需求的某一个重要因素进行市场细分。如服装企业，按年龄细分市场，可分为童装、少年装、青年装、中年装、中老年装、老年装；或按气候的不同，可分为春装、夏装、秋装、冬装。

(2)多个变量因素组合法。就是根据影响消费者需求的两种或两种以上的因素进行市场细分。如服装市场，可以依据消费者性别、年龄、生活方式细分出20~30岁男性运动装这样一个子市场。

(3)系列变量因素法。根据企业经营的特点并按照影响消费者需求的诸因素，由粗到细地进行市场细分。这种方法可使目标市场更加明确而具体，有利于企业更好地制定相应的市场营销策略。如自行车市场，可按地理位置(城市、郊区、农村、山区)、性别(男、女)、年龄(儿童、青年、中年、中老年)、收入(高、中、低)、职业(工人、农民、学生、职员)、购买动机(求新、求美、求价廉物美、求坚实耐用)等变量因素细分市场。

【案例6-2】

在碳酸饮料横行的20世纪90年代初期，汇源公司就开始专注于各种果蔬汁饮料市场的开发。汇源果汁充分满足了人们当时对于营养健康的需求，凭借其100%纯果汁专业化的“大品牌”战略和令人眼花缭乱的“新产品”开发速度，在短短几年时间就跃升为中国饮料工业十强企业，其销售收入、市场占有率、利润率等均在同行业中名列前茅，从而成为果汁饮料市场当之无愧的引领者。

但当1999年统一集团涉足橙汁产品后一切就发生了变化，在2001年统一仅鲜橙多一项产品销售收入就近10亿元，在第四季度，其销量已超过汇源。尽管汇源公司把这种失利归咎于可能是因为“PET包装线的缺失”和“广告投入的不足”等原因，但在随后花费巨资引入数条PET生产线并在广告方面投入重金加以市场反击后，其市场份额仍在下滑。显然，问题的症结并非如此简单。

在市场的导入初期，由于客户的需求较为简单直接，市场细分一般是围绕着市场的地理分布、人口及经济因素(如年龄、性别、家庭收入等)等广度范围展开的，与行业分类方法有点相似(注：行业细分一般只是把业已存在(哪怕很小)或潜在的市场用容易区分或识别的标准(如年龄、性别、性能、原料、产地等单一要素，最多为二维变量)来划分成更小的子行业，以便于统计、分析和归纳其特性)。

各细分的子行业由于有易于识别的有形标准，相互间往往不交叉，且这种分类标准一经确定后往往多年不变。但当客户的需求多元化和复杂化，特别是情感性因素在购买中越来越具有影响力的时候，此时市场竞争已经由地域及经济层次的广度覆盖向需求结构的纵深发展了，市场也从有形细分向无形细分(目标市场抽象化)转化。同时，企业也无法用传统的方法去接近所选择的目标细分市场，这时运用科学的市场研究方法来正确地细分市场就显得尤其重要了。而这时仍然运用市场竞争初期的浅度市场细分方法甚至“行业细分”的方法对市场进行细分已根本无法适应市场竞争的要求。

汇源公司领导地位如此轻易被动摇的真正原因：我们将汇源与统一、可口可乐公司比较，汇源是从企业自身的角度出发，以静态的广度市场细分方法来看待和经营果汁饮料市场；而统一、可口可乐等公司却是从消费者的角度出发，以动态市场细分的原则(随着市场竞争结构的变化而调整其市场细分的重心)来切入和经营市场。它们间的经营出发点、市场细分方法的差异才是导致市场格局发生变化的关键因素。

(资料来源：《世界营销评论》。)

第二节 目标市场及其选择

一、目标市场的含义

市场细分的目的在于有效地选择并进入目标市场。所谓目标市场就是企业决定要进入的那个市场部分，也就是企业拟投其所好，为之服务的那个顾客群。目标市场的选择，是指一个企业在进行市场细分的基础上，根据市场的吸引力和企业自身的生产经营能力，确定企业的服务范围和具体对象。即企业究竟为哪些地区、哪类用户和满足哪种需求服务。如果说市场细分显示出了企业所面临的市场机会，目标市场选择则是企业通过评价各种市场机会、决定为哪几个细分市场服务的重要营销策略。企业只有选择了适合自己经营、市场潜力较大的目标市场，才能围绕目标市场有针对性地开展营销活动，保证企业的生存发展。没有目标市场，企业的经营活动就是盲目的，必然事倍功半，甚至“竹篮打水一场空”。所以目标市场是企业制定市场营销战略的基础，是企业经营活动的根本出发点之一。

市场细分和目标市场的选择是企业营销活动的基本环节，它们之间密切相关。

首先，市场细分是目标市场形成的基础和前提。企业进行市场细分的根本目的，就是为企业目标市场的选择提供前提条件。其次，目标市场是企业进行市场细分的结果体现。在某种程度上，市场细分化是对市场机会的分析过程，而企业将自身实际情况与市场机会结合后，就会在市场中锁定自己的目标市场，这是企业市场细分化活动的必然结果。

市场细分、细分市场与目标市场的区别如表 6-1 所示。

表 6-1　**市场细分、细分市场与目标市场的区别**

概念	区　别
市场细分	按一定标准划分不同消费者群的过程
细分市场	市场细分后所形成的一个个独立的顾客群体
目标市场	根据市场细分标准选择一个或一个以上细分市场，作为企业营销对象

二、目标市场的选择条件

(一) 有足够的市场容量

企业进入某一市场是期望能够赢利，如果市场规模太小或趋于萎缩状态，企业进入后很难获得较好的发展，所以不宜轻易进入。当然企业也要力求避免“多数谬误”，即与竞争对手遵循同一指导思想，都将规模最大、吸引力最大的市场作为目标市场。大家都争夺同一顾客群的结果是，造成过度竞争和社会资源的消费，而其他一些本应得到满足的需求却遭受冷落和忽视。所以企业在选择目标市场时要从多个角度来考虑问题。

(二) 企业在选定的目标市场上有较强的竞争力

企业应尽量选择那些竞争相对较小，竞争对手比较弱的市场作为目标市场。如果竞争已经十分激烈，而且竞争对手实力较强，企业进入后的代价就会太大。

(三) 符合企业的发展目标和能力

有些市场虽然有较大的吸引力，但不能推动企业实现发展目标，甚至分散企业的精力，这样的市场企业要能主动放弃。另外，还应考虑企业的资源条件是否适应该市场经营的要求。只有选择那些企业有能力进入，又能充分发挥企业资源优势的市场作为目标市场，企业才能取得更好的发展。

三、目标市场的选择模式

通过对细分市场的评估，企业将发现一个或几个值得进入的细分市场，企业可采用的目标市场选择模式主要有以下五种。

(一) 市场集中化

市场集中化即企业只选取一个细分市场，只生产一类产品，供应某一单一的顾客群，进行集中营销。例如某服装厂商只生产儿童休闲鞋。选择市场集中化模式一般基于以下考虑：企业具备在该细分市场从事专业化经营或取胜的优势条件；限于资金能力，只能经营一个细分市场；该细分市场中没有竞争对手；准备以此为出发点；取得成功后向更多的细分市场扩展(见图 6-1)。

(二)选择专业化

选择专业化即企业选取若干个具有良好的赢利潜力和结构吸引力，且符合企业的发展目标和资源特点的细分市场作为目标市场，其中每个细分市场与其他细分市场之间较少关联。其优点是可以有效地分散经营风险，即使某个细分市场赢利不佳，仍可在其他细分市场取得赢利。采用选择专业化模式的企业一般应具有较强资源和营销实力。如某制鞋厂商选择同时经营儿童休闲鞋和青年人穿的皮鞋(见图 6-2)。

(三)产品专业化

产品专业化是企业集中生产一种产品，并向各类顾客销售这种产品。如饮水器厂只生产一个品种，同时向家庭、机关、学校、银行、餐厅、招待所等各类用户销售。产品专业化模式的优点是企业专注于某一种或某一类产品的生产，有利于形成和发展生产和技术上的优势，在该领域树立形象。其局限性是当该领域被一种全新的技术与产品所代替时，产品销售量有大幅度下降的危险(见图 6-3)。

(四)市场专业化

市场专业化是企业专门经营满足某一顾客群体需要的各种产品。比如某工程机械企业专门向建筑业用户供应推土机、打桩机、起重机、水泥搅拌机等建筑工程中所需要的机械设备。市场专业化经营的产品类型众多，能有效地分散经营风险。但由于集中于某一类顾客，当这类顾客的需求下降时，企业也会遇到收益下降的风险(见图 6-4)。

(五)市场全面化

市场全面化是企业生产多种产品去满足各种顾客群体的需要。实力雄厚的大型企业选用这种模式才能收到良好效果。例如美国 IBM 企业在全球计算机市场，大众汽车企业在全球汽车市场等(见图 6-5)。

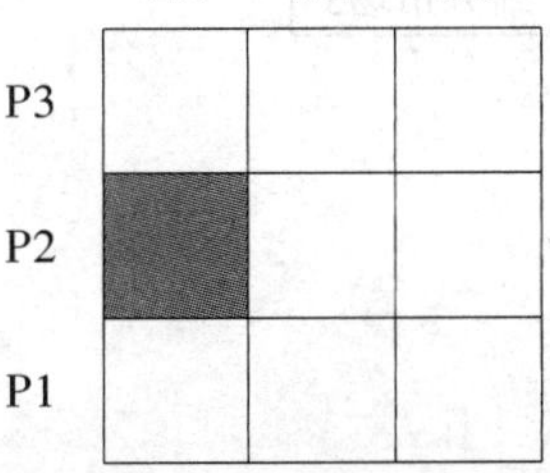

图 6-1　市场集中化

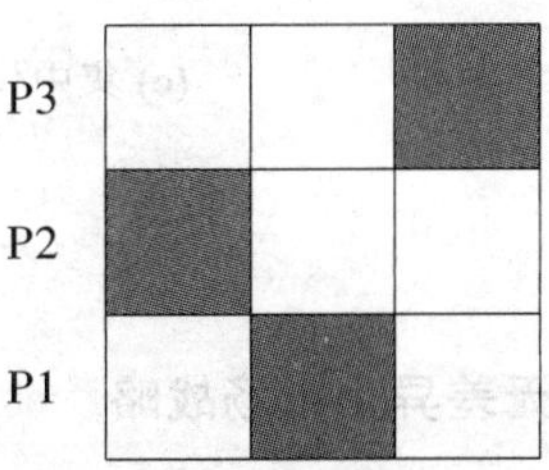

图 6-2　选择专业化

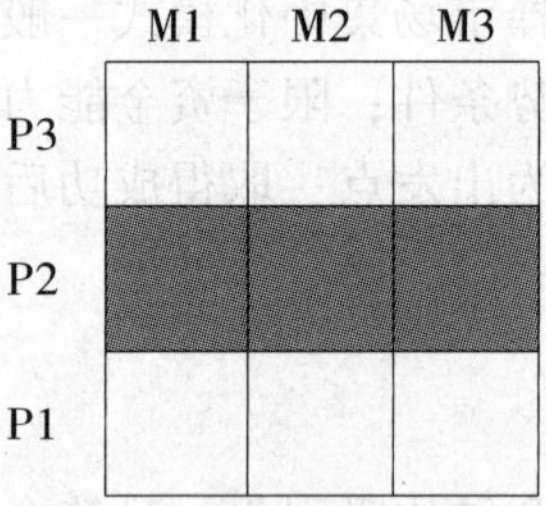

图 6-3 产品专业化

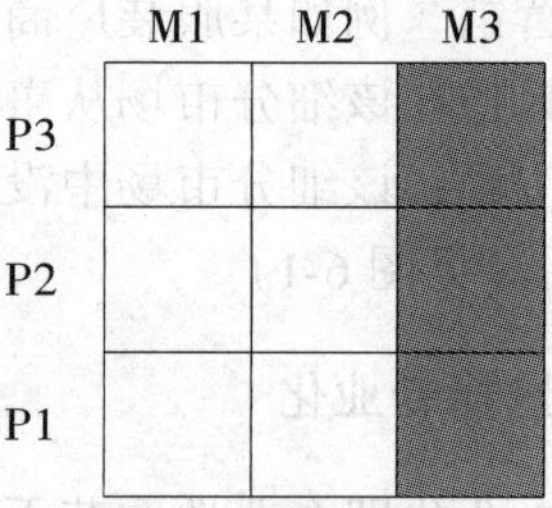

图 6-4 市场专业化

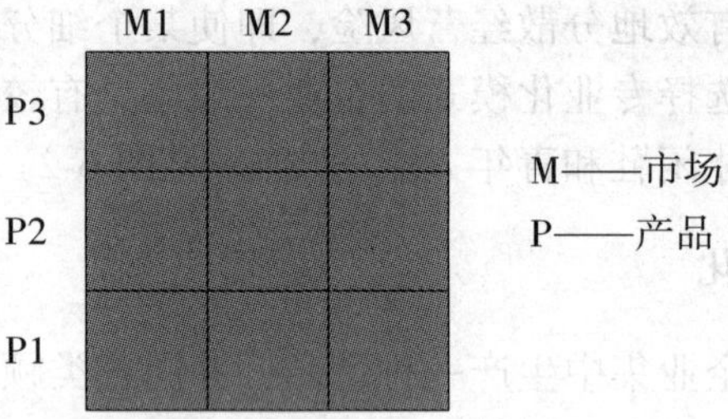

图 6-5 市场全面化

四、目标市场战略模式

目标市场战略有三种模式，即无差异化市场战略、差异化市场战略和集中性市场战略（见图 6-6）。

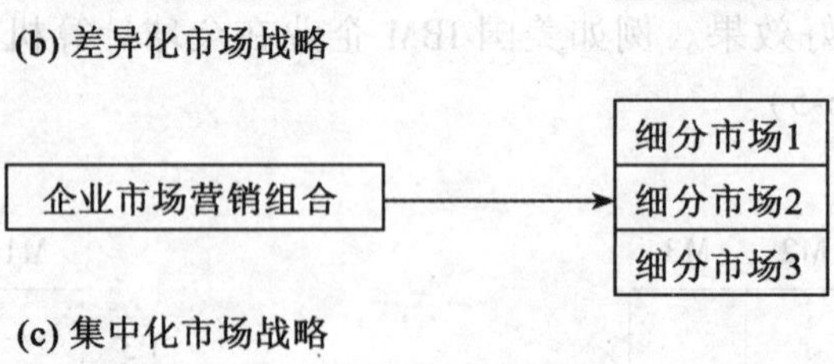

图 6-6 目标市场战略图

（一）无差异化市场战略

无差异化市场战略是企业将产品的整个市场视为目标市场，用一种产品和一套营销方案去服务和吸引顾客。它只考虑顾客需求中的相同之处，不关心他们在需求上的差异性。可口可乐企业的早期营销，就是采取无差异化营销，企业只生产一种同一瓶装、同一口味的饮料来面向所有消费者。

企业无差异化市场战略可以减少产品的品种，扩大生产批量，产品的生产、储存和运输成本也相应减少。另外，企业单一的促销活动可以降低促销费用，而不需要进行市场细分还可以节省市场调研支出等，所以无差异化市场战略是一种与标准化生产和大批量生产相适应的市场营销战略。

然而，对于大多数产品而言，实施无差异化市场战略也存在一定的问题。首先，顾客的需求客观上是千差万别并不断变化，一种产品很难长期为所有消费者所接受；其次，当众多企业都是这种战略考虑，会造成众矢之的这个领域内市场竞争过度；再次，当其他企业针对不同细分市场提供更有特色的产品和服务时，采用无差异化市场战略的企业可能会发现自己的市场正在遭受蚕食但却无法有效地给予反击。

(二)差异化市场战略

差异化市场战略是将整体市场划分为若干细分市场，并针对各个细分市场的特点，设计不同的产品和营销方案。例如，通用汽车企业针对不同消费层次、目的和个性的消费者，设计和生产不同种类、型号的汽车。

差异化市场营销有批量小、品种多、生产机动灵活、针对性强等优点，能更好地满足消费者的需求；另外，由于企业同时在多个细分市场上经营，发展的机会较多，同时也可以降低企业的经营风险。

差异化市场营销也存在两个方面的不足：一是会增加企业的经营成本，如生产成本、产品改进成本、管理成本、存货成本和促销成本等都会有所增加；二是可能使企业的资源配置不能有效集中，顾此失彼，使拳头产品难以形成优势。

(三)集中化市场战略

无差异化市场战略和差异化市场战略均是以整个市场作为企业的服务对象，而集中化市场战略则是集中力量进入一个或少数几个细分市场，实行专业化的生产和销售。这种战略模式由于企业能够集中力量，因而可能在一个分市场上占有较大的市场占有率。如果分市场选择得当，可获得较高的投资收益。集中化市场战略特别适合于资源力量有限的中小企业。

集中化市场战略也存在两方面的问题：一是市场范围相对狭窄，企业的发展受到限制；二是潜伏着较大的经营风险，一旦目标市场情况突然发生变化，或者出现强有力的竞争者，都可能使企业因没有回旋余地而陷入困境。

五、影响目标市场战略模式选择的因素

(一)企业的资源和能力

实力雄厚的大企业经常采用差异化市场战略或无差异化市场战略。而中小企业由于资

源不足，能力有限，无力把整个市场作为目标市场，所以多采用集中化市场战略。

(二)产品的同质性

有些产品虽然由不同的企业生产，但在消费者眼里，它们没有太大的差别，这种产品称为同质性高的产品，反之则为同质性低的产品。同质性高的产品，如大米、钢材、食盐等，适合运用无差异化市场战略。同质性低的产品，如汽车、化妆品、服装等，适合于采用差异化战略或集中化市场战略。

(三)市场的同质性

市场的同质性指各细分市场顾客需求、购买行为及对市场营销刺激的反应等方面的相似程度。市场同质性高，说明各细分市场的相似程度高，此时，企业可采取无差异化市场战略。反之，则适合采用差异化或集中化市场战略。

(四)产品的生命周期阶段

企业刚刚推向市场的新产品，由于同类产品较少，竞争不激烈，因此可考虑无差异市场战略。当产品进入成长期或成熟期后，由于竞争的日益激烈，为确立竞争优势，企业可考虑采用差异化市场战略，或运用集中化市场战略，开拓新的市场。

(五)竞争对手的竞争战略

企业选择目标市场战略时，一定要考虑竞争对手的营销策略。如果竞争对手实行差异化市场战略，本企业若采用无差异化市场战略与之对抗，很难取得成功。此时企业应当进行更有效的市场细分，寻找新的机会与突破口，采用差异化或集中化市场战略。若竞争对手采用无差异市场战略，企业则可采用差异化市场战略与之抗衡。

(六)竞争者的数目

企业可根据市场竞争者数目多少来选择市场营销策略。当同类产品的竞争者很多时，满足各细分市场顾客群的需要就显得十分重要，因此为了增强竞争能力，可以选择差异性市场营销策略或集中性市场营销策略。当同类竞争者很少时，企业可采取无差异性市场营销策略。

【案例 6-3】

始创于 1837 年的宝洁公司，是世界最大的日用消费品公司之一。在《财富》杂志最新评选出的全球 500 家最大工业/服务业企业中，排名第 86 位，并位列最受尊敬企业第七位。其市场之路就是独具匠心的选择：

分抢滩点——广州捷足先登。好主意通常都值得推广到任何一个国家，但必须适应当地文化。P&G 选择广州抢滩登陆，将其在大陆市场的总部设在广州，然后逐渐向沿海地区(上海等地)扩展，是独具匠心的。

市场定位——高质高价。P&G 打入中国市场的 1988 年，中国洗发用品市场上的同类产品种类不多，大多数国产产品质量差，包装粗糙，缺乏个性，但价格低廉；进口产品质量好，但价格昂贵，很少有人问津。P&G 将自己的产品定在高价上，价格是国内品牌的3~5倍。由此可见，P&G 是以高品质、高价位的品牌形象打进中国市场的，这正切中了消费者崇尚名牌的购买心理。

目标选择——青年是重点。P&G 广告画面多选用年轻男女的形象，展示年轻人追求浪漫的幻想、崇尚无拘无束和富有个性色彩的生活画面，并针对年轻人的心理配上如"滋润青春肌肤，蕴含青春美"等广告语。P&G 选择青年消费群作为其目标市场，是看中了青年人的先导消费作用。

行动基础——微观营销理论。以前，大型消费品企业习惯于采用"大市场营销战略"，即对同一种产品用同一种方式进行市场营销并卖给所有的消费者。但是许多企业现正采用一种新的战略——"微观市场营销战略"，这些企业使自己的产品和营销方案与地理、人口、心理和行为因素相适应，并使之逐步取代了原先的标准化营销模式。宝洁就是其中的佼佼者。

（资料来源：公开资料整理。）

第三节　市场定位

一、市场定位的概念

通过市场细分、选定目标市场后，企业将面临一个或若干个具体的子市场。一般来讲，一个企业很难击败所有的竞争对手，或者完全占领一个市场。所以在一个目标市场上与对手展开竞争是不可避免的。想要在一个产品市场上占据竞争优势，企业必须在经营和产品营销中形成自己的特点，以此来占据一个有力的市场地位。因此，进行市场定位尤为重要。

定位这个概念是由美国的两位广告经理艾尔·列斯(A. L. Rise)和杰克·特劳(Jack Trout)最先于1972年提出的。他们认为："定位首创于产品。一件商品、一项服务、一家企业、一家机构甚至个人……都可以定位。然而，定位并非针对产品本身采取什么行动，而是针对潜在顾客的心理进行的创造性的活动。也就是将产品在潜在顾客的心目中确定一个适当的位置。"简单来说，定位就是在顾客和潜在消费者心目中得到一个期望的位置的过程。

通常消费者对于市场上的产品有着自己的认识和判断，一提到某个品牌的产品，他们将会按照自己所重视的产品属性对某产品进行描述。比如提到白加黑感冒药，顾客会想到它是一种白天和晚上分别吃不同药片的感冒药产品，"白天吃白片，不瞌睡；晚上吃黑片，睡得香"，特征显著。而市场上随着产品越来越丰富，与竞争者高度雷同、毫无个性的产品可能不会引起顾客丝毫的注意。为了使自己的产品保持优势，企业必须在消费者心目中确定自己产品相对于竞争产品而言独特的竞争优势和差异性，简单来说，就是要使消费者认为自己的产品与众不同，并且利益显著。

二、市场定位的方式

市场定位作为一种竞争战略，显示了一种产品或一家企业同类似的产品或企业之间的竞争关系。定位方式不同，竞争态势也不同。

(一)避强定位

避强定位是一种避开强有力的竞争对手的市场定位。其优点是：能够迅速地在市场上站稳脚跟，并能在消费者或用户心目中迅速树立起一种形象。由于这种定位方式市场风险较少，成功率较高，常常为多数企业所采用。

(二)对抗定位

对抗定位是一种与在市场上占据支配地位的，即最强的竞争对手"对着干"的定位方式。显然，这种定位有时会产生风险，但不少企业认为能够激励自己奋发上进，一旦成功就会取得巨大的市场优势。例如，可口可乐与百事可乐之间持续不断地争斗，肯德基与麦当劳对着干等。实行对抗性定位，必须知己知彼，尤其应清醒估计自己的实力，不一定试图压垮对方，只要能够平分秋色就是巨大的成功。

(三)初次定位

初次定位指新成立的企业初入市场、企业新产品投入市场、产品进入新市场时，企业需要从零开始，运用所有的营销组合，使产品的特色确定符合所选择的目标市场。

(四)重新定位

重新定位指企业变更产品特色，改变目标顾客对其原有的印象，使目标顾客对其产品形象有一个重新认识的过程。市场重新定位对于企业适应市场环境、调整营销战略是必不可少的。企业产品在市场上出现下列情况时，需要重新考虑定位：

(1)竞争者推出的定位与本企业接近，侵占了本企业的部分市场，导致本企业产品市场占有率有所下降；

(2)消费者偏好发生变化，对本企业产品认可度降低；

(3)原产品市场饱和或萎缩。

企业在重新定位前，尚需考虑两个主要因素：一是企业将自己的品牌定位从一个子市场转移到另一个子市场的全部费用；二是企业将自己的品牌定在新位置上的收入有多少，而收入多少又取决于该子市场上的购买者和竞争者情况，取决于在该子市场上销售价格能定多高等。

实行市场定位应与产品差异化结合起来。因为定位更多地表现在心理特征方面，它产生的结果是潜在的消费者或用户怎样认识一种产品，对一种产品形成的观念和态度，而产品差异化是在类似产品之间造成区别的一种战略，所以，产品差异化是实现市场定位目标的一种手段。企业产品与顾客接触的全过程都可以进行差异化，因此市场定位的方法可以从多角度的差异化去展开。

三、市场定位战略

(一)产品差别化战略

产品差别化战略是从产品质量、产品款式等方面实现差别。寻求产品特征是产品差别化战略经常使用的手段。在全球通信产品市场上，摩托罗拉、诺基亚、西门子、飞利浦等全球化竞争对手，通过实行强有力的技术领先战略，在手机、IP电话等领域不断地为自己的产品注入新的特性，走在市场的前列，吸引顾客，赢得竞争优势。实践证明，某些产业特别是高新技术产业，哪一家企业掌握了最尖端的技术，率先推出具有较高价值的产品创新特征，就能够发展成为一种十分有效的竞争优势。

产品质量是指产品的有效性、耐用性和可靠程度等。譬如，A品牌的止痛片比B品牌止痛片疗效更高，副作用更小，顾客通常会选择A品牌。但是，这里又带来新的问题，是否质量、价格、利润三者完全呈正比例关系呢？一项研究表明：产品质量与投资报酬之间存在着高度相关的关系，即高质量产品的盈利率高于低质量和一般质量的产品，但质量超过一定的限度时，顾客需求开始递减。显然，顾客认为过高的质量，需要支付超出其质量需求的额外的价值(即使在没有让顾客付出相应价格的情况下可能也是如此)。

产品款式是产品差别化的一个有效工具，对汽车、服装、房屋等产品尤为重要。

(二)服务差别化战略

除了实际产品区别外，企业还可以使其与产品有关的服务不同于其他企业。服务差别化战略是指向目标市场提供与竞争者不同的优异服务。企业的竞争力越能体现在顾客服务水平上，市场差别化就越容易实现。一些企业靠速度、便利或及时、安全的运输来取得竞争优势，例如，美国第一银行在超级市场开设了服务周全的分支机构，并且在假日和晚上为顾客提供便利的服务；许多汽车购买者宁愿多付一点钱，多跑一段路，到提供第一流服务的汽车经销商那儿买车。一些企业靠提供培训服务或咨询服务来区别于其他企业。企业还可以找到许多其他方法来通过差异化服务增加自己产品的价值。

服务差别化战略在各种市场状况下都可以有效得实施，尤其在饱和的市场上。对于技术精密产品，如汽车、计算机、复印机等更为有效。

(三)人员差别化战略

人员差别化战略是通过聘用和培训比竞争者更为优秀的人员以获取差别优势。实践早已证明，市场竞争归根结底是人才的竞争。日本航空企业多年来一直在“北京—东京—夏威夷”这条航线上与美国最大的航空企业联航和韩国的韩航展开激烈的竞争。联航的规模实力与硬件设备几乎无与伦比，韩航的价格比联航低30%，而日航则以整合的优良服务，贯穿入关—空中—出关的全过程，赢得各国旅客的赞美，凡乘过此航线的乘客很难再选择其他航空企业。日本航空企业优良服务的根基在于它们有一支训练有素的从机长到空中小姐的高素质的航空员工队伍。

(四)形象差异化战略

若企业与其竞争对手在产品的核心部分类似的情况下，形象差异化战略尤其重要。塑造与竞争对手相比有差异化的良好企业形象，需要有创造性的思维和设计并进行有效的传播。如麦当劳的"M"标志，与其独特的企业文化相融合，使人们在世界各地只要一见到这个标志就会联想到麦当劳舒适宽敞的店堂、优质的服务和新鲜可口的汉堡薯条。

差异化能给企业带来利益，也会增加成本，有效的差异化应该能够满足企业赢利的要求，此外，还应当具备以下条件：(1)差异对顾客来说是重要的，即顾客能够认可差异化的价值；(2)与竞争对手相比差异显著，能凸显竞争优势；(3)竞争对手难以模仿，即要具有独特性，能够维持较长时间的差别优势；(4)与其他差异化方法相比，在获得相同利润的情况下，具有较大的优势，可组织竞争对手的加入。

【案例 6-4】

1995 年，"白加黑"上市仅 180 天销售额就突破 1.6 亿元，在拥挤的感冒药市场上分割了 15%的份额，登上了行业第二品牌的地位，在中国大陆营销传播史上，堪称奇迹。这一现象被称为"白加黑"震撼，在营销界产生了强烈的冲击。

一般而言，在同质化市场中，很难发掘出"独特的销售主张"(USP)。感冒药市场同类药品甚多，市场已呈高度同质化状态，而且无论中、西成药，都难以做出实质性的突破。康泰克、丽珠、三九等"大腕"凭借着强大的广告攻势，才各自占领一块地盘，而盖天力这家实力并不十分雄厚的药厂，竟在短短半年里就后来者居上，其关键在于崭新的产品概念。

"白加黑"是个了不起的创意。它看似简单，只是把感冒药分成白片和黑片，并把感冒药中的镇静剂"扑尔敏"放在黑片中，其他什么也没做，实则并不简单，它不仅在品牌的外观上与竞争品牌形成很大的差别，更重要的是它与消费者的生活形态相符合，达到了引发联想的强烈传播效果。

在广告公司的协助下，"白加黑"确定了干脆简练的广告口号"治疗感冒，黑白分明"，所有的广告传播的核心信息是"白天服白片，不瞌睡；晚上服黑片，睡得香"。产品名称和广告信息都在清晰地传达产品概念。

(资料来源：王晓易. 中国商界十大经典营销 . 网易财经. http://money.163.com/13/1122/11/9E9I2F4E00253G87.html.)

第四节　市场营销组合策略

一、市场营销组合的含义

市场营销组合(marketing mix)是市场营销学的重要概念和策略，也是企业市场竞争的基本手段，要真正获得市场竞争的成功，必须做好市场营销组合。

市场营销组合是指综合运用企业可以控制的营销手段，对它们实行最优化组合，以取得最佳市场营销效果。企业可以控制的营销手段很多，简单地可概括为四大市场营销组合，即我们通常所说的产品(product)、价格(price)、分销(place)、促销(promotion)四个方面，简称4PS。市场营销专家菲利普·科特勒还提出了大市场营销的概念，将市场营销组合的范围扩展到6P，也就是增加了2个P——权力(power)和公共关系(public relations)。

市场营销组合的过程就是企业如何分配和利用好这6个P的营销影响因素的过程，不是单一地采用哪一种市场营销策略来打开市场，而是将这些影响营销效果的因素有机地灵活应用。特别是在大市场营销中，强调企业市场营销的职责不仅仅是满足市场需求，而更重要的是去引导市场，激励和培养市场需求的产生，要学会引导市场的走势，要能创造出新的需求热点。

二、营销组合的四大基本因素

(一)产品(product)

产品是指企业提供给目标市场的商品和劳务的集合体，包括产品的效用、质量、外观、式样、品牌、包装规格、服务和保证等。

(二)价格(price)

价格是指企业出售商品和劳务的经济回报，包括价目表所列的价格(list price)、折扣(discount)、折让(allowance)、支付方式、支付期限和信用条件等，通常又称为定价(pricing)。

(三)分销(place)

分销是指企业使其产品可进入和达到目标市场所进行的各种活动，包括商品流通的途径、环节、场所、仓储和运输等，通常又称为分销(distribution)或渠道(channel)。

(四)促销(promotion)

促销是指企业利用各种信息载体与目标市场进行沟通的多元活动，包括广告、人员推销、营业推广、公共关系与宣传报道等。

在营销策略中，上述四项营销因素可以针对不同情况进行多种组合形成多个方案。例如，可以是高档产品，高价出售，特约专业商店行销，大量做广告，强化推销；但也可以高档产品，中等价格出售，实行市场渗透，在本地区普通商店行销，低促销费用，等等。一般地说，围绕着什么产品，定什么价，然后考虑通过什么渠道、什么促销方式，反过来又修正价格水平和产品档次，使这四个方面因素相互配合，形成一个整体策略。

营销组合不仅在这四项因素中进行第一层次的组合，而且每项因素的种种方式也可进行最佳组合。例如，产品有各种类型的产品组合；价格可以分档次高低组合；销售渠道可以有自销、代销、批发、零售以及多个经销商的组合；促销可以有派员推销、广告(报纸、电台、电视)、有奖销售等多种方式的组合。其中，一个因素的变化会影响另一个因素的变化形成各种新的组合方案，可以从中作出最佳选择。

三、市场营销组合的特点

市场营销组合因素对企业来说都是“可控因素”(controllable factors)。就是说，企业根据目标市场的需求，可以决定自己的产品结构、制定产品价格、选择分销渠道(地点)和促销方法等，对这些市场营销手段的运用和搭配，企业有自主权。但这种自主权是相对的，是不能随心所欲的，因为还要受各种微观和宏观环境因素的影响和制约，这些是企业所不可控制的变量，即“不可控因素”。因此，市场营销管理人员的任务就是适当安排市场营销组合，使之与不可控制的环境因素相适应，这是企业市场营销能否成功的关键。

市场营销组合是一个复合结构。4 个 P 之中又各自包含若干小的因素，形成各个 P 的亚组合，因此，市场营销组合至少包括两个层次的复合结构，而且要注意安排好每个 P 内部的搭配，使所有这些因素达到灵活运用和有效组合。

市场营销组合又是一个动态组合。每一个组合因素都是不断变化的，是一个变量；同时又是互相影响的，每个因素都是另一因素的潜在替代者。在四个大的变量中，又各自包含着若干小的变量，每一个变量的变动，都会引起整个市场营销组合的变化，形成一个新的组合。

市场营销组合与企业市场定位战略紧密相关。企业的市场定位要通过全面的营销组合加以实现，综合运用产品、价格、分销、促销等相关营销手段，才能充分凸显企业的产品定位。没有具体营销组合的展开，企业定位只能是一句空话。例如，某家电品牌打算将本公司新款冰箱定位于平价精品系列，则在具体营销过程中，除了质量要高，价格要定得低些，要大力促销，使目标顾客相信本企业产品的质量确实比得上竞争者的产品，还要提高分销、储运效率，努力降低成本，以确保低价出售仍能营利。

【本章小结】

1. 目标市场营销是现代观念的产物，是营销战略的重要组成部分。目标市场营销的关键是市场细分、选择目标市场、对产品进行定位及相关市场营销组合策略。其理论基础是：顾客的需要与欲望是多样化、个性化的，企业营销必须有针对性地进行；竞争的压力无处不在，为有效地面对竞争，企业必须通过市场定位明确和发挥自己的竞争优势；企业的资源有限、能力有限，为有效地利用企业资源和能力，企业必须进行必要的细分、选择和定位，以及相关的市场营销组合策略。

2. 市场细分就是指运用求大同、存小异的方法，根据消费者的需求、购买行为和购买习惯等方面的差异性，把顾客划分为若干类似性的消费群体，进行市场细分要对多种因素进行综合考虑，如地理因素、人口因素、心理因素和行为因素等。对某一市场进行细分后，就要选择最佳细分市场作为目标市场。采取的战略有无差异化市场战略、差异化市场战略和集中化市场战略。

3. 选定目标市场后，还需要明确本企业在竞争对手中的状况，以确定产品的市场地位。常见的市场定位方法有：产品差别定位法、利益定位法、使用者定位法、用途定位法、产品分类定位法、竞争者定位法、问题定位法和质量/价格定位法。

4. 市场竞争是多种因素竞争的结果，企业还需要综合运用企业可以控制的营销手段，对它们实行最优化组合，以取得最佳市场营销效果，进行市场营销组合策略，需要考虑的四大基本因素有：产品、价格、分销和促销。

【重要概念】

市场细分　目标市场　市场定位　营销组合

【思考与练习】

1. 为什么要进行市场细分？
2. 市场细分的依据和原则是什么？
3. 市场细分的程序如何？常用市场细分方法有哪些？
4. 什么是目标市场？如何选择目标市场？
5. 目标市场的战略模式有哪些？
6. 影响目标市场战略模式选择的因素有哪些？
7. 市场定位的方法和战略有哪些？
8. 举例说明市场营销组合四大基本因素的重要性。

【综合案例】

脑白金——吆喝起中国礼品市场

在中国，如果谁提到“今年过节不收礼”，随便一个人都能跟你说“收礼只收脑白金”。脑白金已经成为中国礼品市场的第一代表。

睡眠问题一直是困扰中老年人的难题，因失眠而睡眠不足的人比比皆是。有资料统计，国内至少有70%的妇女睡眠不足，90%的老年人经常睡不好觉。“睡眠”市场如此之大，然而，在红桃K携“补血”、三株口服液携“调理肠胃”概念创造中国保健品市场高峰之后，在保健品行业信誉跌入谷底之时，脑白金单靠一个“睡眠”概念不可能迅速崛起。

作为单一品种的保健品，脑白金以极短的时间迅速启动市场，并登上中国保健品行业“盟主”的宝座，引领我国保健品行业长达五年之久。其成功的最主要因素在于找到了“送礼”的轴心概念。

中国，礼仪之邦。有年节送礼，看望亲友、病人送礼，公关送礼，结婚送礼，年轻人对长辈送礼等种种送礼行为，礼品市场何其浩大。脑白金的成功，关键在于定位于庞大的礼品市场，而且得益于“定位第一”法则，第一个把自己明确定位为“礼品”——以礼品定位引领消费潮流。

（资料来源：王晓易．中国商界十大经典营销．网易财经．http://money.163.com/13/1122/11/9E9I2F4E00253G87.html.）

讨论题：

以脑白金品牌的成功定位为背景，当前保健品市场还有哪些产品定位是值得企业关注的？

第七章　产品策略

【学习目标】

本章主要介绍产品及新产品的营销策略，通过本章的学习：

1. 了解产品生命周期理论的应用，树立产品的整体概念。
2. 掌握产品品牌、包装的重要性和新产品开发的主要步骤。
3. 熟悉产品组合的概念和基本策略。

【本章摘要】

产品策略是20世纪60年代美国营销专家杰罗姆·麦卡锡(Jerome Mocarthy)提出的4P营销组合策略之一，产品的开发和生产是企业生产经营的重要内容之一，没有适应消费者需求和具有竞争力的产品，企业的定价、分销、促销等策略就会成为无源之水。所以，产品策略是营销组合策略的基础。而产品策略的确定，首先要营销者树立产品整体的概念，作好个别产品的决策，包括产品质量、品牌、包装等方面的决策；还要把握产品生命周期理论，根据企业情况，适宜地作好产品组合决策和新产品研发决策，以取得良好的营销绩效。

第一节　产品整体概念

一、产品整体概念

产品就是指能够提供给市场，用于满足消费者需求和欲望的任何劳动产出，是一个有极广阔的外延和丰富的内涵的概念。它包括有形的实体和无形的服务。产品包括了实物、服务、场所、组织、思想、语音等表现形式。

市场营销学术界曾用三个层次(核心产品、形式产品、附加产品)来描述产品整体概念，但近年来，菲利普·科特勒等学者更倾向于使用五个层次来表述产品的整体概念(见图7-1)

1. 核心产品

核心产品是产品的中心，是产品存在和销售的基本原因，指产品向顾客提供的基本效用或利益，是顾客真正要购买的服务和利益。产品的核心，可能是功能或心理上的好处，可以为销售者提供一种可以利用的差别优势。如我们买汽车并不是为了看，而是为了得到它所提供的交通服务；我们也不是为了赞美才买微波炉，而是为了它所提供的服务；一个

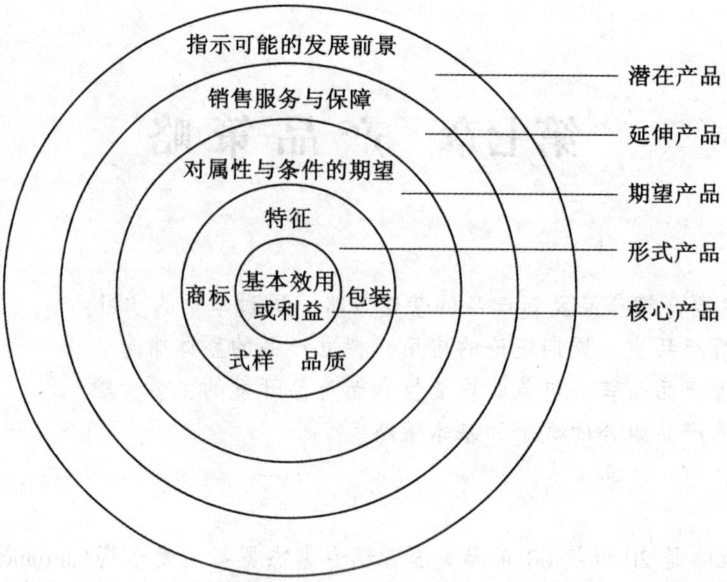

图 7-1　整体产品概念

妇女并不是在购买口红，她是在购买美的“愿望”。有形产品只是提供服务的手段，占有产品只是获得服务的载体，因此任何产品都必须具有反映顾客核心需求的利益。

2. 形式产品

形式产品是指核心产品借以实现的形式。营销者通过它增加核心产品的内容，使核心产品能够明确代表并传达核心优势，从而创造一个产品。用来创造产品的工具包括：设计说明、产品特征、质量水平、商标、包装。例如一辆汽车代表“快速和中等地位”的核心利益，它就会有一个大的发动机、精湛的设计、皮质座椅、多种电器、内部配有高档音箱等。

3. 期望产品

期望产品是指购买者购买产品时期望得到的与产品密切相关的一整套属性和条件。例如对于旅馆的客人而言，期望的是清洁的床位、香皂和浴巾、排水设施、电视机、衣帽间和安静的环境。因为大多数旅馆都能够满足这种最低限度的期望，所以顾客对于不同的旅馆不会形成特殊的偏好，只会选择相对便利的旅馆。

4. 附加产品

附加产品是指顾客购买产品时所得到的附加服务和利益的总和。它包括提供信贷、保证、安装、维修、送货、技术培训等。顾客往往希望一次性购买能满足某一方面的全部需要。随着市场竞争的不断加剧，提供良好的附加产品的意义也越来越大。正如美国学者西奥多·莱维特所指出的：“新的竞争不是发生在各个企业在其工厂中生产什么，而是发生在其产品能够提供何种附加利益，如包装、服务、广告、用户咨询、融资、送货、仓储以及人们所重视的其他价值。”

5. 潜在产品

潜在产品是指现有产品可能发展成为未来最终产品的潜在状态的产品。因此附加产品代表了产品现在的内容，而潜在产品则指出了产品可能的演变趋势。此即为企业努力寻求的满足顾客并使自己与竞争者区分开来的新方法。

【案例 7-1】

流行美是广州流行美时尚商业股份有限公司旗下的发饰、化妆品品牌。流行美以“产品+服务”的体验式销售模式，为顾客提供免费的发型设计、盘发、化妆等造型服务。凭借创新的商业模式，逐步将业务发展到化妆品、发用品、耳饰、项链及其他时尚配饰领域。经过十几年的发展，流行美已成为集研发、生产、销售和服务为一体的连锁品牌，拥有数千家专卖服务终端。据了解，流行美门店内一个普通的发饰价位在300~600元，看似价格偏高，但是用户在购买了该品牌任一产品之后，凭该公司产品，到国内任意一家流行美门店，均可享受免费时尚造型服务。这种模式受到全国各地女性消费者的青睐。

（资料来源：公开资料整理。）

二、产品分类

（一）对消费品的分类

1. 根据消费品的耐用性和形态，可分为耐用品、非耐用品和服务

（1）非耐用品是指价值较低，只能一次或少数几次使用的易耗产品，如食品、饮料、牙膏等。此类产品的营销活动应采取薄利多销的策略，通过扩大销售网点和强化广告等形式，使消费者对产品产生偏爱而重复、大量购买。

（2）耐用品是指价值较高、使用年限较长的有形产品，如电冰箱、彩电等，耐用品一般需要较多的人员推销和服务，获得较高利润，需要较多卖者担保。

（3）服务是为出售而提供的活动、利益或满足感，例如理发和修理。服务具有无形性、多样性、不可分割性和易耗性等特点。因此，一般来说，它需要更多的质量控制、供应商信用以及适用性。

2. 根据顾客购买特征，可分为便利品、选购品、特殊品和非渴求品

（1）便利品指顾客经常性购买或即刻购买，并几乎不作购买努力的商品。便利品可以进一步分成常用品、冲动品以及救急品。常用品是顾客经常购买的产品，例如某顾客也许经常性购买加加酱油、高露洁牙膏。冲动品是顾客没有经过计划或搜寻努力而购买的产品，例如口香糖和杂志。救急品是顾客在需求十分紧迫时购买的产品，如在下暴雨时购买雨伞，在停电时买蜡烛和手电筒。

（2）选购品是指顾客在购买时需要从品质、价格、款式、服务等方面进行比较选择，进而采取购买行为的产品，例如家具、服装、汽车等。选购品可以划分成同质品和异质品。购买者认为同质选购品的质量相似，但价格却明显不同，所以有选购的必要。经营异

质选购品的销售者必须备有大量的品种花色，以满足不同的爱好者；他们还必须有受过良好训练的推销人员为顾客提供信息和咨询。

(3)特殊品指具备独有特征和(或)品牌标记的产品。对这些产品，相当多的购买者一般都愿意付出特殊的购买努力，如特殊品牌和特殊式样的花色商品、音响、摄影器材以及男式西服。

(4)非渴求品指消费者不了解或者即便是了解也不想购买的产品。例如，食品加工器、人寿保险以及百科全书等。对非渴求商品需要付出诸如广告和人员推销等大量营销努力。

(二)工业用品(生产资料)的分类

按照工业用品(生产资料)的性质和作用，可以分为材料和部件、资本项目以及供应品和服务。

(1)材料和部件。材料和部件是指最终完全转化为制造商产成品的那类产品，包括原材料、半制成品和部件。

(2)资本项目。资本项目是指部分进入产成品的商品，包括装备和附属设备两部分。对于装备其营销活动的重点在于使用一流的销售队伍、设计各种规格的产品和提供完善的售后服务等。对于附属设备其营销活动中的人员推销比广告更为重要。

(3)供应品和服务。供应品和服务指不构成最终产品的那类项目，如打字纸、铅笔等。供应品相当于工业领域内的方便品，顾客人数众多、区域分散且产品单价低，一般都是通过中间商销售，由于供应品的标准化，顾客对它无强烈的品牌偏爱，价格因素和服务就成了影响购买的重要因素。商业服务包括维修或修理服务和商业咨询服务，维修或修理服务通常以订立合同的形式提供。

三、产品品牌

(一)品牌的内涵

美国市场营销协会为品牌(brand)作出的定义如下：品牌是一个名称、名词、标记、符号或设计，或是它们的组合，其目的是识别某个销售者或某群销售者的产品或劳务，并使之同竞争对手的产品和劳务区分开来。

一是品牌是由各种可作为标识物的东西组成；如名称、符号、图案等；二是品牌的主要意义是由产品的生产商或经销商制定并标在产品上用来供辨别之用的，即有了品牌，就可以知道这产品是由谁生产或经销的；三是在市场上，品牌可以使消费者将某一个或一群出售者的产品与其他出售者的产品相互区别，从而便于消费者认购。由此可知，品牌实际上是对产品标识物的一个总称，相当于给产品标上了特定的记号，使人们可以辨识产品的生产和经销者是谁。

品牌包括品牌名称和品牌标志。品牌名称是品牌中可以用语言称呼，即能够发音表达的那一部分，如可口可乐、红豆衬衫、格力空调等。品牌标志指品牌中可以被识别、辨认，但不能用语言称呼的那一部分，它通常用符号、图案、图像、线条、颜色、字体等表现，如麦当劳的标志金黄色字母“M”、可口可乐英文字母的专门设计图案等。

(二)品牌的功能

1. 识别功能

消费者购买产品，首先要知道该产品的产地和企业名称，品牌就可以回答这个问题，因为企业名称一般都很长，不易记忆，而品牌一般都比较简单、扼要、清晰，容易为消费者所记住。

2. 保质功能

品牌代表着质量，消费者之所以要购买某个品牌的产品，往往是因为这种产品有着较高的质量和良好的服务。对于企业来说，都要提供优质的产品和服务，以维持和提高品牌的形象和声誉。

3. 维权功能

由于品牌具有排他性的专用性特征，品牌中的商标通过注册以后受到法律保护，禁止他人使用。一旦发现假冒品牌或产品，则可依法追究索赔，保护企业的利益。消费者也可以利用产品的品牌来保护自己的权益，一旦发生产品质量问题，消费者就有据可查，通过品牌来追查有关厂家和经营者的责任。

4. 促销功能

品牌的促销功能主要表现在：一是由于品牌是产品品质的标志，消费者常常按照品牌选择产品，所以，品牌有利于引起消费者的注意，满足他们的欲望和需求，实现扩大产品销售的目的；二是由于消费者往往依照品牌选购产品，这就促使生产经营者更加关心品牌的声誉，不断开发新的产品，加强质量管理，树立良好的企业形象，使品牌经营走上良性循环的轨道。

5. 增值功能

品牌是企业的一种无形资产，能使企业价值增值。作为无形资产，品牌的价值超过企业有形资产的价值的例子并不鲜见。英国品牌评估机构 Brand Finance 发布的“2017 全球最有价值的软饮料品牌 25 强”排行榜(Top 25 most valuable soft drinks brands 2017)中，可口可乐品牌价值为 318.85 亿美元，名列第一位；百事可乐价值为 182.79 亿美元，名列第二位；红牛品牌价值为 67.38 亿美元，名列第三位。

(三)产品的品牌策略

1. 品牌有无策略

一般认为，企业在以下情况下，考虑不使用品牌：(1)大多数未经加工的原料产品，如棉花、大豆等；(2)不会因生产商不同而形成不同特色的商品，如钢材、大米等；(3)某些生产比较简单、选择性不大的小商品；(4)临时性或一次性生产的商品等。

企业推出无品牌产品的主要目的是节省包装、广告等费用，降低价格，扩大销售。一般来讲，无品牌商品质量不高。近年来美国的一些日用消费品出现了“无品牌”倾向，据悉其超市中提供的无品牌商品的售价低于同类品牌产品的 30%～50%，很受低收入消费者的欢迎。

2. 品牌归属决策

一般来说，制造商会面临四种品牌所有权选择：

(1)制造商品牌。因为产品质量特性由制造商决定，所以绝大多数制造商所生产的产品使用本企业品牌，这样既能扩大销售，又能建立制造商自己的品牌形象。例如中国台湾顶新集团生产销售的方便面便是使用本企业自己所拥有的食品品牌——康师傅。

(2)经销商品牌。传统上，品牌是制造商的制造标记，因为产品的设计、质量、特色都是由生产厂商决定的，然而近些年来一些大型零售商与批发商也在致力于开发他们自己的品牌。中间商使用自己的私人品牌会带来一系列问题，如：中间商必须特别注意宣传自己的品牌以注意赢得顾客信任，广告投入较大；中间商必须大批量订货，因而将大量的资金压在商品库存上，承担一定的风险。但使用私人品牌也会带来很多的利益，如：可以控制货源，把握产品在销售上的自主权，摆脱生产商的控制，压缩进货成本，自主定价，以获取较高利润。目前，经销商品牌已经成为品牌竞争中一个强劲的角色。

(3)以上两种品牌兼用，即以制造商名称生产一些产品，并以分销商的名称制造另一些产品。

(4)租用第三者的品牌。有一些生产商发现有著名品牌对消费者的吸引力，采取租用著名品牌的形式来销售自己的商品，特别是在企业推出新产品或打入新市场时，这种策略更为有效。

【案例 7-2】

美国最大的零售商 Sears 公司在 1979 年开发了第一个以自己名字命名的轮胎，在美国商业界掀起了轩然大波。在当时制造商品牌一统天下的局面下，Sears 第一个向制造商品牌发起了挑战，打响了美国中间商与制造商品牌争夺战的第一枪。目前，Sears 90%以上的商品都以自己的品牌出售，这一成功做法很快又被其他越来越多的中间商所仿效。在这场美国生产商与中间商大战中，除了少数著名品牌如可口可乐、七喜、亨氏、万宝路等之外，大多数生产商处于下风。

(资料来源：陈渊. 拒绝"品牌". 销售与市场，1996(9)：30-32.)

3. 家族品牌决策

(1)多品牌策略。多品牌有两种情况，一种是企业决定其各个不同的产品类别分别使用不同的品牌名称，这样企业的整体声誉不会受到某种商品声誉的影响。例如这种品牌策略可使整个企业的声誉不至于受其中某种商品的声誉的影响，可以分散产品市场营销的风险，可把个别产品的成败同企业的声誉分开，不至于因为个别产品的失败而败坏整个企业的形象。例如康师傅品牌方便面曾经在中国台湾地区深陷地沟油传言，虽然其后中国台湾地区法院宣判决此传言缺乏有力证据，但康师傅品牌的销售的确受到较大波及。但同属一家公司的德克士快餐、全家便利店却由于品牌的差异未受到明显波及。第二种是企业在同一个产品类别中开发两种或两种以上相互竞争的品牌。这样有利于企业发展不同档次的产品，满足不同层次消费者的需要。如 P&G 企业的飘柔、润妍、潘婷等品牌。但个别品牌策略企业要增加品牌设计和品牌销售方面的投入，开支较大，此外品牌过多不利于企业创立名牌。

(2)统一品牌策略。是以单一品牌推出其所有产品。如日本的松下、东芝、日立等企业，所有各类产品都使用一个家族品牌，品牌产品中包括种类繁多的产品。企业采用统一品牌策略可以利用多种媒体集中宣传一个品牌，借助品牌的知名度来显示企业的实力，树立企业形象；推出新产品时，可以节省品牌设计、广告宣传等费用，有利于企业利用原有品牌声誉，使新产品顺利进入市场。但统一品牌具有一定的风险性，采用统一品牌的条件是产品应该具有相同的质量水平，否则会影响品牌信誉，特别是有损于较高质量产品的信誉。

(3)企业名称加个别品牌名称策略。即在每一品牌名称之前均冠以企业名称，以企业名称表明产品出处，以品牌名称表明产品的特点。这样做可以降低对每个品牌的市场促销费用，可以利用企业的形象和声誉来对新产品品牌进行促销，可以有效防止偶尔某个品牌出了问题对其他的产品项目发生连带影响。一些市场形象较好、知名度较高的企业都采用这种品牌策略，大众汽车公司生产的许多汽车品牌均采用此类命名方式，如大众朗逸、大众桑塔纳、大众捷达、大众甲壳虫等，均在其不同品牌的汽车产品上，标上企业的名称。

4. 品牌延伸策略

品牌延伸策略，也称品牌扩展策略，是指企业利用已经经营成功的品牌来推出改良产品或新产品。那些著名的品牌可以使新产品容易被识别，从而得到消费者的认同，加快消费者的接受程度，企业还可以节省有关的新产品促销费用。如海尔不仅有空调，还扩展到海尔洗衣机、海尔电冰箱等，再如金利来从领带开始，然后扩展到衬衣、皮具等领域。但这种策略也有一定的风险，容易因新产品的失败而损害原有品牌在消费者心目中的形象。

5. 品牌重新定位策略

对品牌重新定位主要因为：一是企业原有目标消费者的偏好发生了变化；二是竞争者推出的品牌，构成企业经营无法释放的压力，侵占了本企业品牌的较大部分市场，使本企业品牌的市场占有率明显下降。

【案例 7-3】

维他奶原来定位为健康饮料，“饮维他奶，更高、更强、更健美”的广告语用了10年，这种定位曾创造了辉煌的纪录。然而，随着时间推移，各种新的、不同品牌的饮料相继登场，它们纷纷抓住年轻人的心理，突出其产品的时代感，相比之下，维他奶形象显得落伍了，市场占有率不断萎缩。后来其进行了重新的定位，塑造品牌时髦、健康、受欢迎的新形象。新的定位通过富有时代气息的广告表现，既突出了产品优势又深切地把握了年轻人的心理，很快成为社会流行的口头语。维他奶因此成为受年轻人欢迎的饮品，在激烈的市场竞争中站稳脚跟并扩大了市场。

（资料来源：彭代武．市场营销．高等教育出版社，2004.）

四、产品的商标

(一)商标的特征

1. 商标的概念

商标与品牌都是产品的标志。具体产品的商标与品牌可以相同，也可以不同。商标是法律名词，品牌经过注册可以成为受法律保护的专用商品标志即商标。一般认为，商标就是商品的特定标志，是由文字、字母、图形记号及其组合构成，用以区别不同生产者和经销者的产品或服务的标志。世界知识产权组织关于商标的定义是：商标是用以将某工业或商业企业或这种企业集团的商品或服务区别于他人的商品或服务的标志。

2. 商标的特征

(1)商标是商品的标志。在社会生活中的各个领域使用着各式各样不同的标志，商标则是作用于商品上的标志，人们凭借它来区别商品的来源和特定质量，以便作出购买决策。

(2)商标具有排他性。商标是商品生产者或经销者专用的标志，不允许他人侵犯或损害。

(3)商标可以通过树立信誉，标示商品的特定质量。它可以在市场上向消费者提供商品信息，使消费者凭商标购物。

(二)商标的作用

1. 区别产品来源

区分不同产品生产者是商标最重要最本质的功能。在现代的市场经济中，商标可以使消费者达到区分不同厂家，选购满意商品的目的。

2. 促进生产者努力提高产品的质量

产品质量是商标信誉的基础。有信誉的商标可以为商品质量提供一定的保证，在消费者心目中形成一种产品质量的安全感。商标不是产品质量的标志，但它能在一定程度上对消费者起到保证质量的作用。同时也促使企业为创名牌产品、建立商标信誉而不断加强生产管理、改进技术条件、努力提高产品质量。

3. 便于广告宣传，鼓励正当竞争

商标信誉能够代表企业的声誉和形象。消费者习惯于根据商标选购商品，生产者利用商标进行广告宣传，易认、易记，易于被消费者接受，收到良好的市场效果。商标信誉直接关系到商品市场竞争能力的强弱，一个有信誉的商标，对于提高产品的竞争能力，打开市场起着重要的作用。

4. 维护企业和消费者正当权益

现代商标，作为一种产权，受法律保护和制约，因此，商标就成为维护企业和消费者正当权益的工具。

五、产品的包装

(一)包装的概念

包装通常是指盛装和保护产品的容器、材料和各种补助物的总称。包装工作是指设计并生产容器或包扎物的一系列活动。包装是产品生产过程在流通领域的延续。产品包装按照其在流通中作用的不同，可以分为运输包装和销售包装两种。

(二)包装的作用

1. 保护产品

适当的包装可防止商品在流通过程中遭受各种可能的损害，起到保护商品的使用价值的作用。

2. 提高效率

良好的包装既便于卖方对产品的运输、储存和管理，也便于消费者对产品的识别、购买、携带和使用，便利了整个交易活动。

3. 促进消费

产品经过包装美化以后，自然区别于同类竞争商品，可引起消费者对产品的注意和喜爱，促成更多的购买行为。

4. 增加附加值

良好的包装能使顾客愿意支付的价格远远高于包装的附加成本；同时，包装产品的库存控制也比较简单；此外，实行产品包装还可使产品的损耗率降低，提高运输、储存、销售各环节的劳动效率，从而大幅度提高企业的利润水平。

(三)包装的设计原则

1. 包装应与商品的价值或质量相适应

“一等产品，三等包装”，“三等产品，一等包装”，都不利于企业销售。

2. 方便使用

实践证明，对那些生活中经常使用、反复使用的产品，为顾客提供携带、保管和使用的方便条件，就会提高他们的品牌忠诚度，使他们成为回头客。过去我国有些罐头食品采用封闭式铁皮包装，开启时非常困难，严重影响了顾客的购买欲望。相反，可口可乐、雪碧、健力宝等饮料都采用拉开式开启包装，饮用时轻轻一拉即可，非常方便，这在无形中就增强了这些品牌的竞争力。

3. 新颖别致

顾客在很短时间内不可能看完货架上的全部商品，那么，要使顾客对某一品牌商品在短时间内就感兴趣，品牌经营者必须深思熟虑，把商品的魅力直观地表现在新颖别致的包装上。

4. 包装上的文字说明应实事求是

包装上的文字说明，如产品成分、性能、使用方法、数量、有效期限等要符合实际，以增强顾客对商品的信任。

5. 符合法规

包装设计也应按法律规定在包装上标明厂名、厂址；对于食品、化妆品等与人们身体健康密切相关的产品，应标明生产日期、保质期；对于药品，还要印制其所含成分、注意事项等；包装材料应符合环境保护的要求；标签上有关文字说明不得弄虚作假、夸大其词等。

(四)包装的策略

1. 类似包装策略

类似包装策略是指企业所生产的各种产品，在包装上都采用相同的图案、近似的色彩，体现出共同的特色，使顾客很容易就能察觉出是来自同一制造商的产品。类似包装可以节省包装设计费用，树立企业形象，易推出新产品。但通常只适用于相同或相近质量水平的不同产品，一旦质量水平相差悬殊则优质产品将会蒙受不利影响。

2. 配套包装策略

配套包装策略是指企业根据消费者的购买和消费习惯，将多种使用上相互关联的产品纳入同一包装容器内，如女士化妆盒、家用工具箱、礼品盒等。这种包装不仅可以方便消费者的购买和使用，而且有利于带动多种产品销售，特别有利于新产品的推销。

3. 再使用包装策略

再使用包装策略即在商品使用完后，原包装容器可移作其他用途。

4. 等级包装策略

等级包装策略即指企业为不同质量等级的产品分别设计和使用不同的包装。显然这种策略的实施成本较高，但它可以适应不同的购买力水平或不同顾客的购买心理，从而扩大产品销售。

5. 附赠品包装策略

附赠品包装策略即在商品包装物上或包装内，附有赠品(玩具、图片等实物)以诱发消费者购买。

6. 更新包装策略

更新包装策略即企业生产经营者根据市场的变化改变原来的包装。

【案例 7-4】

饮料更换新包装，或者推出新品牌，都是很常见的事。但过去，一般多是取个新的品牌名称，要不就是刷新一下设计风格，或者加一些宣传语。但在当“90后”渐成消费主体、社交媒体成为主流传播平台后，饮料瓶身也逐渐被厂商更加重视，用新的创意思路和呈现方式，来进行与过去完全不一样的营销。笔者想以三家不同品牌饮料的不同做法为例，简单进行一下探究。

例一：可口可乐的台词瓶

继前年的“昵称瓶”、去年的“歌词瓶”之后，今年可口可乐又将推出集影视剧经典台词的“台词瓶”。目前一共选定了20多句台词，包括“如果爱，请深爱”“做人要厚道”“臣妾做不到啊”等。这些台词被印在红色瓶身及易拉罐上，十分醒目，动感十足。

例二：农夫山泉的彩绘瓶

农夫山泉高端矿泉水的瓶身设计，按其电视宣传片的说法，花了超过3年时间，邀请了5家国际顶尖设计公司进行设计，历经数十稿后才最终选定。最终展现在公众面前的是，晶莹剔透的玻璃瓶身上，画着长白山特有物种的图案，透出浓浓的人文气息。

例三："小茗同学"新品牌

统一最近打出了全新品牌"小茗同学"冷泡茶。统一企业(中国)投资有限公司总经理表示，以口味作为茶饮料新产品名称，很容易被同行模仿，去年他们推出功能性饮品，取名"海之言"，今年推出"小茗同学"新品牌，都是准确掌握消费趋势作出的创新。

毫无疑问，这几个在饮料瓶身上的创意，都打破了传统方式。它们的共同特点，一是求新求异，既与传统的文案、设计有别，又与别家的创意角度有明显差异；二是迎合城市年轻一代消费者的趣味，只是农夫山泉的更文艺些，而"小茗同学"更"卖萌"些；三是文案或者设计都与产品本身关系不大，但都希望能激发某一族群，带来社交传播，并获得品牌黏度。

饮料瓶身上的创新营销，不止这几家品牌在做。举它们为例，只是想了解和研究消费市场的新变化，以及主流厂商正在作出什么样的应对。随着社会的更加多元化和时尚化，消费者群体的年轻化和个性化，未来这一类的营销创意将成为趋势，值得厂商和营销人士关注和思考。

（资料来源：李清．饮料瓶身上的创新营销，谁会胜出．市场部网．http://www.adquan.com/post-2-30814.html.）

第二节　产品生命周期理论

一、产品生命周期概念

产品同一切生物一样，要经历从出生、成长、成熟到衰亡的过程。产品市场生命周期就是指新产品研制成功后，从开始进入市场，占领市场到被市场淘汰的整个生存历程。这一过程可以用一条曲线来表示，称为产品生命周期曲线(见图 7-2)。根据曲线特点，以产品的销售额和利润额的变化将产品市场寿命周期划分为引入期、成长期、成熟期、衰退期四个阶段。

产品生命周期与产品使用寿命是两个截然不同的概念。产品的使用寿命是指产品的耐用程度，即产品的自然寿命；而产品的生命周期指的是一种产品到上市到从市场上消失的过程，属于"市场寿命"或"经济寿命"。

二、产品生命周期的其他形态

产品的生命周期不一定呈现 S 形曲线并包括明显的四个阶段，不同的市场环境也会扭曲这种虚拟的曲线。除了典型的曲线形式外，还存在着多种变异曲线。如有些产品刚上市就迅速增长，可能跳过销售额缓慢增长的引入阶段；有的产品可能由于开发研制及市场预测失误，刚上市就夭折，有的产品又可能持续缓慢增长由引入期直接进入成熟期；有些产品经过成熟期后，再次进入迅速增长期。如图 7-3 所示的是四种不同情况下的产品生命周期曲线：A. 产品生命周期多循环；B. 产品生命周期非连续循环；C. 产品生命周期再循环；D. 夭折产品生命周期。

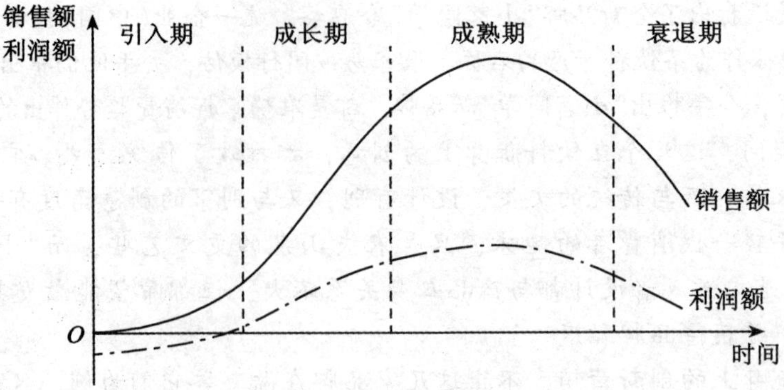

图 7-2　产品生命周期与销售利润曲线

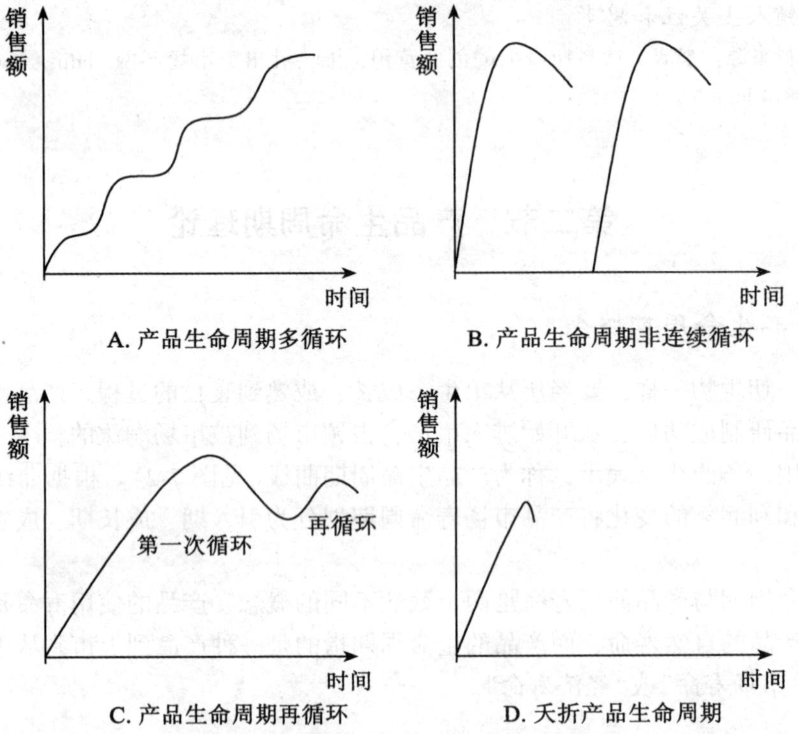

图 7-3　不同情况下的产品生命周期曲线

三、产品生命周期各阶段的特征与营销策略

(一) 产品生命周期各阶段的特征

1. 引入期

产品处于引入期的主要特点是：产品试销，产品尚未被顾客所接受，销量小，增长缓

慢；生产批量小，试制费用大，需要多做广告，多宣传；但成本很高，此阶段企业通常会亏损。有时，由于新产品的性能、质量、价格、分销渠道和服务不能适应广大消费者的需要，许多新产品常常会在这个阶段夭折。

2. 成长期

产品进入成长期的特点是：消费者对产品已经熟悉，销售量增长很快；产品基本定型，性能趋于稳定，产品和工艺日趋完善；建立了比较理想的销售渠道，企业的广告费用和推销费用减少，产品成本显著下降，企业可获得一定的利润；竞争企业相继加入，市场上出现了竞争的趋势。

3. 成熟期

产品进入成熟期的主要特点是：市场需求量增长趋缓，生产者的设计和工艺稳定；生产批量大，产品成本低，利润也达到最高峰；市场的需求量已饱和，销售量已接近最高点；许多同类产品已进入市场，市场竞争异常激烈；成熟期后期，在销售量有所增加或保持相对稳定的情况下，利润保持稳定或开始下降。

4. 衰退期

产品进入衰退期后的主要特点是：市场上已有新产品出现，由于产品在技术、经济上老化，消费者的兴趣已转移，大部分销售量和利润总额由缓慢下降变为急剧下降；不少企业由于无利可图被迫退出市场，留在市场的企业被迫减少促销预算和降低服务水平以维持经营。

(二)制定市场营销策略

1. 引入期策略

引入期市场营销的重点要突出一个“短”字，尽量以最短的时间通过引入期而进入成长期。在引入期，一般有以下几种策略可供选择。

(1)快速撇脂策略(又称双高策略)。是采用较高的商品定价和较高的促销费用，从而可达到迅速提高产品知名度，迅速占领市场的目的。由于价格高，获利多，从而可迅速收回投资，开创企业经营新局面。采用这种策略必须具备一定条件，如市场需求潜力较大，目标顾客求新心理强，急于并愿意出高价购买。另外，产品质量和性能上要优于同类产品或者在某些方面有新奇之处。有时定价过低反而影响销售。这种策略适用于价格弹性小、促销弹性大，且市场规模大，潜在竞争者较多的情形。

(2)缓慢撇脂策略。是采用高价格方针配以低调的促销行为推出新产品。采用这种策略的条件是：目标市场的潜力和规模有限；大部分顾客了解这种产品；新品牌的独特性、新颖性使顾客愿意出高价购买，没有激烈的潜在竞争者。它常可使产品促销成本大幅度下降，从而为企业带来最大的利润。这一策略适用于价格弹性小、促销弹性小，且市场规模不大，潜在竞争者较少的情形。

(3)快速渗透策略(又称密集式渗透策略)。是以快速渗入市场为目的，低价格和强力促销双管齐下，一般可以提高产品的市场占有率。它适用于以下情况：市场规模较大；市场需求的价格弹性较高以及人们对产品价格十分敏感；顾客不了解新产品或品牌；企业要有雄厚的资金和较强的营销能力；潜在竞争压力十分强烈而且紧迫。随着生产规模的扩大和生产经验的积累，企业的单位生产成本会下降。

(4)缓慢渗透策略(又称双低策略)。是以低价格和低促销费用推出新产品。企业采用这种策略的目的在于促使市场能快速接受该产品，在取得规模经济效益的同时树立起“物美价廉”的良好印象。同时企业希望降低其促销成本以换取较多的利润。此策略适用于：市场容量大，新产品适用面广；顾客非常了解这种产品，促销的作用不明显；需求的价格弹性很高，顾客对价格反应敏感；潜在的竞争对手很多。

【案例 7-5】

被媒体曝光得如同透明一般的苹果新款 iPhone 手机，在北京时间今天凌晨正式亮相。这次苹果发布了 iPhone 8、iPhone 8 Plus 和 iPhone X 三款新手机，售价较前代机型均有所提高。其中，被称为“十周年纪念版”的 iPhone X，国内起售价 8388 元，最高售价 9688 元，成为有史以来价格最贵的苹果手机。

iPhone 8 有 4. 7 英寸和 5. 5 英寸 Plus 两个版本。机身使用了双面玻璃材质。据苹果介绍，iPhone 8 使用的钢化玻璃采用了目前手机领域最高规格的硬度，在抗摔方面进一步升级。另外 iPhone 8 同样支持防水。配色方面，iPhone 8 有金色、银色、黑色三种颜色。

(资料来源：iphone8 发布史上最贵．人民网通信频道．http://tc.people.com.cn/n1/2017/0913/c183008-29532538.html.)

2. 成长期策略

成长期阶段市场营销的目的是为了扩大市场占有率，掌握市场竞争的主动权，市场策略的重点要突出一个“快”字，企业应尽一切力量保证产品的快速增长，同时要狠抓产品质量，切忌只重数量不重质量，具体的策略主要有：

(1)提高产品质量，赋予产品新特色，改变产品款式。企业必须在产品改进上下工夫，争创优质名牌产品，以名牌来促进产品成长壮大，扩大市场占有率。

(2)加强促销环节，扩展分销网来吸引购买力，树立强有力的产品形象，加强顾客对品牌的忠诚度。采用劝导性广告策略，着重宣传产品的质量、性能、服务及维修方法，针对本产品的特点和消费者最关心的问题，通过与同类产品的对比，显示其优势，提高消费者的购买信心。

(3)适当调整价格，争取对价格敏感的消费者购买。利用成长期的优势，争取最大的目标利润。要采用逐步降低价格的策略，以激发比较注重价格的消费者产生购买动机而进行购买。企业产品如有垄断性等特点，就可以实行高价销售；如果企业生产经营的是配套产品或多品种产品，也可以采取低价招徕顾客，从而带动高价商品的销售。

3. 成熟期策略

这一阶段营销策略应突出“改”和“新”，即要改进产品，更新营销组合，具体策略主要有：

(1)改进市场策略。从广度和深度上进一步开辟新市场或拓宽原有市场。

(2)改进产品策略。即对原有产品的规格、型号、性能进一步调整或改进。如可对产品质量进行改良，改进产品的耐用性、可靠性、方便性和口味，来吸引顾客。

(3)进行市场营销组合手段方面的革新。成熟期是产品生命周期中的鼎盛时期，这一阶段市场策略的重点要突出一个"改"字，即对原产品和市场不断进行改进，使之增添新的功能和拥有新的市场，吸引顾客，延长产品成熟期的时间，保持和提高市场占有率。

4. 衰退期策略

在这一阶段企业主要的任务是判断产品的衰退时期，有效处理衰退时期的产品，企业市场策略的重点应当突出一个"换"字。具体策略主要有：

(1)维持策略。维持策略就是继续保持企业产品原有的细分市场和营销组合策略，把产品销售维持在一个低水平上，直到这种产品完全退出市场为止。

(2)集中策略。集中策略即把企业的能力和资源集中在最有利的细分市场、最有效的销售渠道和最容易销售的产品上，放弃其他无效的产品，从中获取利润。

(3)收缩策略。收缩策略就是迅速缩减产品生产，大幅度降低促销费用，增加目前利润。

(4)放弃策略。对于衰退快的产品，应当放弃经营，使积压产品所占的资金用于其他产品上。

(5)转移策略。即在妥善处理老产品的同时，把企业生产经营的精力转移到新产品市场上去，力争在新产品市场上获取更大的成功。

【案例 7-6】

养生堂公司的主要产品龟鳖丸、朵而胶囊、农夫山泉和清嘴含片，尽管分属不同行业(保健品、饮用水和休闲食品行业)，但几乎每个产品都比较成功地进入了市场，而且还能够长时间地维持稳定的市场份额。可以说，养生堂公司的过人之处，就在于清醒地意识到：面对快速更新的市场，如果不能保持产品和品牌的长期活力，将会被市场无情淘汰。所以，必须根据产品在市场上所经历的不同生命周期，通过一系列的营销组合，不时地出现新鲜的信息来增强产品和品牌的竞争力。而在众多的营销组合中，养生堂公司运用得最多，也最为得心应手的就是明确独特的品牌定位、富有创意的广告和灵活恰当的公益活动上。

1993 年，海南养生堂药业有限公司投产时，国内保健品行业已经硝烟弥漫。在保健品市场，充斥着铺天盖地的广告、遍地开花的促销刺激，由于各类产品泛滥、宣传夸大失实，整个行业面临着信誉危机。

面对如此不利的境地，养生堂公司采取了完全不同的战略，致力于培育市场和树立品牌。养生堂的开堂元勋产品无疑是龟鳖丸，1993 年 10 月当龟鳖丸产品刚进入市场时，公司将营销的重点放在传播概念、传递知识上。养生堂针对龟鳖制品过多、过滥、声誉不佳的情况，强调其产品的差异性：首先，养生堂龟鳖丸的原料来自海南的野生龟鳖；其次，运用科学的超低温冷冻粉碎工艺制成，充分利用龟鳖的药用价值；最后，全龟全鳖合用，龟鳖同食更补。一方面，利用中国传统的"药食同源""医食同药"观念，将龟鳖丸比作即时靓汤、健康美味和随身炖品。同时进一步将传统吃甲鱼与服用龟鳖丸作一区别，强调"早晚一粒龟鳖丸，胜过天天吃甲鱼"。同时，策划了一系列的公益活动，如“寻找十大类千名病友”免费试用龟鳖丸的义诊活动、“100%野生龟鳖海南寻真”抽奖大行动等。

很快，龟鳖丸的功用开始为消费者所熟知，开始进入成长期。由于这一产品所适用的对象比较广泛，因而养生堂公司便快速顺应市场的变化，及时调整品牌定位，适时地扩大细分市场。刚开始采取健康定位：“养生堂，为生命灿烂”，还未体现出明确的市场指向。接着便逐渐转向亲情定位：龟鳖丸广告的父女篇、父子篇和生日篇，并配合开展“父亲的生日”征文活动，力图以“养育之恩，何以为报”来引起正在求学或已经开始工作的子女们的共鸣。同时配合一些大事件，及时作出反应：“清晨六粒龟鳖丸，看球工作不耽误”，便是巧借1998年世界杯盛典的应时之作。而1998年4月，养生堂又发起“雄鹰计划”，将其设计成“助学、奖学、勤工俭学”一个系统化的操作程序，针对备受关注的高考学生，具有持续的影响力。

至今，养生堂龟鳖丸已进入市场8个年头，产品正在逐步进入成熟期。从近期的广告宣传上来看，养生堂公司也正在进一步调整产品的定位，由于消费者已对龟鳖丸产品比较熟悉，因此在营销策划上着重重申其优良品质“百分百野生品牌”。

（资料来源：张似韵. 产品生命周期与市场营销组合——养生堂公司的市场演进策略. 市场营销导刊，2001(2)：51-53.）

第三节　产品组合策略

一、产品组合

(一)产品组合的概念

产品组合，也称产品品种配备，是指一个企业提供给市场的全部产品线和产品项目的组合或结构，即企业的业务经营范围。

产品线是指产品组合中的某一产品大类，是一组密切相关的产品。这些产品以类似的方式发挥功能，售给同类顾客群，通过同一种类的渠道销售出去，售价在一定的幅度内波动。

产品项目是指产品线中不同品种、规格、质量和价格的特定产品。

例如某大型超市经营家电、日用百货、鞋帽、文体用品等，这就是它的产品组合；而其中家电或鞋帽等大类就是该超市的不同产品线，家电中包含的不同品牌不同型号的具体产品就是其产品项目。

(二)产品组合的变数

产品组合包括四个变数(尺度)：宽度、长度、深度和关联度。

(1)宽度是指产品组合中所拥有的产品线的数目。

(2)长度是指产品组合中产品项目的总数。

(3)深度是指一条产品线中的每一种产品有多少品种。

(4)关联度是指各条产品线在最终用途、生产条件、分销渠道或其他方面相互关联的程度。

产品组合的测量尺度指标在营销战略研究方面具有重要的意义。首先，在一般情况下，企业增加产品组合的宽度(即增加产品线，扩大经营范围，实行多角化经营)，可以充分发挥企业的特长，使企业尤其是大企业的资源、技术得到充分利用，以提高经营效益，分散企业投资风险。其次，企业增加产品组合的长度和深度(即增加产品项目、增加产品的品种规格)可以迎合广大消费者的不同喜好，以吸引顾客。最后，企业增加产品组合的关联度(使各产品线在最终使用、生产条件、分销渠道等方面密切关联)，则可以提高企业在某一地区、行业的声誉。

二、优化产品组合的分析

由于产品组合状况直接关系到企业的销售额和利润水平，为优化产品组合，使其得到最佳的经济效益，企业必须经常对现行的产品组合结合未来销售额、利润发展水平及影响进行分析、评价与调整。

1. 波士顿组合矩阵法(BCG 法)

波士顿咨询企业(Boston Consulting Grop)通过市场销售增长率和相对市场占有率两个指标对企业的产品业务展开分析，将产品分成四类，根据不同类型业务的特点来选择相适应的发展策略。

如图 7-4 所示，横坐标代表相对市场占有率，以 1.0 为界分为左低右高两个部分，纵坐标代表销售增长率，以 10%为界分为下低、上高两部分。

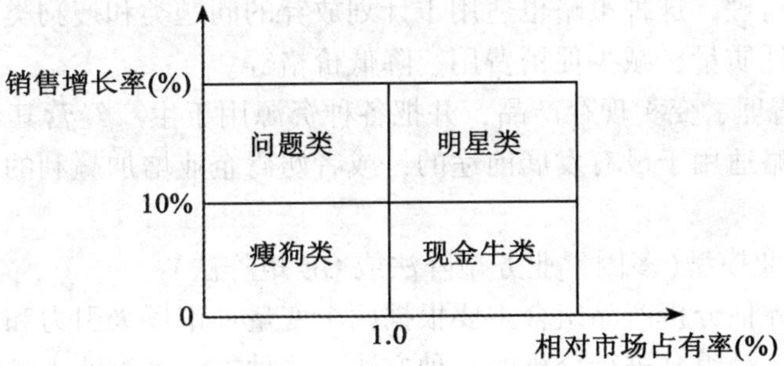

图 7-4　波士顿组合矩阵

第一类：问题类产品。指市场占有率低，销售增长率高的产品。多数产品最初都属这类产品。为提高这类产品的市场占有率，企业需要扩大生产，加强推销，因而需要大量现金，要靠现金牛类产品或贷款来支持。为此，企业应慎重考虑这样做是否合算(这类产品由此而形象地称为问题类产品)。企业无疑要支持这类产品中确有发展前途的产品，但不宜过多，以免资金分散，效益不明显。

第二类：明星类产品。一旦问题产品成功了，便转化为明星类。该产品指市场占有率高、销售增长率也高的产品。这类产品处于迅速增长阶段(可形象地称为明星类产品)。为支持其发展需要投入大量资金，因此，这是占用资金较多的产品。之所以要投入大量资金，是因为它们有希望成为提供大量现金的产品。

第三类：现金牛类产品。指市场占有率高、销售增长率低的产品。这类产品由于市场占有率高，赢利多，现金收入多，可以提供大量现金(据此可以形象地称为现金牛类产品)，企业可用这些现金支持其他需要现金的产品。因此，每个企业都十分重视这类"当家产品"，每个大中型企业应当有几头强壮的"现金牛"。

第四类：瘦狗类产品。指市场占有率低、销售增长率也低的产品。这类产品是微利、保本甚至亏本的产品。对于这类产品，企业应重点考虑它们是否有存在的理由，某些瘦狗类产品可能给企业带来一些利润，而有的则意味着亏损。与此同时，企业还要花费时间、资金对它们进行管理，因此，企业要识别它们的差异，采取相应的策略。

对企业产品进行分析之后，就要确定对各种产品业务采取的策略。可供选择的企业投资策略有以下四种：

(1)发展。目标是提高产品的相对市场占有率。为达此目标，有时甚至不惜放弃短期收入。这种策略特别适用于可转化的问题类产品，通过有效的促销使它们尽快转化为明星类产品。

(2)维持。目标是维持产品的相对市场占有率。这种策略特别适用于大的现金牛类产品，此类产品大多处于市场生命周期中的成熟期阶段，采取有效的营销措施维持一段时间，通过保持企业在该产品上的优势市场地位来获取大量现金收入。

(3)收割。该策略的目标在于尽可能多地追求短期利润，而不顾长期效益，又称榨取策略。这种策略特别适用于弱小的现金牛类产品，这类产品很快就要从成熟期转入衰落期，前途暗淡，所以要趁这类产品在市场上仍有一定地位时尽可能地从它们身上获取更多的现金收入。同样道理，这种策略也适用于计划放弃的问题类和瘦狗类产品。其具体方法包括减少投资、降低质量、减少促销费用、降低价格等。

(4)放弃。即清理、变卖现存产品，并把各种资源用于生产经营其他经济效益好的产品。显然，这种策略适用于没有发展前途的，或者妨碍企业增加赢利的某些问题类或瘦狗类产品。

2. 通用电气企业模型(多因素业务矩阵法或 GE 矩阵法)

通用电气企业评估分析产品组合主要根据两个变量：市场吸引力和企业竞争力，并建立矩阵对企业目前产品组合进行分析的一种方法。这种方法是对波士顿组合矩阵法的一种改进，使分析因素从两个因素变为多种因素，从而使分析更加全面，结论更为可靠。

市场吸引力反映了某些产品的发展价值，它由市场规模、市场增长率、竞争程度、技术壁垒和环境影响等因素所决定；企业竞争力则反映了企业发展该业务的可能性大小，它由市场占有率、产品质量、品牌声誉、生产效率、促销与分销能力、产品成本和管理能力等因素所决定。

如图 7-5 所示，市场吸引力分为大、中、小三类，企业竞争力分为强、中、弱三档，这样便将企业的所有产品业务分为 9 种。

(1)第一类业务，包括图中"大强""大中""中强"三种业务。这类业务不仅有发展价

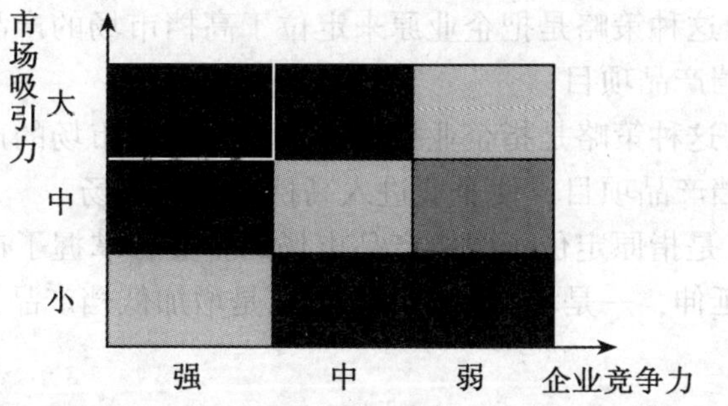

图 7-5 通用企业产品业务分析图

值，而且有良好的发展优势，因此对企业非常有利。对该类业务，企业应采取增长策略，增加投入，促进发展。

(2)第二类业务，包括“小强”“中中”“大弱”三种业务。这类业务要么有很大的发展价值，要么有良好的发展优势，要么两者较为匹配，总的来说处于中等水平。对该类业务，企业可采用保持策略，即维持原有的投入和市场占有率，在不增加成本的前提下获取现有利益。

(3)第三类业务，包括“小中”“小弱”“中弱”三种业务。这些业务的市场吸引力与企业竞争力都不大，应采取收缩与放弃策略，尽量榨取价值然后撤出。

三、产品组合的优化和调整

企业在调整和优化产品组合时，依据情况的不同可选择如下策略。

(一)扩大产品组合

当厂商预测现有产品线的销售额和赢利率在未来可能下降时，就必须考虑在现有产品组合中增加新的产品线(即开拓产品组合的宽度)，或加强其中有发展潜力的产品线(即加强产品组合的深度)。一般而言，扩大产品组合，可使企业充分地利用人、财、物资源，分散风险，增强竞争力。

(二)缩减产品组合

当市场繁荣，较长或者较宽的产品组合会为企业带来较多的赢利机会，但是在市场不景气或原料、能源供应紧张时期，厂商剔除那些获利甚小，甚至亏损的产品线或产品项目，而集中力量发展获利多的产品线或产品项目，反而可使利润上升。因为剔除了获利状况比较差的产品项目时，企业可集中力量发展那些更易获利的产品大类或项目。

(三)产品线延伸策略

每一厂商的产品线是该行业整个范围的一部分，一般都有其特定的市场定位。如美国的林肯牌汽车定位在高档市场。如果厂商超出现有的范围增加它的产品线长度，就是产品线扩展，具体有向下延伸、向上延伸和双向延伸三种实现方式。

(1)向下延伸。这种策略是把企业原来定位于高档市场的产品线向下延伸，在高档产品线中增加中、低档产品项目。

(2)向上延伸。这种策略是指企业把原来定位于低档市场的产品线向上延伸，在原有的产品线内增加高档产品项目，使企业进入高档产品的市场。

(3)双向延伸。是指原定位于中档产品市场的企业，掌握了市场优势后决定向产品线的上、下两个方向延伸，一是增加高档产品，二是增加低档产品，扩大市场阵容。

【案例 7-7】

2010 年 3 月 28 日，吉利与福特签订协议，以 18 亿美元价格收购沃尔沃，成为中国目前最大的海外汽车并购案。吉利收购沃尔沃之后，李书福也不断强调，吉利是吉利，沃尔沃是沃尔沃。正是这种高独立性的品牌分立，才会使沃尔沃被收购之后不会出现品牌以及销量的贬值。数据显示，2009 年，沃尔沃全球销量仅仅只有 33 万辆，但到了 2014 年，沃尔沃的全球销量却达到 46.59 万辆，创下了历史最高纪录。

正是由于沃尔沃的并购，吉利汽车开始了质的转变，利用沃尔沃平台的先进技术，和其研发资源，使吉利产品品控上得到很大保障，而当红的博瑞系列车型正是由吉利欧洲研发中心 CEVT(吉利-VOLVO 联合研发中心)与吉利研究院共同进行开发，运用了部分沃尔沃技术。

(资料来源：国内车企收购外资品牌那些事．搜狐新闻．http://www.sohu.com/a/108576265_268292.)

第四节　新产品开发策略

新产品开发既会给企业的市场营销带来机会，也会给企业的经营带来风险。企业必须制定适当的新产品开发策略，回避风险，保证新产品开发的成功。本节主要对新产品开发的意义，新产品构思的来源、方法和筛选，新产品的评价进行分析。

一、新产品的概念

市场营销学上的新产品是指在某个市场上首次出现的或者是企业首次向市场提供的能满足某种消费需求的产品。只要产品整体概念中任何一部分具有创新、变革和改变，都算新产品，根据新产品的定义可将新产品分为以下六种。

(一)全新产品

全新产品是指应用新原理、新结构、新技术、新工艺和新材料制成，开创全新功能的新产品。一般是由于科技进步或为满足市场上出现的新需求而生产的产品，该新产品在全世界首先开发，能开创全新的市场。它占新产品的比例为 10%左右。

(二) 改进型新产品

改进型新产品是指在原有老产品的基础上进行改进，使产品在结构、功能、品质、花色、款式及包装上具有新的特点和新的突破，改进后的新产品，其结构更加合理，功能更加齐全，品质更加优质，能更多地满足消费者不断变化的需要。它占新产品的26%左右。

(三) 改良新产品

改良新产品是指在原有的产品大类中开发出新的品种、花色、规格等，使其性能获得改进或增加其功能，从而与企业原有产品形成系列，扩大产品的目标市场。该类型新产品占新产品的26%左右。

(四) 成本降低型新产品

成本降低型新产品是指以较低产品成本提供同样性能的新产品。主要是指企业利用新科技，改进生产工艺或提高生产效率，削减原产品的成本，但保持原有功能不变的新产品。这种新产品的比重为11%左右。

(五) 重新定位产品

重新定位产品是指在新的目标市场上或细分市场上推销现行产品。如海尔集团为农民开发出的洗衣和洗土豆兼用的洗衣机。这类新产品约占全部新产品的7%。如20世纪40年代麦氏速溶咖啡刚投入市场时，将产品定位于“快捷方便”，购买者寥寥无几。后来经过问卷调查研究，麦氏公司给产品重新定位于美味、芳香和质地醇厚上，同时改变了包装，结果速溶咖啡以一种新产品的形式很快成为西方世界最受欢迎的咖啡。

(六) 仿制新产品

仿制新产品是企业模仿国内外市场上同类产品的原理、结构、材料、用途、功能等，对已有的产品进行模仿生产，称为本企业的新产品。模仿型新产品约占新产品的20%。

二、新产品开发的必要性

(一) 开发新产品有利于企业的发展

开发新产品，既可从新产品中获取更多的利润，又能够提高市场份额。利润和市场份额是关系企业成长的重要指标，两个指标的提高使企业不断发展壮大。

(二) 开发新产品有助于增强企业的竞争优势

在激烈的市场竞争环境下，为了更好地获取顾客忠诚，提高市场占有率，企业采用了各种手段以获取竞争优势，而开发新产品是企业获取竞争优势的一种有效方式。例如：索尼公司获得成功，在某种程度上也是新产品开发的成功。

(三)开发新产品使企业更好地适应市场需求

企业的一切经营活动都离不开社会环境，如技术环境、政治法律环境、消费者消费习惯等。这些环境的变化可能使企业原有产品受到市场冲击，企业要想生存和发展，必须研究开发新产品以适应市场需求。

(四)开发新产品能更好地创造新的需求和新的市场

社会越发展，消费者的需求与消费习惯变化越快，企业只有不断地开发新产品，才能满足消费者需求个性化、多样化，获得顾客忠诚，得到稳定的市场。新产品的开发既满足了消费者新的需求，又为企业开辟了新的市场。

三、新产品开发过程

(一)新产品开发程序

一个完整的新产品开发过程要经历 8 个阶段：构思产生、构思筛选、形成产品概念、制定营销战略、商业分析、产品实体开发、市场试销和商业化。如图 7-6 所示。

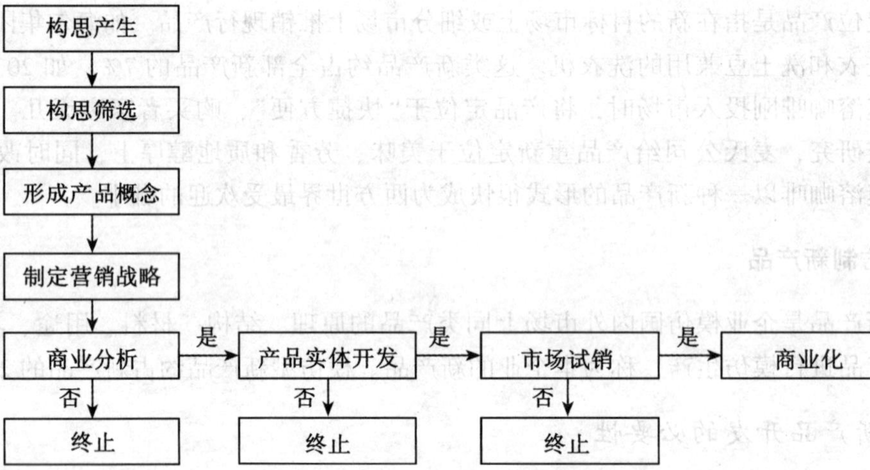

图 7-6　新产品开发过程

1. 构思产生

进行新产品构思是新产品开发的首要阶段。构想阶段主要是寻找产品的构思，以满足某种新需求。新产品的构思可来源于顾客、竞争者、企业销售人员、技术人员、中间商、咨询公司、营销调研公司等。这些人员与产品的直接接触程度各不相同，但他们总的共同点便是都熟悉公司业务的某一或某几个方面。对公司提供的产品较其他人有更多的了解与关注，因而往往能针对产品的优缺点提出改进或创新产品的构思。

2. 构思筛选

征求到创意构思之后，还要对新产品构思筛选进行抉择和取舍，从众多构思方案中把最有希望的设想挑选出来，要有一个过滤过程。在这个过程中，力争做到除去亏损最大和必定亏损的新产品构思，选出潜在赢利大的新产品构思。构思筛选的主要方法是建立一系列评价模型。评价模型一般包括：评价因素、评价等级、权重和评价人员。其中确定合理的评价因素和给每个因素确定适当的权重是评价模型是否科学的关键。

3. 形成产品概念

产品概念是企业从消费者角度对构思的详尽描述。即将新产品构思具体化，描述出产品的性能、具体用途、形状、优点、外形、价格、名称、提供给消费者的利益等，让消费者能一目了然地识别出新产品的特征。因为消费者不是购买新产品构思，而是购买新产品原形。在产品概念的形成与确定阶段，企业必须考虑谁将使用新产品，新产品能满足用户什么需要与欲望，以及在什么场合使用等问题。企业还要从销量、赢利与企业研制产品的关系等方面，确定所需的产品概念。

4. 制定营销战略

确定产品概念后，需要制定粗略的市场营销战略，以便进一步从销售、成本和利润方面进行盈亏分析。营销战略计划由三部分组成：要确定目标市场，产品定位，以及开始几年内的销售额、市场份额和利润目标；要确定新产品的价格策略、分销策略和第一年的营销预算规划；要说明新产品预期的长期销售额和利润目标以及不同时期的营销组合。

5. 商业分析

商业分析是指对新产品概念进行财务方面的分析，即估计销售量、成本和利润，以了解其是否符合企业的目标。

6. 产品实体开发

新产品实体开发主要解决产品构思能否转化为在技术上和商业上可行。它是通过对新产品实体的设计、试制、测试和鉴定来完成的。根据美国科学基金会调查，新产品开发过程中的产品实体开发阶段所需的投资和时间分别占开发总费用的30%、总时间的40%，且技术要求很高，是最具挑战性的一个阶段。

7. 市场试销

新产品市场试销的目的是针对新产品正式上市前所做的最后一次测试，且该次测试的评价者是消费者的货币选票。通过市场试销，将新产品投放到有代表性地区的小范围的目标市场进行测试，企业才能真正了解该新产品的市场前景。市场试销是对新产品的全面检验，可为新产品是否全面上市提供全面、系统的决策依据，也为新产品的改进和市场营销战略的完善提供启示，有许多新产品是通过试销改进后才取得成功的。常用的消费品试销技术有：销售波测试、模拟测试、控制性试销及试验市场试销。常用的工业品试销方法是产品使用测试，或通过商业展览会介绍新产品。对新产品试销过程的重点把握是对促销宣传效果、试销成本、试销计划的目标和试销时间的控制等，并注意对试销信息资料的收集和分析。

8. 商业化

商业化即正式向市场推出试销成功的新产品。新产品的商业化阶段的营销运作，企业应在以下几个方面慎重决策：投放时间、投放地区、目标市场和营销策略。企业必须制订详细的新产品上市的营销计划，包括营销组合策略、营销预算、营销活动的组织和控制等。

(二)新产品的采用与推广

新产品的采用过程是潜在消费者认识、试用、采用或拒绝新产品的过程。从潜在消费者发展到采用者要经历五个阶段：知晓、兴趣、评价、试用和正式采用。营销人员应仔细研究各个阶段的不同特点，采取相应的营销策略，引导消费者尽快完成采用过程的中间阶段。新产品的采用者分为五种类型：创新采用者、早期采用者、早期大众、晚期大众和落后采用者(见图 7-7)。

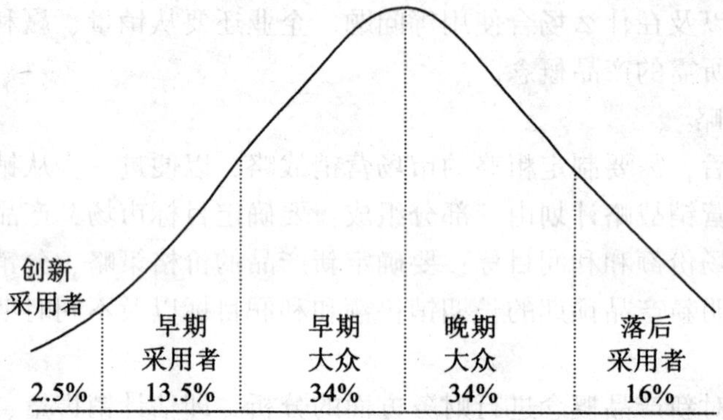

图 7-7　采用者分布曲线

新产品推广速度快慢的主要原因取决于目标市场消费者和新产品特征。五种类型采用者价值导向的不同，导致他们对新产品采用不同的态度，对新产品的采用和推广速度快慢起着重要作用。新产品的相对优势、相容性、复杂性、可试用性及可传播性将会在很大程度上影响新产品的采用和推广。

【本章小结】

1. 产品策略是营销组合策略的首要因素，营销的其他策略都是围绕产品策略展开的，产品策略在很大程度上决定着市场营销的成败。产品是包含若干属性的复合整体，完整意义上的产品既包含了满足消费者需要的有形物质，也包含了一系列无形的服务，对于任何一个想在市场中取胜的企业都必须树立产品整体的概念，重视产品的质量、包装，树立起品牌经营的大旗。

2. 任何一个产品在市场上都会经历一个进入市场到退出市场的过程，这就是产品的生命周期，可将其分为导入、成长、成熟和衰退四个阶段。产品在各个阶段的销售、成本、利润等都有所不同。企业必须及时判断其产品所处的生命周期阶段，根据各个阶段不同的特点制定适宜的营销策略。

3. 产品组合是指一个企业提供给市场的全部产品线和产品项目的组合，对产品组合的衡量，一般用宽度、长度、深度、关联度来衡量。产品组合也直接关系到企业的获利水平，企业必须对现行产品组合作出系统的分析和评价，考虑企业的实际情况，制定正确的产品组合决策。

4. 研发新产品是企业有力的竞争武器，企业必须充分认识新产品研发的重要意义。新产品研发成功的关键在于发展较好的组织安排，在新产品研发的各个阶段，作好每一个环节的科学决策，尽可能避免在技术研发和市场开发上的风险，使企业不断涌现活力。

【重要概念】

品牌　产品生命周期　产品组合

【思考与练习】

1. 如何理解产品的整体概念?
2. 产品市场生命周期各阶段应分别采取什么样的营销策略?
3. 如何优化产品组合?
4. 产品品牌与商标是什么样的关系?
5. 企业通常采用的包装策略主要有哪些?
6. 包装有什么作用?
7. 外国人对中国的产品有“一流的品质、二流的服务、三流的价格与四流的包装”的印象，我们对此应该如何改变以提高产品在国际中的竞争力?
8. 用双向延伸的产品延伸策略，会给企业本身带来什么样的机会与威胁?
9. 试述新产品构思的来源与方法。

【综合案例】

滴滴打车的市场推广路径

滴滴打车当前已成为城市居民出行的一个相当重要的帮手，相当多的市民出门打车前的第一件事就是打开手机上的“滴滴”，选择不同出行方式。滴滴成功地进入市场大体经历了以下几个阶段：

第一个阶段是“建立连接”。要做一个交易的平台，首先要把供需双方拉到这个平台上，让两者建立连接。嘀嘀则是选择了首先从出租车入手，其实就是看中了“出租车”背后的用户群体。首先，大家打出车是刚需，通过出租车可以获取海量用户。并且，出租车司机都是职业司机，大多数还依托出租车公司，百分之百有营运资格，在中国可以轻松跨过政策禁区。在“建立连接”的过程中，嘀嘀打车就开始不停地地推和补贴，激发司机在嘀嘀平台上接活，激发用户使用嘀嘀平台叫车，最终获取海量用户和用户的消费习惯。这是嘀嘀建立连接和获取用户的阶段，嘀嘀在这个阶段并不是为了挣钱，而是为了获取用户。

在“建立连接”以后，嘀嘀打车的激发营销又到了第二个阶段“制造场景”。嘀嘀打车平台，“建立连接”的目的就是制造一种 O2O 消费的场景，让用户形成在嘀嘀平台上叫车的习惯。在“制造场景”的开始阶段，嘀嘀采用最简单粗暴的形式就是“直接砸钱”，在补贴最高的阶段，消费者和司机各补贴10多元钱，这相当于每一单要补贴20多块钱，在80天砸了15亿元以后终于“偃旗息鼓”。在后补贴时代，为了继续激发用户进行场景消费，嘀嘀利用跟腾讯的战略合作关系，开始通过在嘀嘀平台发放嘀嘀红包。嘀嘀红包改变了单一的“砸钱”的方式，通过红包发放的形式，浸入了用户的“关系链”，产生了指数式传播。前期嘀嘀平台自己掏钱来发放红包，后期又邀请一些像搜狗、蒙牛、京东等企业来发布红包，用别人的钱激发自己的用户。在用户积累到一定的程度，嘀嘀除了“打车场景”以外，又开始制造新的“消费场景”，就是嘀嘀专车。而在嘀嘀专车的推广中，延续了微信红包和关系链传播的方式，在很短的时间就让嘀嘀专车一夜成名。

嘀嘀专车在建立“消费场景”以后，利用专车红包进行的“浸入关系链”激发营销。嘀嘀推出嘀嘀打车是为了获取用户，而推出嘀嘀专车则是为了挣钱。怎么推广嘀嘀专车呢？嘀嘀继续用了屡试不爽的微信红包，通过微信平台发放大量的专车代金券。嘀嘀专车的微信红包是如何“浸入”关系链的呢？如果你用了一次嘀嘀专车，你就将获得了一次发放专车代金券的机会，而你发放专车代金券的方式就是在微信朋友圈和微信群里分享，每一次分享就相当于代金券浸入了你的关系链。每天有成千上万的用户在用嘀嘀，就相当于每天有成千上万的用户在自己的关系链里发布代金券，正是这种去中心化的病毒式传播，最终导致了嘀嘀专车的用户呈现指数式的增长。

第四个阶段是“大数据激发营销”。如果像嘀嘀专车这种产品越来越多、消费场景越来越多的时候，就会形成一个以嘀嘀平台为中心，用户、嘀嘀服务相互连接的网络，这将是一个产生群体交互的智能网络。在这个阶段，嘀嘀平台必须通过大数据手段分析用户的行为，了解用户的兴趣、收入水准、消费习惯，甚至可以做到用户还未叫车的时候，就已经预判用户要去哪里、喜欢坐什么样的车并把他的需求推送给对应的司机。而对于司机也是这样，通过对司机进行用户分析，了解他的交班时间、地点、喜欢接什么样的活、在哪种情况下会拒单。基于这些分析，就能把合适的订单推荐给合适的司机。除了数据分析以外，滴滴还会通过规则调整让交通系统更有效率。比如你早上六点想去看天安门看升旗，大冷天没有司机愿意接这个活，加了小费也没用。这时滴滴就用一种虚拟货币“滴米”来调度，司机在接活的时候，会根据单子的难易程度来增减司机的“滴米”。而这个“滴米”类似司机的信用值，“滴米”值越高，平时就更好抢单。在智能交互的场景里，嘀嘀平台通过大数据的方式激发司机和用户，既可以优化用户体验，又会激发平台用户的参与感和热情。

滴滴打车在2014年8月推出了针对中高端消费群体的商务专车业务，截至2014年底，仅仅4个月的时间，滴滴专车业务覆盖了北京、上海、广州、深圳等16个大型城市，日订单已经突破15万单，按平均一单20元，一天嘀嘀专车的消费金额就达300万元。可见，嘀嘀专车发展的速度还是很惊人的。如果按照原来的推广模式，嘀嘀专车则需要不断地依靠央视等强势媒体来砸钱，通过不停地给用户“洗脑”来获得知名度。而在移动互联网时代，嘀嘀则是用了“激发营销”的方式，为用户制造全新的“消费场景”，通过给用户派发代金券来激发用户体验新产品，则是用最短的时间、最快的效率来推广了嘀嘀专车的服务。

（资料来源：滴滴打车用了哪些营销方式推广滴滴专车．搜狐汽车，http://auto.sohu.com/20150115/n407822203.shtml.）

讨论题：

1. 从产品的整体概念角度分析滴滴的整体产品概念。
2. 滴滴的成功带给我们哪些启示？

第八章 价格策略

【学习目标】

1. 了解影响企业产品定价的主要因素。

2. 熟悉企业定价目标，掌握成本导向定价、需求导向定价和竞争导向定价等一般定价方法和定价的基本策略。

3. 应用价格变动的反应及价格调整原理，分析各个行业的价格大战及其利弊得失。

【本章摘要】

价格是营销组合中唯一能创造收益的因素，也是营销组合中最敏感和难以控制的因素，直接关系着市场对产品的接受程度，影响着市场需求和企业利润的多少，涉及生产者、经营者、消费者等各方面的利益。因此，定价策略是企业市场营销组合策略中一个极其重要的组成部分。

第一节 影响产品价格的因素

一、企业的定价目标

所谓定价目标，就是企业通过制定一定水平的价格所要达到的预期目的。通常企业的定价目标有利润目标、市场占有率目标、稳定价格目标以及维持生存目标四种。

（一）利润目标

利润目标是企业定价目标的重要组成部分，获取利润是企业生存和发展的必要条件，是企业经营的目标和动力。

1. 利润最大化目标

利润最大化有长期利润最大化和短期利润最大化、单一产品利润最大化和企业全部产品综合利润最大化之分。通常企业追求的应是长期的、全部产品的综合利润最大化，对于一些中小型企业、产品寿命周期较短的企业，产品在市场上供不应求的企业，也可以谋求短期的利润最大化。

2. 适度利润目标

适度利润目标是指企业在补偿社会平均成本的基础上，适当地加上一定量的利润作为商品价格，以获取适度利润的一种定价目标。需要指出的是：适度利润的实现，必然充分考虑产销量、投资成本、竞争格局和市场接受程度等因素。

(二)市场占有率目标

市场占有率，又称市场份额，是指企业的销售额占整个行业销售额的百分比，或者是指企业的某种产品在某个市场上的销量占同类产品在该市场销售总量的比重。市场占有率是企业经营状况和企业产品竞争力的直接反映。市场占有率与企业利润的相关性很强，从长期来看，较高的市场占有率必然带来较高的利润。因此以提高市场占有率为定价目标可以提升长期获得较高利润的可能性。

市场占有率目标在运用时存在着保持和扩大市场占有率两个递进的层次。保持市场占有率定价的特征是根据竞争对手的价格水平不断调整价格，以保证企业的竞争优势，防止竞争对手侵占自己的市场份额。扩大市场占有率的定价目标特征就是从竞争对手那里夺取市场份额，以达到扩大企业销售市场乃至控制整个市场的目的。

在实践中，企业要实现市场占有率目标，至少应具备三个条件：一是企业要有雄厚的经济实力，可以允许出现一段时间的亏损，或者企业本身的生产成本低于竞争对手；二是企业要对其主要竞争对手有较充分的了解，才可能从其手中夺取市场份额；三是宏观营销环境的许可，国家未对市场占有率做出政策和法律的限制，否则盲目追求高的市场占有率，往往会受到政府的干预。如美国的反垄断法，对单个企业的市场占有率进行限制，以防止少数企业垄断市场。

(三)稳定价格目标

稳定价格目标实质上就是通过本企业产品的定价来左右整个市场价格，避免不必要的价格波动。市场价格越稳定，经营风险也就越小。为达到稳定价格的目的，通常情况下是由那些拥有较高的市场占有率，经营实力较强或具有较强竞争力的领导企业先制定一个价格，其他企业的价格则参照领导企业的价格来确定。对于大企业来说，这是一种稳妥的价格保护政策；对中小企业而言，由于大企业不愿随意改变价格，竞争性减弱，其利润也可以在一定程度上得到保障。

(四)维持生存目标

如果企业生产能力过剩，或面临激烈竞争，或试图改变消费者需求，则需要把维持生存作为主要目标。为了确保工厂继续开工和使存货出手，企业必须制定较低的价格，并希望市场是价格敏感型的。利润比起生存来说次要得多。许多企业通过大规模的价格折扣，来保持企业活力。只要其价格能弥补可变成本和一些固定成本，企业的生存便可得以维持。

将定价目标分为利润目标、市场占有率目标和稳定价格目标，只是一种概括性的总结，它既没有穷尽所有可能的定价目标，又没有限制每个企业只能选择其中的一种。一个企业选择什么样的定价目标，应当服从和服务于实现企业经营总目标的需要，并根据企业外部环境和内部条件的变化，适时调整定价目标。

二、产品需求

市场营销理论认为，产品的最高价格取决于产品的市场需求，最低价格取决于该产品的成本费用，在最高价格和最低价格的幅度内，企业能把这种产品价格定多高，则取决于竞争者同种产品的价格水平。可见，市场需求、成本费用、竞争者产品价格对企业定价有着重要影响。而需求又受价格和收入变动的影响，价格与收入等因素引起的需求相应的变动率，就叫作需求弹性。需求弹性分为需求的收入弹性、价格弹性和交叉弹性。

(一)需求的收入弹性

需求的收入弹性是指因收入变动引起的需求相应的变动率。有些产品的需求收入弹性大，意味着消费者货币收入的增加导致该产品的需求量有更大幅度的增加，一般来说，高档食品、耐用消费品、娱乐支出的情况就是如此。也有的产品的需求收入弹性是负值，这意味着消费者货币收入的增加将导致该产品的需求量下降，例如，某些低档食品、低档服装就是负的需求收入弹性。

(二)需求的价格弹性

价格会影响市场需求。在一般情况下，市场需求会按照和价格相反的方向变动，即价格提高，市场需求就会减少；价格降低，市场需求就会增加。

正因为价格会影响市场需求，所以企业所制定的价格高低会影响企业产品的销售，进而会影响企业市场营销目标的实现。因此，企业的市场营销人员定价时必须知道需求的价格弹性，即了解市场需求对价格变动的反应。

在以下条件下，需求可能缺乏弹性：(1)市场上没有替代品或者没有竞争者；(2)购买者对较高价格不在意；(3)购买者改变购买习惯较慢，也不积极寻找较便宜的东西；(4)购买者认为产品质量有所提高，或者认为存在通货膨胀等。

如果某种产品不具备上述条件，那么这种产品的需求就富有弹性。在这种情况下，企业高层管理者须考虑适当降价，以刺激需求，促进销售，增加销售收入。

(三)需求的交叉弹性

在为产品线定价时还必须考虑各产品项目之间相互影响的程度。产品线中的某一个产品项目很可能是其他产品的替代品或互补品，同时，一项产品的价格变动往往会影响其他产品项目销售量的变动，两者之间存在着需求的交叉价格弹性。交叉弹性可以是正值，也可以是负值。如为正值，则此两项产品为替代品，表明一旦产品的价格上涨，则相关产品的需求量必然增加。相反，如果交叉弹性为负值，则此两项产品为互补品，也就是说，当产品的价格上涨时，产品相关的需求量会下降。

三、产品成本

成本的高低是影响产品价格的一个重要因素，成本是商品价格的最低限制。一般说来，商品价格必须能够补偿产品生产及市场营销的所有支出，并补偿商品的经营者为其所承担的风险支出。根据企业产品定价策略的不同需要，成本可以按照其习性进行分类，将企业所有成本划分为固定成本与变动成本。此外，管理上还常用边际成本和机会成本。

四、市场竞争状况

价格是在市场竞争中形成的，按市场竞争的程度，可分为完全竞争、完全垄断和不完全竞争三种状况。不同的竞争状况对企业制定产品价格产生不同的影响。

(一)完全竞争对制定价格的影响

完全竞争是指市场上没有任何垄断因素，同一种商品有多个卖主和买主，任何一个卖主和买主都不能单独左右该种商品价格，价格是在市场交换中自然形成的。在完全竞争市场中，企业可以采取随行就市定价策略。

(二)完全垄断对制定价格的影响

完全垄断是指一种商品完全由一家或少数几家企业所控制的市场状况。垄断企业在市场上没有竞争对手，可以独家或少数几家企业联合控制市场价格，主要通过市场供给量调节市场价格。完全垄断使企业缺乏降低成本的外部压力，结果使生产效率低下。在此情况下，非垄断企业定价要十分谨慎，防止垄断企业的价格报复。

(三)不完全竞争对制定价格的影响

不完全竞争介于完全竞争与完全垄断之间，是现代市场经济中普遍存在的典型竞争状况。在这种情况下，多数经营者都能积极主动地影响市场价格，企业制定价格时，应当认真分析研究各种竞争力量和垄断力量的强弱，制定适合自身发展的价格。

五、国家的价格政策

随着市场经济的发展，价值规律、供求状况和竞争的自发作用，会产生某些市场无法自我完善的弊端，所以政府制定了一系列的政策和法规，对市场价格进行管理。这些政策法规有监督性的，有保护性的，也有限制性的，每个企业在产品定价时都必须自觉遵守。主要有计划价格、国家指导价格、市场调节价格等多种价格形式。

1. 计划价格

计划价格是国家宏观控制的工具，主要用于关系国计民生的重要产品。在计划价格管理形式下，生产这些产品的企业几乎没有产品定价权，只是价格的接受者。

2. 国家指导价格

国家指导价格是由国家统一规定基本价格和浮动幅度，允许企业根据市场供求情况，在规定的幅度内浮动的价格。国家指导价格既体现了国家对价格的规定，具有严肃的计划性，又给予企业一定的定价自主权，具有相对的灵活性，适应市场经济的要求。

3. 市场调节价格

市场调节价格是指国家不做规定，由买卖双方自由协商议定的价格。包括工商企业协商定价、议价议销价格和集市贸易价格。目前我国实行市场调节价格的商品范围在日益扩大。

【案例 8-1】

2015 年 10 月 4 日，肖先生在青岛市乐陵路 92 号的“善德活海鲜烧烤家常菜”吃饭时遇到宰客事件引发网友热议。在吃饭前，曾详细询问过菜价，向老板确认过大虾 38 元究竟是一份还是一只，肖先生称当时老板说的是 38 元一份。但吃完饭后，老板却称大虾价格为 38 元一只。

事后，青岛市、市北区两级物价部门在检查中发现，该烧烤店提供的菜品虽已明码标价，但是极不规范，涉嫌误导消费者消费。鉴于此，将根据我国《价格法》有关规定，责令其退还非法所得，并按照涉嫌价格欺诈、违反明码标价及侵害消费者权益的规定，依法进行立案查处。

（资料来源：公开资料整理。）

六、消费者行为与心理因素

消费者行为，尤其是心理行为，是影响企业定价的一个重要因素。无论哪一种消费者，在消费过程中，必然会产生种种复杂的心理活动，并支配着消费者的消费过程。企业在制定价格时，不仅应该迎合不同消费者的心理，还应该促使或改变消费者行为，使其向有利于本企业的方向转化。

第二节　产品定价方法

成本、需求和竞争是影响企业定价的最基本因素，因此，与之相对应，就形成了以成本、需求、竞争为导向的三大类基本定价方法。

一、成本导向定价法

成本导向定价法是指以产品成本为基础，再加上一定的利润和税金来确定产品价格的方法。由于补偿成本是企业经营的最起码的要求，所以这类方法被广泛采用。同时，由于作为定价基础的成本，分类繁多，因此以成本为导向的定价方法也有许多方式。

（一）总成本加成定价法

总成本加成定价法是指以产品的全部成本（包括变动成本和固定成本）为基础，再加上合理的利润来确定产品价格的方法。即：

$$单位产品价格=单位产品总成本\times(1+目标利润率)$$

【例 8-1】

某自行车厂生产 1 万辆自行车，每辆自行车的变动成本为 300 元，总固定成本为 20 万元，确定目标利润率为 20%，采用总成本加成定价法的计算过程是：

单位产品的变动成本为 300 元

单位产品的固定成本为 200000÷10000=20（元）

单位产品总成本为 300+20=320(元)

单位产品的价格为 320×(1+20%)=384(元)

这种定价方法计算简便，制定出来的价格相对合理，买卖双方都容易接受。但未考虑成本以外的影响价格的其他因素，是以全部产品卖出去的假设为前提的，而且忽略了固定成本与实际产销量无直接关系的事实。因此，当实际产销量大于预期产销量时，用此法制定的价格可能偏高；反之，又可能偏低。

(二)变动成本定价法

变动成本定价法是企业在生产经营条件一定的情况下，固定成本总额不随产销量的增减而变化，因此，在产品定价中就可以不必考虑，而着重考虑变动成本，并以单位产品的变动成本作为价格的最低界限。

基本公式如下：

产品价格=单位产品变动成本+单位产品边际贡献

【例 8-2】

某鞋厂在一定时间内发生固定成本 80000 元，单位变动成本 0.7 元，预计销量 100000 双。在当时的市场上，同类产品的价格为 1 元/双，那么企业是否应该继续生产呢？

决策过程是：

固定成本=80000(元)

变动成本 0.7×100000=70000(元)

销售收入 1×100000=100000(元)

企业盈亏 100000-70000-80000=-50000(元)

由此可见，若继续生产，企业出现了 50000 元的亏损，但是作为已经发生的固定成本，在不生产的情况下，已发生了 80000 元，即如果不生产，则固定成本会全部转化成亏损，亏损金额为 8000 元，若继续生产，并按 1 元/双的成本销售，则只亏损 50000 元，这说明若生产则可以减少 30000 元固定成本的损失，一定程度上补偿了企业变动成本。

可见，只要产品的价格高于产品的变动成本，企业就可以继续生产销售。若价格低于单位产品变动成本，则企业应该停止生产，因为此时的销售收入不仅不能补偿固定成本，连变动成本也不能全部补偿，生产得越多，亏损就越多，企业的生产活动就毫无意义。

变动成本定价法改变了售价低于总成本便拒绝交易的传统做法，在当前竞争激烈的市场中具有较强的灵活性，在有效地对付竞争者、开拓新市场、形成最优产品组合等方面可以发挥巨大作用。

(三)盈亏平衡定价法

盈亏平衡定价法是企业在产销量既定的条件下，产品的价格必须达到一定的水平才能盈亏平衡，即企业的收入和支出相等。这个既定的产销量称为盈亏平衡点，这种制定价格的方法称为盈亏平衡定价法。正确预测产销量和已知固定成本和变动成本是实行这种定价方法的前提。其公式为：

$$P=F/Q+V$$

其中，P 代表盈亏平衡点的产品价格；F 代表企业生产该种产品总的固定成本；Q 代表该产品的产销量；V 代表该产品的单位变动成本。

【例 8-3】

某企业的固定成本为 200000 元，单位产品的变动成本为 50 元，预计年产销量为 5000 件，则要求产品盈亏平衡点价格。

根据产品盈亏平衡点价格公式：$P=F/Q\times V$，有：

产品盈亏平衡点价格 = 200000/5000+50 = 90(元)

则产品盈亏平衡点价格为 90 元。

按盈亏平衡点确定的价格只能使企业的生产成本得到补偿，企业却没有收益。所以在实际中是以盈亏平衡点价格作为价格的最低限度，通常再加上单位产品的目标利润后作为产品的实际销售价格。

成本导向定价法本质上是卖方导向，它忽视了市场需求、竞争和价格水平之间的影响关系，所以有时按这种定价方法确定的价格与市场实际相脱节，难以得到有效的实施。另外，运用这种定价方法还要建立在对产销量主观预测的基础上，从而降低了价格制定的科学性。因此，在适用成本导向定价法时，还应充分考虑需求和竞争状况，这样确定的价格才更有现实意义。

二、需求导向定价法

需求导向定价法，是指根据市场对产品的需求状况，以及产品的价格需求弹性来确定产品价格的方法。产品的市场需求情况及价格需求弹性是影响产品价格的重要因素，产品能否销售出去，并不取决于产品成本的高低，而主要是看其价格能否被购买者所接受。需求导向定价法主要有理解价值定价法、需求差异定价法和逆向定价法三种。

(一) 理解价值定价法

理解价值就是指消费者对这种产品价值的主观判断，即消费者认为这种产品值多少钱，它反映了这种产品价值的市场接受水平。理解价值定价法，就是以产品的理解价值为基础来确定产品价格的方法。

理解价值定价法的关键和难点，是获得消费者对有关商品价值理解的准确资料。如果过高估计消费者的理解价值，价格就会定得过高，产品难以达到应有的销量；相反，低估了消费者的理解价值，价格就会低于应有的水平，影响企业的收入。所以运用理解价值定价法，关键是正确评估产品的理解价值。由于网络媒体的发展，当前企业或商家有了更多的网络渠道可以与顾客展开沟通，了解顾客心理，于是很多商家在新产品上市之前习惯于一边公布新产品种种信息，一边将价格保密，号召顾客对于新品价格进行有奖竞猜，这既是一种与顾客沟通的手法，也不得不将之视为一种获取顾客对于产品理解价值的良方。

【案例 8-2】

2013 年 7 月，备受关注的国产汽车品牌奇瑞即将推出它的全新车型——奇瑞艾瑞泽 7，在通过各种渠道公布了新车的各项配置、图片等信息之后，对于奇瑞艾瑞泽 7 来说，悬念只剩下一个，那就是价格。

对于奇瑞艾瑞泽 7 来说，定价确实是个非常考验智慧的难关，定高了，会被合资品牌打垮，定低了，不符合大众对这款车的期待，也会影响奇瑞其他车型的销量。于是，继猜名游戏之后，奇瑞艾瑞泽 7 的价格竞猜又成为媒体、汽车爱好者、准车主热衷的游戏之一。

6 月 28 日，网上率先曝出《奇瑞艾瑞泽 7 有望 8 月上市　售价 7.78 万元起》一文，引发媒体热议。不过，针对媒体的报道，奇瑞官方再次选择了沉默，并没有给出任何回复。但可以肯定的是，奇瑞还是通过公关的渠道和各大媒体打了招呼，说此价格并非官方价格，各大媒体并没选择将这个本来可以成为重点报道的话题重点推出。于是，奇瑞艾瑞泽 7 的价格竞猜再次成为各路人士街谈巷议的话题之一。7 月 26 日，奇瑞艾瑞泽 7 正式上市，价格也将于当晚公布。但奇瑞没有放过任何一个可以炒作的机会。微博认证为某网站编辑的“马达引擎”于上市前夜发布了一张奇瑞艾瑞泽 7 上市彩排的图片，图片显示奇瑞艾瑞泽 7 的价格为 88900 元起。于是，一石激起千层浪，奇瑞艾瑞泽 7 的话题再次成为热议的话题，仅这一条围脖转发量就达到近 2000 条，跟帖数也达到 746 条。

而在线下，奇瑞艾瑞泽 7 的价格之争也再次火热爆发。7 月 26 日晚，奇瑞艾瑞泽 7 的官方价格正式公布，7.89 万元起的价格获得好评，奇瑞在价格策略上又下一城。

（资料来源：易新．奇瑞艾瑞泽 7 的营销兵法：借势网络传播．凤凰汽车评论．http://auto.ifeng.com/hangye/zhuanlan/20130730/872056.shtml.）

（二）需求差异定价法

需求差异定价法是指企业根据市场需求的时间差、数量差、地区差、消费水平及心理差异等来制定产品价格的方法。这种定价方法，对于同一产品在制定两个或两个以上的价格，可以使企业定价最大限度地符合市场需求，促进商品销售，有利于企业获取更多的经济效益。如在市场需求大的季节定高价，反之则定低价；在消费水平高的地区定高价，反之则定低价；对购买数量大的消费者定低价，反之则定高价等。

（三）逆向定价法

逆向定价法是指企业根据消费者能够接受的最终销售价格，计算企业的成本和利润后，逆向推算出中间商的批发价和出厂价。这种定价方法不以实际成本为定价依据，而是以市场需求为定价出发点，力求价格为消费者所能接受。

逆向定价法的特点是：价格能反映市场需求状况，利于与中间商建立良好的关系，使产品迅速向市场浸透，定价比较灵活，可根据市场供求状况及时调整产品价格。

三、竞争导向定价法

竞争导向定价法是指通过研究竞争对手的商品价格、生产条件、服务状况等，以竞争对手的价格为基础，来确定本企业产品的价格。这种定价方法的特点是：价格与商品成本和需求没有直接关系，商品成本或市场需求发生了变化，但竞争者的价格未变，企业就应该维持原价；反之，尽管成本和需求都没有变动，但竞争者的价格变动了，则本企业产品的价格也应进行相应的调整。竞争导向定价法主要有以下几种。

(一)随行就市定价法

在垄断竞争和完全竞争的市场中，任何一家企业都无法凭借自己的实力来完全控制市场，为了避免竞争特别是价格竞争带来的损失，大多数企业选择随行就市定价法，即将本企业产品的价格保持在市场平均水平上。

运用随行就市定价法，如何确定“行价”很重要。在实践中，确定“行价”有两种途径：一是在完全竞争的市场中，每个企业都无权决定市场价格，通过对市场的无数次摸索，而确定的一种大家都能接受的价格水平；二是在垄断竞争的市场中，由少数几个大企业首先定价，其他企业则参考定价。如国内瓶装饮用水的大多数零售价定为 2 元/瓶，袋装方便面的领头羊——统一和康师傅，纷纷将其袋装方便面定价为 2.5 元/袋。

(二)产品差别定价法

从根本上分析，随行就市定价法是为了避免竞争，是一种防御性的定价方法。而产品差别定价法是指通过企业的营销努力，使本企业产品在消费者心目中建立起与其他企业的同质产品不同的形象，从而确定高于(或低于)竞争者的价格。所以产品差别定价法是一种进攻性的定价方法。这种定价方法要求企业要具备较强的实力，企业形象好，消费者能将企业产品与企业本身联系起来。例如当国内主流瓶装饮用水纷纷将价格定在 2 元左右时，2013 年横空出世的恒大冰泉作为高端饮用水走进大众视野，定价在 5 元左右。

(三)投标定价法

投标定价法是指买方引导卖方通过竞争的方式取得最低商品价格。大宗商品、原材料、建筑工程、大型设备、政府的大宗采购等通常采用投标定价法。一般来说，招标方只有一个，投标方有多个，处于相互竞争的地位。投标递价(标的物的价格)由参与投标的各个企业独自确定，在其他情况相同的情况下，报价最低的投标者通常中标。企业的投标递价，主要以竞争者的可能递价为转移。递价低于竞争者，可能增加中标机会，但递价不能低于边际成本，否则难以保证合理的收益。

【案例 8-3】

康柏企业在 1992 年与个人电脑的竞争对手进行商战时采用的就是目标成本导向定价法。康柏的方法是：一个设计小组为新电脑制定规格。设计师与营销、制造、顾客服务、采购和其他部门的人坐在一起。营销部门提出价格目标，制造部门确定毛利目标，然后，设计小组确定成本的构成。算出成本目标后，设计小组对制造过程不断施加新影响，工程师必须用更少的零部件来制造产品。因此，他们必须与其他部门一起用逆工程的方法，使产品更便宜和生产更迅速。康柏企业用这种新定价系统制造的波罗娜个人电脑和康图拉网络电脑大获成功，它们使康柏企业的销售量猛增 64%，几乎使企业利润增加了一倍。

（资料来源：彭代武．市场营销．高等教育出版社，2004.）

第三节　产品定价策略

一、新产品定价策略

新产品的定价是营销策略中一个十分重要的问题。它关系到新产品能否顺利地进入目标市场，能否站稳脚跟，能否获得较大的经济效益。关于新产品定价在第七章产品策略中已做详细介绍，这里不再赘述。

二、心理定价策略

心理定价是指企业在定价时，利用消费者心理因素，有意识地将产品的价格定得高些或低些，以满足消费者心理的、物质的和精神等方面的需求，达到扩大市场销售、获得最大效益的目的。常用的心理定价策略有以下几种。

（一）声望定价

声望定价是指企业利用产品在消费者心目中的声望、信任度和社会地位来确定价格的一种定价策略。通常企业故意把产品价格定成整数或高价，以此来满足消费者的特殊欲望。但是，应用声望定价必须谨慎，要充分考虑市场竞争状况和消费者的价格接受水平，否则，过高的价格可能会因为顾客流失太多而从总体上影响企业的收益。

（二）尾数定价

尾数定价又称“奇数定价”或“非整数定价”，即利用消费者对数字认识的某种特殊心理制定尾数价格。如有的零售商常用 9 作为价格尾数，宁可定 99 元而不定 100 元。宁可定 0.99 元而不定 1.00 元。这是根据消费者的心理，尽可能在价格上不进位，可以在直观上给消费者一种便宜的感觉，从而提高消费者的购买欲望，促进产品销售。

使用尾数定价，可以使消费者产生三种心理效应，以达成促进产品销售的目的。

（1）便宜。如 99 元和 100 元虽仅相差 1 元，但前者给消费者的感觉是还不到 100 元，而100元却使人认为是100多元，所以前者给消费者感觉是价格偏低，容易接受。

(2)精确。尾数定价能使消费者认为企业定价认真，有尾数的价格是经过认真的成本核算，能使消费者产生对价格的信任感。

(3)吉利。近年来，国内市场上常用8作为价格尾数，因为8与“发”字谐音，定价时多用88、8.8、168、0.88等，在定价心理上，讨个发财吉利，希望共同致富。

(三)招徕定价

招徕定价是指利用部分消费者求廉的心理，特意将几种商品的价格定得较低以吸引顾客，在消费者挑选或购买廉价商品的同时，也带动其他正常价格商品的销售。比如美国有家“99美分商店”，不仅一般商品以99美分标价，甚至每天还以每台99美分的价格出售10台彩电，极大地刺激了消费者的购买欲望，商店每天门庭若市。还有的零售商利用节假日或换季时机举行“换季大减价”、“节日大酬宾”等活动，把部分商品降价出售，以吸引顾客。

(四)参照定价

当顾客选购商品时，头脑中有一个参照价格。参照价格可能是顾客已了解到的目前市场上这种产品的一般价格，也可能把以前的价格当作参照价格。企业在定价时可以利用和影响顾客心目中的参照价格。例如，在柜台陈列时有意识地将某件价格较高的产品放在附近，以表示这些产品都属于高档之列。营销者还可用其他方式影响顾客的参照价格，如告诉顾客这种产品的原价比现价要高得多，或启发顾客将本企业的价格同竞争者的价格比较等。

(五)习惯定价

有些商品的价格是长时间形成的价格，企业应当按照这种习惯价格定价，不要轻易地改变，以免顾客不适应，这就是习惯定价策略。

(六)声望定价

消费者一般都有爱面子的心理，企业便可以此为基础，将有声望的品牌定得明显比市场上同类商品的价格更高，即为声望定价。高昂的价格往往还能使顾客产生“一分价钱一分货”的心理，因此能有效地消除购买心理障碍，还能使顾客在购买昂贵产品时得到面子上的满足感。

三、折扣定价策略

折扣定价是指对价格作出一定的让步，直接或间接降低价格，扩大产品销量。常用的折扣定价策略有以下几种。

(一)现金折扣

现金折扣是指对在规定的时间内或提前付清账款者的一种价格折扣。如在西方国家，典型的付款期限折扣表示为“2/10，净30”，意思是：应在30天内付清货款，但如果在成交后10天内付款，照价给予2%的现金折扣。现金折扣的目的是鼓励顾客尽早付款，改善卖主的资金周转，减少财务风险。现金折扣一般要考虑好折扣比例、时间限制。

现金折扣等于降低价格，所以企业在运用这种手段时要考虑商品是否有足够的需求弹性，保证通过需求量的增加使企业获得足够的利润。

(二)数量折扣

数量折扣是指当买方购买商品达到一定数量时，卖方在原价的基础上给予买方一定减让的优待。数量折扣提供了一种诱发因素，促使顾客向特定的卖主购买，而不是向多个供应源购买。数量折扣包括累计数量折扣和一次性数量折扣两种形式。累计数量折扣是指顾客在一定时间内，购买商品若达到一定数量或金额，则按其总量给予一定折扣，其目的是鼓励顾客经常向本企业购买，成为企业的长期客户。一次性数量折扣是指顾客一次性购买某种产品达到一定数量或购买多种产品达到一定金额，则给予折扣优惠。能刺激顾客在短时间内大量购买本企业产品。

(三)功能折扣

功能折扣也称贸易折扣。由于中间商承担了本应由生产商承担的部分销售功能，如运输、储藏、广告等，因此生产商给予这些中间商一定的价格优待。功能折扣的比例，主要是要考虑中间商在分销渠道中的地位、对生产企业产品销量的重要性、购买批量、完成的促销功能、承担的风险、服务水平、履行的商业责任等。功能折扣的结果是形成购销差价和批零差价。

功能折扣的主要目的是鼓励中间商大批量订货、扩大销售，同时也是对中间商经营有关产品的成本和费用进行补偿，让中间商有一定的赢利。

(四)季节折扣

有些商品的生产是连续的，而其消费却具有明显的季节性。季节折扣是指企业为了保持均衡生产，加速资金周转，节省业务费用而鼓励买主在销售淡季购买的一种折扣形式。季节折扣策略可以减少季节差别对企业生产经营活动的不利影响，充分利用企业的设备、人力等资源，减轻企业的仓储压力，加速资金周转，调节淡旺季之间的销售不均衡。如啤酒生产商对在冬季进货的商业单位给予大幅度让利，羽绒服生产企业则为夏季购买其产品的企业提供折扣。

(五)回扣和津贴

回扣是间接折扣的一种形式，它是指购买者将商品的全部货款付清后，销售者再按一定比例将货款的一部分返还给购买者。津贴是企业为特殊目的，对特殊顾客以一定形式所给予的价格补贴或其他补贴。如当中间商为企业产品刊登地方性广告、设置样品显示窗等促销活动时，生产企业给予中间商一定数额的资助或补贴等。

四、差别定价策略

差别定价是指企业以两种或两种以上不反映成本比例差异的价格来销售一种产品或提供一种服务。当然，这种定价策略如果运用不当，可能被视作价格歧视而带来法律风险。常用的差别定价策略有以下几种。

(一)顾客差别定价

顾客差别定价是对同样的商品或服务，不同的顾客支付不同的价格。如博物馆对学生和老年人收取较低的门票价格；有些商家的商品对一般顾客与会员也采取不同的销售价格。往往顾客的差异决定了他们对产品价格的认可存在差异，也代表了不同程度的需求，如果巧妙地运用这种差异，则可以产生较好的营销效果。

(二)产品差别定价

产品差别定价就是产品式样定价，根据产品的式样不同，制定的价格也不同，这个价格对于它们各自的成本是不成比例的。如同一成本和质量的服装因款式的差异而使销售价格不同。

(三)位置差别定价

位置差别定价是根据不同位置或地点制定不同的价格，即使产品的成本完全相同。虽然不同位置的产品成本几乎无差别，但有时顾客对不同位置的产品存在不同的需求度，则可以定不同价格。如一个戏院按不同的座位收取不同的座位价格；同一头猪的肉，不同部位价格不同。

(四)时间差别定价

时间差别定价是不同日期，甚至不同钟点或时段，同一种产品的销售价格不同，这是服务业经常采用的定价策略。如长途电话工作日与周末、白天与夜间的话费标准不同，KTV 包房晚上的价格要高于白天时段的价格。

实行差别定价，必须具备一定的条件：一是市场必须能够细分，而且这些细分市场要显示不同的需求程度；二是商品不能由低价市场向高价市场流动；三是在高价的细分市场中，竞争者无法以低于本企业产品价格出售；四是差别定价不会引起顾客的反感和抵制。另外还需要注意，差别定价的形式不能违反法律或有关规定。

五、组合定价策略

当某种产品成为产品组合的一部分时，企业必须对定价的方法进行调整。在这种情况下，企业要寻找一组在整个产品组合方面能获得最大利润的共同价格。因为各种各样的产品在需求和成本之间有内在的相互关系并受到不同程度竞争的影响，所以定价比较困难。我们在产品组合定价中可区分出六种情况，即产品线定价法、特色定价法、互补产品定价法、两段定价法、副产品定价法、成组产品定价法。

(一)产品线定价法

企业的产品组合一般由几条产品线构成，同一产品线通常会生产相互关联的多个产品项目，企业在确定各个产品项目的价格时，要考虑到各个产品项目之间的成本差异及竞争对手的产品价格，同时还要考虑到他们之间的价格差额能够为顾客所理解。如男子服装店可以将男式西装的价格制定在三种价格水平上，即300元、500元、1000元。有了这三种价格“点”，顾客就会联想到这是低质量、中等质量和高质量的西装。即使三种价格都被适当调高了，男人通常仍会以他们更喜爱的价格点来选购套装。卖方的任务就是建立能向价格差异提供证据的认知质量差异。

(二)特色定价法

许多企业提供各种可选择的产品或具有特色的主要产品。汽车购买者能够选购电动窗户控制器、去雾装置和灯光调节器。然而，为这些选择制定价格是个棘手的问题。汽车企业必须考虑哪些品目要计入总价格、哪些品目是供选购的。许多年来，美国汽车企业的常规定价是为一辆降低档次去掉了附件的车型做广告，定价为10000美元，去吸引人们进入展览厅，而把大部分展厅用于展示13000美元以上、装备齐全的小汽车。这种经济型小汽车去掉了一些使人感到舒适和方便的附属物后，使许多购买者都拒绝购买它。

餐馆面临着同样的定价难题，餐馆的顾客可能在饭菜以外要些酒水。许多餐馆将酒水的价格定得较高，将食品的价格定得较低，以食品收入用于弥补餐馆的费用，而靠酒类商品获得利润。这就是服务员要力图说服顾客买酒喝的原因。另一些餐馆则会将酒类的价格定得较低而食品价格定得较高，以引来一大群爱喝酒的人。

(三)互补产品定价法

互补产品又称连带产品或补充产品，是指必须与主产品一同使用的产品。附带产品的例子有剃须刀和照相机的胶卷。主要产品的制造厂商常常将主产品的价格定得很低，因为他们把应赚的钱放在销售剃须刀和胶卷上。例如一把吉列锋速3的手动剃须刀售价仅为39元，而且还免费赠送一把原装刀片，而单独买一盒3只装的同型号刀片却要79元。然而，相关产品定价太高也有危险。例如卡特彼拉企业以高价销售零件和服务，在后期市场上获得高额利润。其设备利润为30%，而有时其零件利润竟高达200%，因此，那些仿制其零件的非法仿制者便应运而生，他们将这些假冒零件销售给那些在角落搞鬼的安装工。因此，卡特彼拉企业丧失了销售额。为了控制这种情况，卡特彼拉企业曾试图劝告设备的所有者，如果他们想要保证设备正常使用，只能使用被授权的分销商提供的零件和服务。但是，问题产生的根源显然是生产商在出产地将其后期市场的产品利润定得过高了。

(四)两段定价法

服务性企业常常收取固定费用，另加一笔可变的使用费。如电话用户每个月至少要付一笔钱，如果使用次数超过规定还要增收另一笔费用；游乐园先收入场券的费用，如果增加游玩项目，还要再收费。服务性企业面临着与相关产品定价相似的问题，即：基本服务收费多少？可变使用收费多少？固定费用应该较低，以便吸引顾客使用该服务项目，并通过可变使用费获取利润。

(五)副产品定价法

在生产加工食用肉类、石油产品和其他化学产品中，常常有副产品。如果这些副产品对某些顾客群具有价值，必须根据其价值定价。副产品的收入多，都将使企业更易于为其主要产品制定较低价格，以便在市场上增加竞争力。例如每斤橘子的定价就远低于由其副产品橘皮所制作的零食——陈皮。

(六)成组产品定价法

销售商常常将一组产品组合在一起，降价销售。如汽车生产商可将一整套任选品一揽子销售，售价比分别购买这些产品要低；剧场企业可出售季度预订票，票价可低于分别购买每一场演出的费用。由于顾客本来无意购买全部产品，在这个价格数上节约的金额必须相当可观，这就吸引了顾客购买。

【案例 8-4】

6月1日开始，腾旅e卡通年卡(武汉城市圈旅游e卡通年卡)又增加4个景区，其中包含宜家冰雪王国。升级后的腾旅e卡通年卡价格仍为200元。

腾旅e卡通年卡增加的4家景区均位于武汉市，分别是宜家冰雪王国、醉美西湖、姚家山、武汉花世界花呆萌乐园。其中在武汉宜家冰雪王国可以感受来自北欧的异国风情，体验因纽特人的生活，前去游玩的市民可提前备好御寒衣物。

加上原有的签约景区，持腾旅e卡通年卡的市民可全年不限次免费畅游57家景区。

(资料来源：张卓．武汉城市圈旅游年卡又添4景区200元可畅游57个景区．楚天金报，2017-5-28.)

第四节 产品价格调整

一、产品价格的主动调整

产品价格的主动调整是指企业出于自身的某种营销目的，结合市场及自身的状况，对产品的价格进行调整，加强企业的竞争能力，维护企业的利益。产品价格的主动调整又可分为降低价格和提高价格两种。

(一)降低价格

导致产品降价主要有以下几个方面的原因：

(1)企业的生产能力过剩。这种情况下企业需要增加产品销售，如果通过改进和加强促销等方法并不能达到目的时，降低价格就成为企业的一个重要选择。

(2)市场竞争激烈，企业的市场份额开始下降。在降低价格不会对原有顾客产生影响的前提下，企业可以通过降价的方式来维持或扩大市场份额。为了保证这一策略的成功，有时需要和产品改进策略相结合。

(3)企业的生产经营成本降低，费用减少。随着技术的进步和企业经营管理水平的提高，许多产品的单位产品成本和费用不断下降，使产品降价成为可能。

(4)排斥现有市场的边际生产者。对于某种产品来说，由于各个企业的生产条件，生产成本不同，最低价格也会有所差异。那些以目前价格销售仅能保本的企业，在别的企业主动降价后，会因为价格的被动降低而得不到利润，只好停止生产。

(5)政治、法律环境及经济形势的变化。政府为了实现物价总水平的下调，保护需求，鼓励消费，遏制垄断利润，往往会用强制手段迫使企业降低价格；在通货紧缩的经济形势下或在市场疲软、经济萧条时期，由于币值上升，价格总水平下降，企业的产品价格也应随之降低，以适应消费者的购买力水平。

另外，在季节性产品的销售旺季已过，或企业急需回笼大量资金时，企业也会主动降低产品的价格。

降低价格最简单的方式是直接将企业产品的价格目录或标价下调，但企业更多的是采用折扣、回扣、津贴或其他变相的降价形式。由于这些方式具有较强的灵活性，在市场环境变化的时候，即使取消也不会引起消费者太大的反感，同时又是一种促销策略，所以在现代经营活动中运用越来越广泛。

【案例 8-5】

进入 2017 年的前两个月，家用空调整体销售 2018. 1 万台，同比增长 39. 5%。其中，内销累计 960. 4 万台，同比大幅增长 86. 0%；出口累计 1057. 7 万台，同比增长 13. 6%。仅 2 月，家用空调整体销售 1026. 2 万台，同比大幅增长 71. 6%。而随着销售增长的同时，空调出售价格也有所回升。

“此次空调价格上涨是受到铜、钢铁、铝、塑料等原材料价格攀升的影响。”山东小鸭集团家电有限公司董事长周有志在接受《中国产经新闻》记者采访时说，原材料上涨也带动了包括空调在内的家电产品成本的攀升。根据生意社给《中国产经新闻》记者提供的检测数据显示，2016 年 12 月 30 日，国内三大有色交易市场的铜现货报价均价为 45030 元/吨，2017 年 2 月 14 日，全国铜现货报价均价为 49317. 5 元/吨，铜价涨幅达 9. 5%。其他原材料也分别出现了不小的涨幅，尤其是钢材价格今年最高日涨幅达 300 元/吨，累计涨幅已 200%以上。

在原材料上涨的“蝴蝶效应”下，空调厂商也都纷纷上调了价格。在 2017 年元旦前夕，美的空调就发布了涨价通知，据悉，一台空调价格上涨了 50~200 元。志高空调的涨价通知也明确 2016 年 12 月份每台空调价格上调 2%，2017 年 1 月份再上涨 2%。

（资料来源：周宇航．原材料价格上涨引爆空调市场．新浪财经．http://finance.sina.com.cn/roll/2017-03-27/doc-ifycstww1438337. shtml? cre = financepagepc&mod = f&loc = 3&r = 9&doct = 0&rfunc = 4.）

(二)提高价格

引起企业提高价格主要有以下几个方面的原因:

(1)产品成本增加。通常这是产品价格提高的主要原因。由于原材料价格上涨,或者是由于生产或管理费用的提高,造成产品成本增加,企业为了保证利润率不下降,便采取提价策略。

(2)产品供不应求。当产品需求旺盛而企业的生产规模又不能及时扩大时,企业可以通过提高价格来遏制需求,同时又可以取得高额利润。

(3)为了适应通货膨胀,减少企业的损失。由于通货膨胀、货币贬值,产品原先的价格相应就降低了,为了减少损失,企业只有提高产品价格,将通货膨胀的压力转嫁给中间商和消费者。

(4)产品进行了改进,质量和性能都相应有所提高,在这种情况下,企业也可能会相应地提高产品价格。

提高产品价格能够增加企业的利润率,但却会产生竞争力下降、消费者不满、经销商抱怨等不利影响。为了保证提价目的的顺利实现,企业应注意提价时机的选择,如产品进入了成长期并且在市场竞争中处于优势地位;季节性商品到了销售旺季;竞争对手产品提价等。另外在提价方式上,企业应尽可能采取间接提价,并通过各种渠道向顾客说明提价的原因,配之以产品策略和促销策略,并帮助顾客寻找节约途径,以减少顾客不满,维护企业形象,把提价的不利影响降到最低限度。

二、产品价格的竞争调整

产品价格的竞争性调整是指由于竞争对手先调整价格而迫使企业不得不随之调整价格,即价格的被动调整。竞争对手在进行价格调整之前,一般都要经过深思熟虑,仔细权衡调价的利害,但一旦实施了调价,过程会相当迅速。企业在这种情况贸然跟进或无动于衷都是不对的,正确的做法是迅速地对企业所处的市场环境进行研究并作出相应的反应。

(一)不同市场环境下的企业反应

在同质产品市场上,如果竞争者降价,企业必须随之降价,否则顾客就会购买竞争者的产品,而不购买该企业的产品;如果某一个企业提价,且提价会使整个行业有利,其他企业也会随之提价,但是如果某一个企业不随之提价,那么最先发动提价的企业和其他企业也不得不取消提价。

在异质产品市场上,企业对竞争者变价的反应有更多的选择余地。因为在这种市场上,顾客选择卖主时不仅考虑产品价格因素,而且还考虑产品的质量、服务、性能、外观、可靠性等多方面的因素。因而在这种产品市场上,顾客对于较小的价格差异并不在意。

面对竞争者的调价,企业必须认真调查研究如下问题:竞争对手为什么要调整价格?是为了夺取市场,还是生产成本发生了变化?竞争者调价是长期的还是短期的?竞争对手调价对本企业的销售量、市场占有率、利润等有何影响?其他企业会如何反应?企业有几种反应方案？根据本企业的反应方案，竞争者又会有何反应？企业是否有新的对策？等等。

（二）市场领导者的反应

在市场上，市场领导者往往遭到其他企业的进攻。这些企业的产品可与市场领导者的产品相媲美，它们往往通过进攻性的降价来争夺市场领导者的阵地。在这种情况下，市场领导者有以下几种策略可供选择：

（1）维持价格不变。因为市场领导者认为，如果降价就会减少利润收入；而维持价格不变，尽管对市场占有率有一定的影响，但以后还能恢复市场阵地。当然，在维持价格不变的同时，还要改进产品质量、提高服务水平、加强促销沟通等，运用非价格手段来反击竞争者。许多企业的市场营销实践证明，采取这种策略比降价和低利经营更合算。

（2）降价。市场领导者之所以采取这种策略，主要是因为：降价可以使销售量和产量增加，从而使成本费用下降；市场对价格很敏感，不降价就会使市场占有率下降；市场占有率下降之后，很难得以恢复。但是，企业降价以后，仍应尽力保持产品质量和服务水平。

（3）提价。在提高产品价格的同时，还要致力于提高产品的质量，或推出某些新品牌，以便与竞争对手争夺市场。

（三）企业应变需考虑的因素

受到竞争对手进攻的企业必须考虑：产品在其寿命周期中所处的阶段及其在企业产品投资组合中的重要程度；竞争者降价的目的及其资源情况；产品的价格需求弹性如何；企业成本费用随着产销量变化而变化情况。

当竞争对手的产品价格变化以后，企业不可能花很多时间来研究应采取的对策，事实上，竞争对手很可能花了大量的时间来准备调价，而企业又必须在数小时或几天内明确地作出正确的反映。所以，企业应事先预料竞争对手的可能价格变动，并预先准备适当的对策。企业应对竞争对手调价方案如图 8-1 所示。

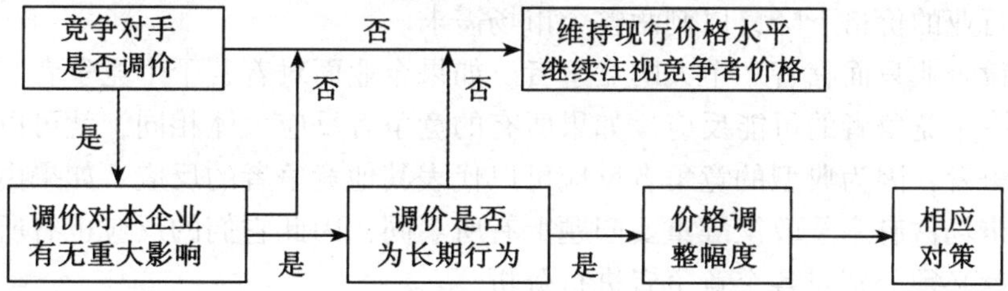

图 8-1　企业应对竞争对手调价方案

三、竞争者对企业变价的反应

企业在考虑改变价格时，不仅要考虑购买者的反应，而且还必须考虑竞争对手的反应。当某一行业中企业数目很少，提供同质的产品，购买者颇具辨别力与知识时，竞争者的反应就愈显重要。

（一）了解竞争者反应的主要途径

企业如何去估计竞争者的可能反应呢？假设企业只面临一家大的竞争者，竞争者的可能反应可从两个不同的出发点加以理解：其一是假设竞争者有一组适应价格变化的政策，其二是竞争者把每一次价格变动都当作单一挑战。每一假设在研究上均有不同的含义。

假设竞争者有一组价格反应政策，至少可以通过两种方法了解它们：通过内部资料和借助统计分析。取得内部情报的方法有好几种，有些是可接受的，有些则近乎刺探。有一种方法是从竞争者那里挖来经理，以获得竞争者决策程序及反应模式等重要情报。此外，还可以雇用竞争者以前的职员专门建立一个部门，其工作任务就是模仿竞争者的立场、观点、方法思考问题。类似的情报也可以由其他渠道如顾客、金融机构、供应商、代理商等获得。

（二）预测竞争者反应的主要假设

企业可以从以下两个方面来估计、预测竞争者对本企业的产品价格变动的可能反应：

（1）假设竞争对手采取老一套的办法来对付本企业的价格变动。在这种情况下，竞争对手的反应是能够预测的。

（2）假设竞争对手把每一次价格变动都看作新的挑战，并根据当时自己的利益作出相应的反应。在这种情况下，企业就必须断定当时竞争对手的利益是什么。企业必须调查研究竞争对手目前的财务状况，以及近来的销售和生产能力情况、顾客忠诚情况以及企业目标等。如果竞争者的企业目标是提高市场占有率，它就可能随着本企业的产品价格变动而调整价格。如果竞争者的企业目标是取得最大利润，它就会采取其他对策，如增加广告预算，加强广告促销或者提高产品质量等。总之，企业在实施价格变动时，必须善于利用企业内部和外部的信息来源，观测出竞争对手的思路，以便采取适当的对策。

实际问题是复杂的，因为竞争者对本企业降价可能有种种不同理解，如：竞争者可能认为企业想偷偷地侵占市场阵地；或者认为企业经营不善，力图扩大销售；还可能认为企业想使整个行业的价格下降，以刺激整个市场需求。

上面假设企业只面临着一个大的竞争者。如果企业面对着若干个竞争者，在变价时就必须估计每一个竞争者的可能反应。如果所有的竞争者反应大体相同，就可以集中力量分析典型的竞争者，因为典型的竞争者反应可以代表其他竞争者的反应。如果由于各个竞争者在规模、市场占有率及政策等重要问题上有所不同，因此它们的反应也有所不同，在这种情况下，就必须分别对各个竞争者进行分析。

【本章小结】

1. 虽然非价格因素在现在市场营销过程中的作用不断增强，但价格决策仍然是企业营销组合决策中一个极其重要的组成部分。任何一个企业在进行定价决策时都要明确其定价目标。企业定价时，应根据营销总目标、面临的市场环境、产品特点等多种因素来选择定价目标。企业可选择的定价目标有：利润目标、市场占有率目标、稳定价格目标及特殊生存目标。

2. 企业依据企业需要采取相应的产品定价目标，企业进行价格决策受到多种因素的影响，主要考虑的价格因素有：产品需求、产品成本、市场竞争状况和相应的国家价格政策等。

3. 企业为了实现其定价目标，还要采用适当有效的定价方法，采取相应的定价策略。产品的定价方法一般有：成本导向定价法、需求导向定价法等。产品的定价策略一般有：新产品定价策略、心理定价策略、折扣定价策略、差别定价策略和组合定价策略。

4. 市场竞争是瞬息万变的，企业运作也要紧跟市场变化进行，作为比较敏感的价格因素也要依据相关信息进行产品价格调整，采取相关价格调整策略已达到预期目的。

【重要概念】

需求价格弹性　需求交叉弹性　声望定价　招徕定价　尾数定价

【思考与练习】

1. 产品的定价目标有哪些？
2. 影响企业定价的因素有哪些？
3. 产品的定价方法有哪些？各有哪些特点？
4. 举例说明你认为比较重要的三种常用的产品定价方法。
5. 产品的定价策略有哪些？各适用于什么情况？
6. 举例说明你认为比较重要的三种常用的产品定价策略。
7. 企业在市场竞争中进行价格调整应考虑的因素有哪些？
8. 你觉得在市场竞争中，价格因素的重要性体现在哪些方法，举例说明。

【综合案例】

优步现在坚持使用动态定价策略，但是最近公司的机构研究专家之一杰夫·施耐德表示，该公司对开发依赖于技术而非价格来统筹车辆的系统很有兴趣。虽然这一技术目前难以实现，但是一旦实现，当地政府再也无需调控或者取缔动态价格机制以此削弱其影响。

峰时(动态)定价依赖于频繁的价格调整以使供需平衡。这一机制有时会被用于设置高速公路通行费(为保证交通顺畅，通行费因需求而上涨、下调)，或者用于调整电力市场上能源价格。可以理解，人们厌恶这种做法。这样的机制伤害了非经济学家的感情，每天或者每小时相同路程的花费却不同，而且当需求最紧急时也是一成不变。

但是，峰时价格也显示出它带来的好处，价格策略缓和了市场。当需求在某个地区急剧上涨，以及等待时长增加时，动态定价策略就发挥作用了，需要用车的客户会被告知费用是平时的几倍。当多个因素同时出现时，市场开始起作用。高费用会将车辆分配给那些愿意支付的客户即那些更有钱的客户；但是在某些情况下，对那些无法在高峰期等待或是没有好选择的用户也是同样适用的。对那些没有好选择的用户采取额外收费听起来像是乱要价，但是没有动态定价策略这些用户不太可能搭得到车，因为对于其他有需求坐车的人来说没有任何理由不坐车。至少在局部地区动态定价策略增加了供给。

优步最近的一项分析解释了峰时价格工作的机制。优步的经济研究部主管约翰逊·霍尔、数据研究员科里·肯德里克还有芝加哥大学的克里斯·诺斯克比较了纽约两个高需求的案例以说明峰时价格的作用机制。2015 年 3 月，爱莉安娜·格兰德在曼哈顿中央举办了一场演唱会，在这场门票销售一空的演唱会之后，峰时价格机制开始起作用。当演唱会接近尾声，仅几分钟内这个地区打开优步 App 的人数就是之前的四倍。优步的计算程序很快地启动了峰时价格机制，每辆车的平均等待时长只增长了少许，然而完成率——打的份额的完成度从没降到 100%以下。相比之下，2014 年新年除夕夜峰时价格机制崩溃了整整 26 分钟，致使纽约处于无峰时价格状态。每辆车的平均等待时长从两分钟涨到了八分钟，而完成率降到了 25%以下。

这个对比可能夸大了峰时价格机制的作用。即使没有程序的帮助，司机们也知道如何在一场盛事结束后自行往利益靠拢；格兰德的演唱会结束时，冲着生意比以往多，这个地区的司机也比以往更多。趁价格处于峰时来赚取更高利润的机会激发司机们对高需求作出预测并先下手为强。讽刺的是，优步的峰时价格机制的作用越好，公司对其需求却越少，因为司机会先下手为强，这样就会消除供需不平衡，而峰时价格机制只有在供需不平衡时才会起作用。

但是总会有一些似有若无的暗示表明优步希望继续采用这样的机制。施耐德就指出过精明的机器研究工具能够处理优步的数据堆并且能够预测出乘车需求大于供给的时间和地点。无需等待需求上涨也无需司机查看演唱会的日程。对如今的优步来说预测需求的能力是极有用的，因为司机可以知道哪些地方需求比较大。但是他们对于需求的反应可能没有对价格上涨的诱惑反应快。然而优步的最终目标是用自动驾驶来取代人类司机，这样的话公司便可以通过计算程序来操控，就不用受到金钱诱因的影响了。(然而公司还是有可以使利润最大化的激励机制，所以它还会保留峰时价格机制，即使这个机制会在技术的发展下变得多余，而且还会引起众怒。)

未来优步是否能保持网络交通巨头之一的地位，是否继续保留峰时价格机制，都部分取决于当地政府能否统筹交通系统。在那些出行者可以有替代出行方式的街道和城市，比如运作良好的公共交通系统和像优步这样的私营竞争者，它们对价格也更加的敏感。因此峰时价格并不会让优步(或者其司机)坐享其成。但是在那种公共交通不发达地区或者优步的竞争者很少的地方，将会是另一番景象。换句话说，峰时价格机制的可恨程度取决于当地政府。

(资料来源：10 分钟读懂 Uber 的动态定价策略改编．搜狐网．http://www.sohu.com/a/126339330_116235.)

讨论题：

请根据本章内容分析优步打车执行峰时定价的合理性。

第九章 渠道策略

【学习目标】

1. 了解分销渠道的概念、职能、作用和评价方法。
2. 熟悉分销渠道的流程，以及如何对渠道实施管理。
3. 掌握常见渠道的特点、运作模式。

【本章摘要】

分销渠道是促使产品或服务顺利地被使用或消费的一整套相互依存的组织。分销渠道执行的工作是把商品从生产者那里转移到消费者手中，它弥合了产品、服务的生产者(提供者)和其使用者之间的缺口。分销渠道是企业管理当局面临的最重要的决策之一，因为企业所选择的分销渠道不仅直接影响到产品销路的通畅，而且还会对其他营销决策产生影响。

第一节 分销渠道及其结构

一、分销渠道概论

(一)分销渠道的含义

分销渠道是指企业的商品和劳务从生产者向消费者转移时取得这种货物和劳务的所有权或帮助转移其所有权的所有企业和个人。这些营销中间机构中，有的(如批发商或零售商等)买进商品，取得商品的所有权，然后再将商品出售出去，它们被称为买卖中间商；有的(如经纪人、代理商等)则帮助生产者寻找顾客，有时也代表生产厂商同顾客进行谈判，但它们没有取得商品的所有权，这些被称为代理商；还有一些(如运输企业界、独立仓储、银行和广告代理商等)则支持分销活动，它们既不取得商品的所有权，也不参与买或卖的谈判，被叫作辅助机构。

(二)分销渠道的特点

(1)分销渠道主要是由参与商品流通过程的各种类型的机构组成的。通过这些机构网络，产品才能从生产者流向最终消费者或用户，实现其价值。

(2)分销渠道的起点是生产者，终点是通过生产消费和个人生活消费能实质上改变商品形态、使用价值和价值的最后消费者和用户。

(3)在商品从生产者流向最终消费者或用户的流通过程中，最少要经过一次商品所有权的转移。

(4)分销渠道并不是生产者和中间商之间相互联系的简单结合，而是企业之间为达到各自或共同目标而进行交易的复杂行为体系和过程。

(三)分销渠道的职能

(1)市场调研，即收集制订营销计划和进行交换所必需的信息。

(2)联系业务，洽谈生意，即为了实现商品所有权的转移，寻找可能的购买者并与之沟通。

(3)促进销售，即通过沟通，帮助企业促进产品的销售。

(4)编配分装，即想办法使生产者所供应的货物符合购买者的需要，包括制造、装配、包装等活动。

(5)实体储运，即从事商品的运输和储存等。

(6)融通资金，就是为补偿渠道工作的成本费用而对资金的取得与使用。

(7)转移风险，即通过分销渠道来转移企业在经营过程中的部分风险。

生产者将这些任务交给中间商来执行，比自己承担可节省很多费用亦能提高效率和效益，更好地满足目标市场的需要。但生产者同时也要保持一部分自销，以利于直接掌握市场动态。

(四)分销渠道流程的类型

分销渠道实质上是指实体原料及成品从制造商转移到最终顾客的过程。渠道成员的活动主要包括实体转移、所有权、促销、谈判、资金、风险、订货和付款等。成员的上述活动在运行中形成各种不同种类的流程，这些流程将组成渠道的各类组织机构贯穿起来。分销渠道主要由五种流程构成，即实体流程、所有权流程、付款流程、信息流程及促销流程。

1. 所有权流程

所有权流程是指货物所有权从一个市场营销机构到另一个市场营销机构的转移过程(见图 9-1)。

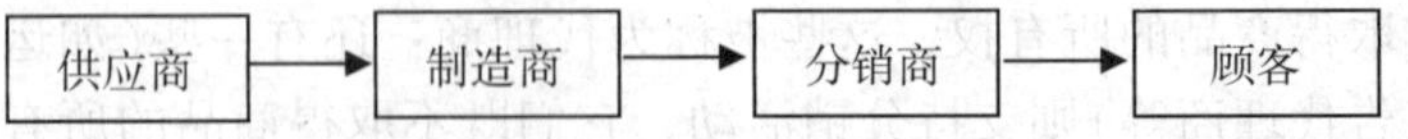

图 9-1　所有权流程图

2. 实物流程

实物流程指实体产品及劳务从制造商转移到最终消费者和用户的过程(见图 9-2)。例如汽车厂在汽车成品出厂后，必须根据代理商的订单交付产品至代理商，再运交顾客。若遇到大笔订单的情况，也可由仓库或工厂直接供应。在这一过程中，至少需用到一种以上的运输方式，如铁路、公路、水运等。

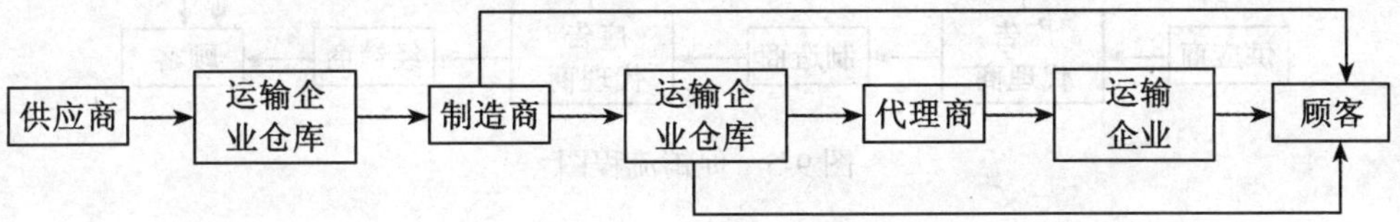

图 9-2　实物流程图

3. 付款流程

付款流程指在分销渠道各成员间伴随所有权转移所形成的资金交付流程。即顾客通过银行和其他金融机构将货款付给经销商，再由经销商转交给制造商(扣除佣金)，而制造商把货款支付给不同的供应商(见图 9-3)。

图 9-3　付款流程图

4. 信息流程

信息流程指在分销渠道中，各营销中间机构相互传递信息的过程。通常渠道中每一相邻的机构间会进行双向的信息交流，而互不相邻的机构间也会有各自的信息流程(见图 9-4)。

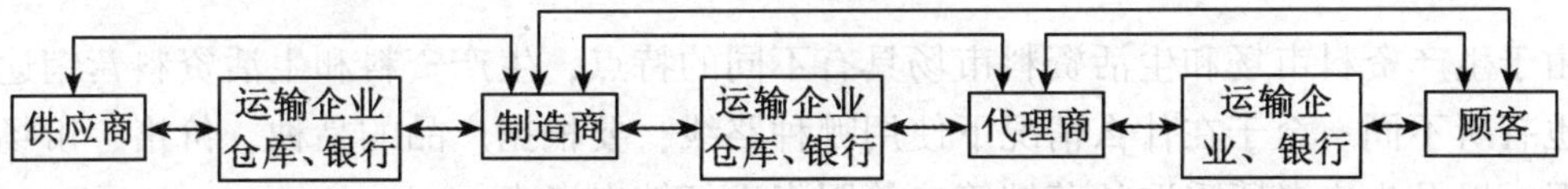

图 9-4　信息流程图

5. 促销流程

促销流程指广告、人员推销、宣传报道、公关等活动由一个渠道成员对另一个渠道成员施加影响的过程(见图 9-5)。促销流从制造商流向代理商称为贸易促销，直接流向最终顾客则称为最终使用者促销。所有的渠道成员都有对顾客促销的职责，既可以采用广告、公共关系和销售促进等针对大量顾客的促销方法，也可以采用人员推销这一针对个人的促销方法。

不同流程的流向也有很大区别，像实物流、所有权流、促销流在渠道中的流向是从生产者指向最终消费者或用户；付款流和信息流则是从消费者或用户指向制造商；而资金流、谈判流及风险流则是双向的，因为一旦不同成员之间达成交易，其谈判、风险承担及资金往来均是双向的。

(五)分销渠道的经济效果

通过中间商来销售商品意味着生产者放弃对于推销产品等方面的某些控制，那么，生

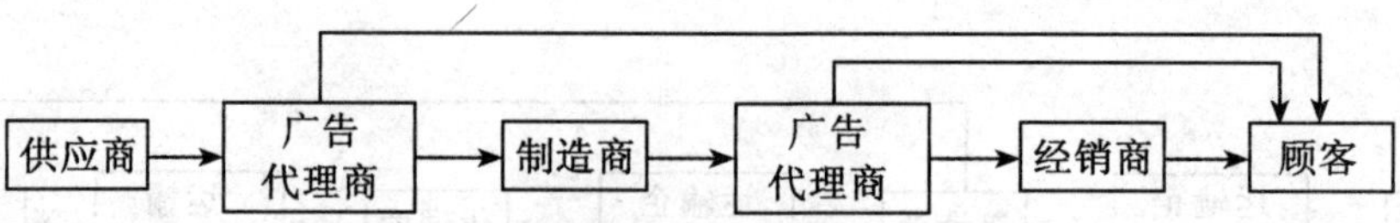

图 9-5　促销流程图

产者为何愿意把部分销售工作委托给中间机构呢？

(1)许多生产者缺乏进行直接营销的财力资源。例如，通用汽车公司在北美通过 8100 多个独立经销商出售它的汽车。要买下这些经销商的全部产权，即使是通用汽车公司也很难筹集到这批资金。

(2)在某些情况下，直接营销并不可行。例如，双汇火腿肠不可能在全国各地都建立火腿肠小零售店，或挨家挨户去出售。生产口香糖的企业也不可能在全国建立口香糖小零售店或挨家挨户出售口香糖，这些都是不现实的。

(3)有能力建立自己的销售渠道的生产者常能通过增加其主要业务的投资而获得更大的利益。如果一个企业在制造业上的投资报酬率是 20%，而零售业务的投资报酬率只有 10%，那么它就不会自己经营零售业务。

生产者利用中间商的目的就在于它们能够更加有效地推动商品进入目标市场。营销中间机构凭借自己的销售网络、经验、专业知识以及活动规模，将比生产企业自己干得更加出色。

二、分销渠道的模式

由于生产资料市场和生活资料市场具有不同的特点，生产资料和生活资料营销途径的结构也有所不同。至于在什么情况下使用哪种路线，要根据产品的品种、价格、市场、生产情况，以及生产者所采取的营销策略等因素进行综合考虑。

(一)生活资料分销渠道

生活资料分销渠道的结构，主要有五种形式，如图 9-6 所示。

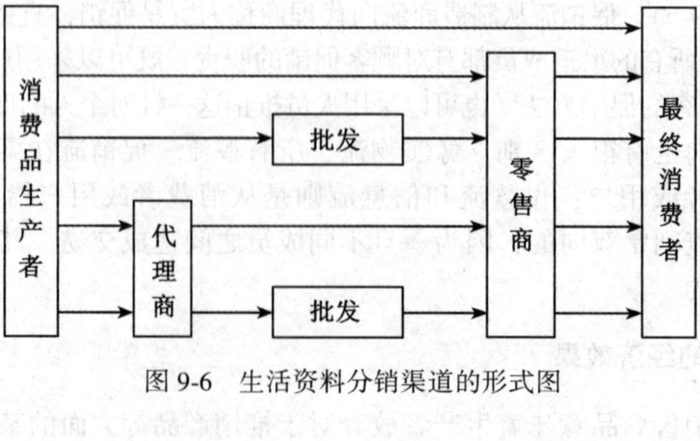

图 9-6　生活资料分销渠道的形式图

(二)生产资料分销渠道

生产资料分销渠道的结构，一般包括四种分销形式，如图 9-7 所示。

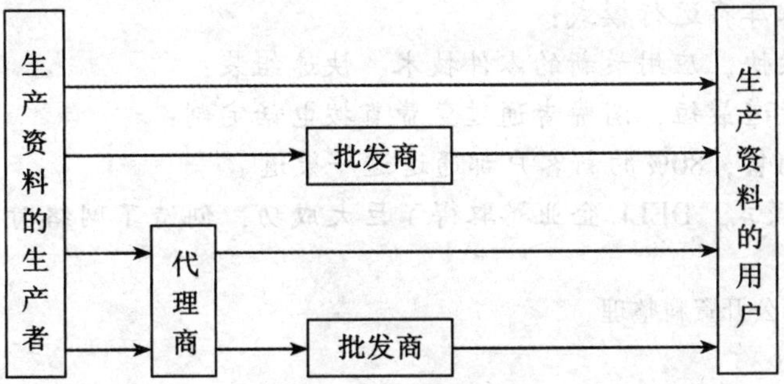

图 9-7 生产资料分销渠道的形式图

三、分销渠道的类型

按流通环节的多少，可将分销渠道分为直接渠道与间接渠道，间接渠道又分为短渠道与长渠道。

(一)直接渠道与间接渠道

直接渠道也称为零级渠道，指生产企业不通过中间商环节，直接将产品销售给消费者(见图 9-8)。直接营销的主要方式是上门推销、展示会、邮购、电子通信营销、电视直销和制造商自设商店等形式。直接渠道是工业品分销的主要类型，例如大型设备、专用工具及技术复杂需要提供专门服务的产品，都采用直接分销。有些消费品也采用直接分销类型，如鲜活商品等。

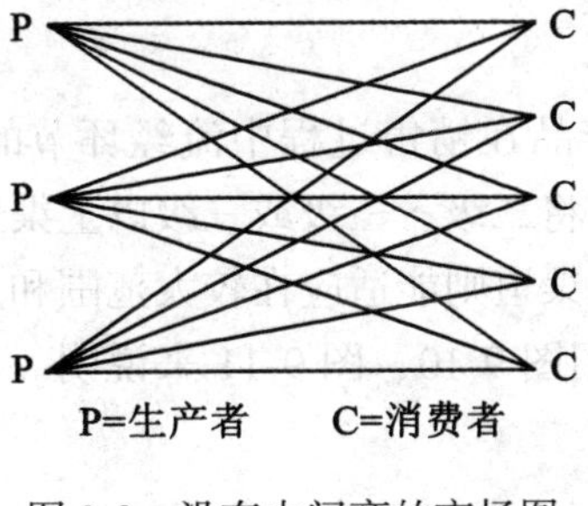

图 9-8 没有中间商的市场图

【案例 9-1】

尽管迈克·戴尔被誉为华尔街的赚钱机器，但他从来不被认为是一名技术先锋，其成功大半归结为给计算机业带来翻天覆地变化的“直销飓风”：越过零售商，将产品直接销售给终端用户。戴尔最爱说的一句话就是："两点之间，直线最短。"他认为：远离顾客无异于自取灭亡。

DELL 企业界为何能独领风骚？其经验可归纳为五点：

(1)为客户提供"量体裁衣"式服务；

(2)采用零库存运行模式；

(3)速度最快，应用最新的零件技术，快速组装；

(4)销售渠道最短，消费者通过免费直拨电话定制；

(5)网络销售，80%的新客户都通过这一渠道。

依靠直销模式，DELL 企业界取得了巨大成功，创造了网络时代一个让人心血沸腾的神话。

(资料来源：公开资料整理。)

间接渠道，指生产企业通过中间商环节把产品传送到消费者手中(见图 9-9)。间接分销渠道是两个层次(环节)以上的分销渠道。间接分销渠道是消费品营销途径的主要类型，大多数消费品从生产者流向最后消费者的过程中都是经过若干中间商转手的。有些生产资料(如单价较低的次要设备、零件、原材料等)也采用间接分销类型。

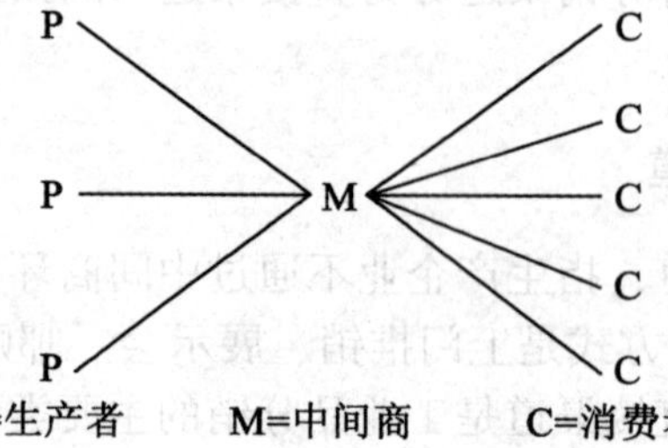

图 9-9 存在中间商的市场图

(二)长渠道与短渠道

分销渠道的长短一般是按产品在销售过程中流经环节的多少来划分的，一般将零级渠道、一级渠道定义为短渠道，而将二级、三级或三级以上渠道称为长渠道。短渠道较适合在小地区范围销售产品和服务；长渠道则能适应在较大范围和更多细分市场销售产品和服务。

分销渠道的长度结构可以用图 9-10、图 9-11 来说明。

(三)宽渠道与窄渠道

渠道宽窄取决于渠道的每个环节中使用同类中间商数目的多少。宽渠道是指在渠道的每一个层次中使用同种类型中间商的数目较多(见图 9-12)，如卷烟厂通过许多批发商、零售商将其生产的香烟推销到广大地区和广大消费者手中。窄渠道是指在渠道的每一个层次中使用同种类型中间商的数目较少(见图 9-13)，如摩托车生产企业只通过少数批发商或零售商推销其产品，或在某一地区只授权某一批发企业或零售企业经销其产品，这种分销渠道就比较窄。

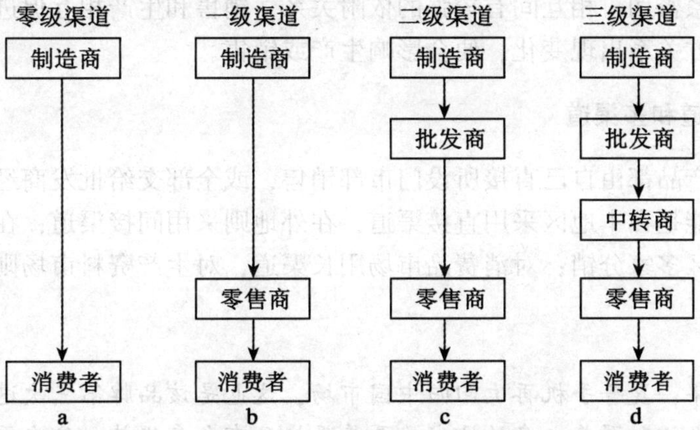

图 9-10　消费者市场营销渠道

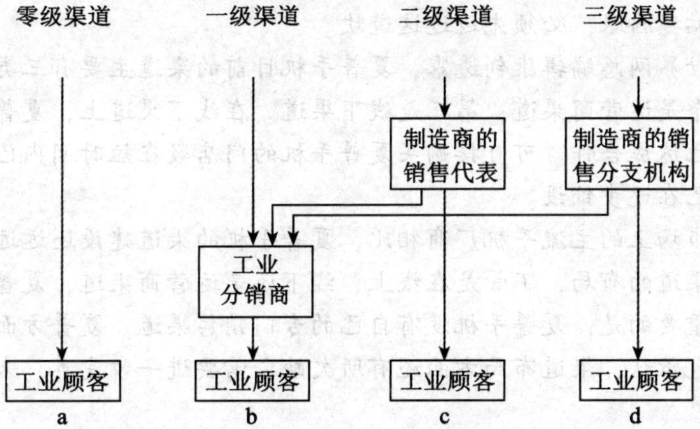

图 9-11　工业市场营销渠道

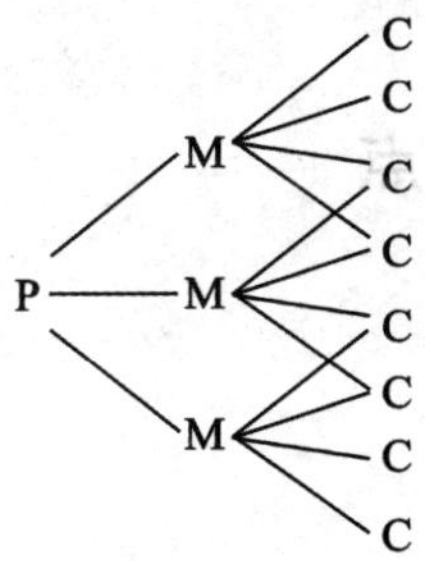

图 9-12　宽渠道系统

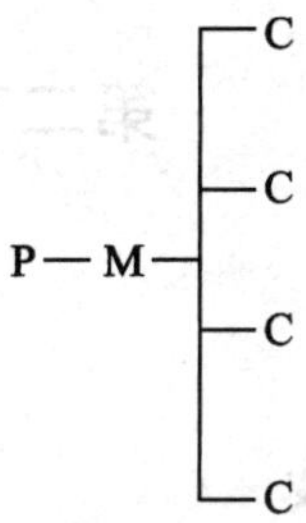

图 9-13　窄渠道系统

窄分销渠道由于中间商的数目较少，适用于销售技术性强、生产批量小的商品，生产企业只选择那些熟悉本企业产品技术性能的中间商经销自己的产品。其优点是生产企业和中间商之间的关系密切，相互间有较强的依附关系，销售和生产相互促进。不足之处是风险较大，一旦双方关系出现变化，便会影响生产或销售。

(四)单一渠道和多渠道

当企业全部产品都由自己直接所设门市部销售，或全部交给批发商经销，称为单一渠道。多渠道则可能是在本地区采用直接渠道，在外地则采用间接渠道；在有些地区独家经销，在另一些地区多家分销；对消费品市场用长渠道，对生产资料市场则采用短渠道等。

【案例 9-2】

时隔四年，夏普手机再次回归中国市场，这也是该品牌第三次进入中国市场。结合富士康的支撑和夏普本身的技术，夏普手机具有自身优势，但在渠道建设方面，该品牌目前仅在线上、线下做了较少的布局，与主流手机厂商之间的差距仍较大。业内人士指出，渠道上的缺失必将在一定程度上影响其产品的销售和推广，夏普手机想要在中国市场站稳脚跟，必须先迈过这道坎。

运营商世界网总编辑康钊透露，夏普手机目前的渠道主要有三类，第一个是线上渠道，第二个是运营商渠道，第三是线下渠道。在线下渠道上，夏普手机与迪信通和蜂云启迪等已达成合作。可直接购买夏普手机的门店数在短时间内已达近千家，其中夏普专柜也已在逐步铺设。

与现在市场上的主流手机厂商相比，夏普手机的渠道建设还远远不够，该品牌并没有形成全渠道的布局，不管是在线上、线下还是运营商渠道，夏普手机的铺货都比较有限，更重要的是，夏普手机没有自己的专门销售渠道。夏普方面在接受北京商报记者采访时也承认，渠道布局方面还有所欠缺，需要进一步完善，未来夏普将做全渠道手机。

(资料来源：夏普手机第三次进入中国市场业内：渠道存短板．网易财经．http://www.sohu.com/a/165647893_498761.)

第二节 分销渠道的结点

一、批发商

(一)批发商的含义

批发是指一切将物品或服务销售给为了转卖或商业用途而进行购买的人的活动。批发商处于商品流通起点和中间阶段，交易对象是生产企业和零售商，一方面它向生产企业收购商品，另一方面它又向零售商业批销商品，并且是按批发价格经营大宗商品。在分销渠道结构中，它扮演着重要角色，对企业改善经营管理及提高经济效益、满足市场需求、稳定市场具有重要作用。

(二)批发商的类型

批发商有许多种类，不同类型的批发商，其发挥功能的形式和程度也有一定的差别。依据批发商是否拥有商品所有权及其功能发挥程度，可将其分为商业批发商、居间经纪商和厂家的分销机构及销售办事处。

1. 商业批发商

商业批发商也称独立批发商。它们对其经营的商品有所有权，即买下所经销的商品，然后转售出去。商业批发商是批发商最主要的类型，依其发挥功能及专业化程度，商业批发商又可分为全套服务批发商和有限服务批发商。

(1)全套服务批发商。提供几乎所有的批发服务功能：持有存货，有固定销售人员，提供信贷、送货、协助管理等服务。

①综合批发商。经销的产品范围非常广泛，涉及不同行业互不关联的产品。通常面向人口分散的边远地区的零售商，提供日用百货、五金交电、文化用品、医疗保健用品、农业生产资料等商品的购销服务。

②专业批发商。其经销的产品是行业专业化的，完全属于某一行业大类。如五金批发商经销的商品，包括五金零售商需要的所有商品；杂货批发商经销各类罐头食品、谷类、茶叶、咖啡、香料、面粉、糖、清洁剂等，有些还供应冷冻食品、肉类、水果等，只要是一般杂货店所出售的商品，它们都组织供应。

③专用品批发商。以一定深度专门经销某条产品线上的产品(或部分产品)，如杂货业中的冷冻食品批发商，服装业中的纽扣批发商等。它们为客户提供选择更充分的花色品种、更快速的交货服务和更专门的产品信息。

(2)有限服务批发商。它们向其零售商和顾客提供较少服务。

①现金交易批发商。该批发商经销有限的周转快的产品，主要为小型零售商服务。一般不提供送货服务，顾客必须登门购货；无赊销功能，交易时钱货两讫；很少使用推销员去与客户接触，也不怎么做广告，因而销售费用较低。

②承销批发商。此类批发商通常经营木材、建材、煤炭、重型设备等体粗量重商品。它们并不持有存货，也不实际负责产品运输，仅负责接单，联系制造商，商定交货条件，取得这批货物的所有权，然后将订货单交给制造商，由制造商负责将货物直接发运给用户，而由承销批发商承担全部风险。由于承销批发商不持存货，仅组织厂家将产品直接运送给零售商或用户，所以可以减少产品的储运、编配和损耗成本。

③货运批发商。这是将销售与货运功能结合在一起的中间商类型。它们通常经营易腐易耗商品(如牛奶、面包和点心等一般批发商不愿经营的产品)，将这些商品装载于货车之上，送到超级市场、小杂货店、医院、餐馆、工厂自助餐厅等巡回销售，收取现金，有时也会采取赊销方式。

④邮购批发商。其一般经营方式是将产品目录寄给零售店、企业及机关团体客户，在接到邮寄或电话订单后，再通过邮寄、卡车或其他高效运输工具按订单要求交送订货。主

要经营的品种有：汽车用品、化妆品、专用食品和其他小品种商品等。

⑤生产者合作社。这主要是农民(农场)组建的负责组织农产品到当地市场销售的批发商。

⑥寄售批发商。一种专为杂货和药品零售商服务的中间商类型。主要经营零售商不愿订购的玩具、简装书、小五金、保健美容用品等物品。寄售批发商将这些商品运送到零售商店，并负责上架陈列，自行定价，不断更新陈列商品，待商品销售出去后才向零售商收款。

2. 居间经纪商

与商业批发商不同，居间经纪商对经营的商品没有所有权，而是为买卖双方提供交易服务，收取一定的佣金。

(1)制造商的代理。这种代理商为互不竞争的制造商销售类似产品，并从中获取佣金。他们扮演的角色类似企业销售人员，但却是独立的经销商，而且在销售之前就拥有一些顾客群；并可以在相对低廉的成本下增加经营的产品线。那些无力聘用外勤销售人员的小企业，以及希望开拓特定新市场的企业，或某些难以雇用专职销售人员的地区，常常可以通过制造商的代理进行销售工作，以节约费用，提高效率。

(2)经纪人。其主要作用是为买卖双方牵线搭桥，协助谈判。他们向雇主一方收取费用，不参与融资与承担风险。他们较多活跃在食品、不动产、保险和证券市场。

(3)委托商。其功能是在收到寄售品后，提供储存设备、为制造商(货主)寻找买主、议价、送货、提供信用和收款，并在扣除佣金之后将货款余额汇给寄售商。委托商在农产品销售市场最为普遍。随着大规模零售商店和连锁商店的发展，委托商的地位在逐渐下降。

(4)拍卖企业。其功能在于提供一个买卖双方可聚集并完成交易的场所。拍卖企业可拍卖的商品种类很多，如古董、名画、房屋等，成交价格由买卖双方自行决定，拍卖企业并不参与定价。

(5)销售代理商。销售代理商依据合同代理制造商的整个销售业务，并有权决定货物价格及销售方式，其扮演的角色俨然是制造商的销售经理。一般而言，制造商选择销售代理商，主要依据代理商的实力、商业信誉和其拥有的销售渠道网络。

(6)采购代理商。一种与购买方有长期关系，代其采购的代理商。他们消息灵通，可向客户提供有用的市场信息，并受托负责为客户收货、验货、储运，将货物运交买主。

3. 厂家的分销机构和销售办事处

它的两种形式分别为：销售分部和营业所、采购办事处。销售分部和营业所是制造商开设的。销售分部备有存货，常见于木材、汽车设备和配件等行业，营业所不存货，主要用于织物和小商品等行业。采购办事处的作用与采购经纪人和代理商的作用相似，但前者是卖方组织的组成部分。

(三)批发商的选择

(1)确定选择批发商的基本标准。选择批发商的标准与企业界设计的分销渠道结构和目标直接相关联，每个行业、每个企业都必须建立适合自己的批发商选择标准，以适应企业产品的市场需求变化。虽然每个行业的情况不同，但是在确定批发商的选择标准时，都会考虑以下影响因素。①批发商的财务、信用状况以及声誉。这是批发商能否成为正式渠道成员的决定因素。②批发商的销售能力，它决定了批发商的市场开拓能力和产品促销能力。③批发商经营的产品种类。企业一般比较偏好那些对供货商“专一”者或经营互补性和兼容性产品的批发商，从而不对自身产品构成竞争威胁。④批发商的市场覆盖面积和销售状况。⑤批发商的规模与管理能力。基本标准并不是固定不变的，在标准应用过程中，应根据不同的市场区域、所搜集的批发商的不同条件，对基本标准做相应的调整与修改，以便于选择更为合适的批发商。

(2)对照选择批发商的基本标准，寻找合适的批发商。企业可以通过多种途径实现对批发商的选择。首先，企业可以根据自己的销售人员在工作过程中接触到的批发商来作出选择。其次，可以通过公开出版物、商业组织或协会了解部分批发商的相关信息，也可以通过竞争对手的分销渠道了解部分批发商的有关信息。再次，公开招商也是选择批发商的主要途径之一。最后，企业也可以与其顾客直接沟通，进行正式或非正式的市场调查，充分了解顾客对它们所处地区内不同批发商的看法，然后对照选择标准选择顾客们比较信任的批发商。

(3)签订合作协议，使入选批发商最终成为正式渠道成员，确保渠道成员的稳定性。这种由制造商进行生产、由中间商进行市场销售的模式，最终能否互惠互利，在相当大的程度上由他们彼此间的合作关系来决定。但是制造商与批发商之间是双向选择关系，除非厂商自己真的信誉卓越、威信较高，否则不能期望那些各方面条件比较优越的批发商与其合作。因此，大多数制造商需要提供大量优惠条件，来吸引优秀的批发商加盟。

【案例 9-3】

2008 年中国乳企爆发最严重的食品安全事故——三聚氰胺事件，作为乳业的龙头老大，伊利本次也未能幸免。事件出来后，伊利要求各经销商及时回收市面上的有问题的奶制品，及时销毁。

由于伊利采用的是大经销商制，即网络渠道由经销商控制，伊利驻地人员极少，当时几个地方可能才一个业务员。这也就给了当时许昌市区经销商造假的机会。

采用多报、先行处理的原则，在本次事故中多报了一百多万元的费用。等到厂家下来追查时，所有问题奶已经处理完毕，死无对证。

由于当时伊利本身处于风口浪尖上，这件事伊利也只好吃个哑巴亏。没过多久，伊利便把许昌市区经销商换掉，找到了一个做纺织贸易的经销商负责。

（资料来源：一个年销售额 3~4 千万市场的经销商，为何选择跑路. http://www.sohu.com/a/129348408_468709.）

二、零售商

(一)零售与零售商

零售是指直接为最终消费者服务的贩卖行为。广义的零售包括一切向最终消费者直接销售商品和服务，以供应个人和组织及非商业性用途的活动。狭义的零售商是指将商品直接销售给最终消费者的中间商，处于商品流通的最终阶段。零售在流通中处于最后阶段。这个地位决定了零售商在整个分销渠道中扮演重要角色。零售商的基本任务是直接为最终消费者服务，它的职能包括购、销、调、存、加工、分包、传递信息、提供销售服务等。在地点、时间与服务方面，方便消费者购买，它又是联系生产企业、批发商与消费者的桥梁，在分销途径中具有重要作用。

(二)零售商的类型

零售商种类极为复杂，变化也快。从总的趋势上看，我国零售商类型正在向国际靠拢。随着零售经营的对外开放，许多国外行之有效的零售方式和机构，正与我国传统的零售类型融合起来，引起了从沿海到内地商业类型的急速变化。

1. 按经营商品范围划分

(1)专业商店，即专门经营一类商品或某一类商品中的某种商品，如盛锡福、亨达利等。其经营特点是品种、规格齐全。

(2)百货商店。它是指经营的商品类别多样，每一类别的商品品种齐全，经营部门是按商品的大类进行设立，是多个专业店集中在一个屋檐下。其经营特点是类别多、品种规格全，服务程度高。百货商店出现100多年来获得迅速发展，于20世纪中期达到顶峰。而后由于百货商店之间的激烈竞争，以及来自其他零售商的挑战，加上城市商业中心区交通拥挤等问题，发展速度明显放慢。目前，许多发达国家的百货商店，正在采取设立分店，改变经营方式和加强服务等措施，以求东山再起。而在发展中国家，百货商店仍在迅速发展。

(3)超级市场。这是一种经营规模大、成本低、毛利低、销售量大的自助式服务，为满足消费者对食品、洗衣和家庭常用产品的种种需求服务的零售组织。

(4)方便品商店。它主要是设在居民区附近的小型商店。它一般营业面积小，营业时间长，经营品种多为周转率高的方便品，因其方便顾客的特点，价格通常要高一些。

2. 按商品相对价格的重要性划分

(1)廉价商店，也称折扣商店，一种以较低价格销售标准商品的商店类型。这类商店通常设在租金低的地段，并能吸引较远的顾客；突出销售全国性品牌商品；销价比传统商店低，而商品质量并不低；多采用自动式售货，设备费用较低。近年来，受竞争影响，折扣商店与百货商店的差距日益缩小，其经营商品已从普通商品发展为专门商品，如折扣体育用品商店、折扣电子产品商店等。

(2)仓库商店，一种没有装饰、给顾客折扣优惠、服务项目少的商店类型。其特点是低价销售大量商品。仓库商店的形式极多，其中一种是家具展览仓库。商店在低租金地区建立大型销售展示仓库，展销各式家具。顾客可进场挑选，订货交款后，即可提货或要求商店送货。

(3)样品目录陈列室(产品陈列推销店)。这类商店采用产品目录推销和折扣销售各类品种繁多、加成高、周转快、有厂牌的商品。这些产品包括首饰、动力工具、提包、照相机等。这种商店散发彩印目录，增发季节性小型增补版，上面标有每一项商品的定价和折扣价。顾客可用电话订货，由商店送货上门，收取货款及运费，顾客也可来店验货自提商品。

3. 按是否连锁划分

连锁商店是指由一家大型商店控制的，许多家经营相同或相似业务的分店共同形成的商业销售网。其主要特征是：总店集中采购，分店联购分销。它出现在 19 世纪末到 20 世纪初的美国，到 1930 年，连锁商店的销售额已占全美销售总额的 30%，20 世纪 50 年代末 60 年代初以来，欧洲、日本也逐渐出现了连锁商店，并得到迅速发展，20 世纪 70 年代后全面普及，逐步演化为主要的一种商业零售企业的组织形式。连锁商店有三种类型：

(1)正规连锁店。正规连锁店，同属于某一个总部或总企业，统一经营，所有权、经营权、监督权三权集中，也称联号商店、企业连锁、直营连锁、总体式连锁店。连锁店较之独立商店具有价格优势，可以通过薄利多销方式获取更大利润。

(2)自愿连锁和零售店合作社。各店铺保留单个资本所有权的联合经营形式。自由连锁的最大特点是成员店铺是独立的，成员店经理是该店所有者。零售店合作社是由一群独立零售商店组成的一种集中采购与联合促销组织。

自由连锁总部的职能一般为：确定组织大规模销售计划；共同进货；联合开展广告等促销活动；业务指导、店堂装修、商品陈列；组织物流；教育培训；信息利用；资金融通；开发店铺；财务管理；劳保福利；帮助劳务管理等。

(3)特许连锁(franchiser chain)。也称合同连锁、契约连锁。它是由拥有特许权的特许人(制造商、批发商或服务机构)与接受特许权者(购买某种特许权而营业的独立商人)之间订立契约的关系所形成的组织。它由特许人把自己开发的商品、服务和营业系统(包括商标、商号等企业象征的使用，经营技术等)以营业合同的形式给规定区域的加盟店授予统销权和营业权。加盟店则须缴纳一定的营业权使用费、承担规定的义务。其特点是：经营商品时，受许人必须购买特许经营权；经营管理高度统一化、标准化。麦当劳连锁店一般要求特许经营店在开业后，每月按销售总额的 3%支付特许经营使用费。肯德基连锁店的这一比例一般在 5%左右。

4. 无店铺零售业

一种不设店堂的零售商类型。无店铺零售在近年来得到迅速发展。无店铺零售商主要有下列几类：

(1)直销市场营销。直销市场营销是经营者使用一种或多种广告媒体，以求在一定地区范围产生积极反应，达到交易目的的市场营销体系。顾客可用函电或电话订货，经营者组织送货或邮寄交货。目前，直复营销的形式主要有商品目录直销、邮寄直销、电话直销、电视直销、电脑购物、电子购货机等。

(2)直接销售。即直销企业用销售人员上门直接向顾客推销产品。其方法有挨家挨户、逐个办公室推销，家庭聚会、销售俱乐部推销等。

(3)自动售货。即使用硬币控制的机器自动销售商品。自动售货已被应用于许多商品上，包括嗜好性商品(如香烟)、冲动型购买品(如软饮料、糖果、报纸等)和其他产品(化妆品、点心、唱片、胶卷等)。自动售货机向顾客提供 24 小时售货、自动服务和无需搬运商品的便利条件，但其销售商品的价格稍高。

(4)购物服务企业。它是指一种为特定委托人服务的无店铺零售方式，这些委托人通常是一些大型组织(如学校、医院、工会和政府机关)的雇员。这些组织的成员就是购物服务组织的成员，有权向一组选定的零售商购买，这些零售商同意给予购物服务组织的成员一定的折扣。如一个顾客要一台录像机，可以到购物服务组织处拿一张表格，然后把它带到一家与该组织约定的零售商那里，就能买到一台给予折扣的录像机。零售商再付给购物服务组织一些小额费用，酬谢其提供的购物服务。

(三)零售商的选择标准

鉴于现代零售商类型繁杂，功能差异很大，经营绩效参差不齐，企业在渠道决策中对零售商的选择应持慎重态度。

(1)接近目标市场。生产企业尽可能选择那些经营网点的地理位置及其主要销售对象与企业目标市场的相接近的零售商。中间商的地理位置与需要本产品的顾客相接近，选购者就多，反之就少。生产企业要尽量选择在地理位置上居有利条件的中间商来经销商品，以扩大销售量。

(2)产品经营情况。分析零售商的产品组合状况、其经营的产品质量档次与价格竞争力、是否适合本企业产品进入其中销售等。另外，还要考虑零售商是否已经经营与本企业产品类似的竞争品、该竞争品对本产品的竞争力强度等。

(3)销售力量。零售商的人员素质及促销能力等是否与销售本企业产品销售目标相适应。

(4)财力与储运服务能力。其进货能力、按时支付货款能力、维持必要存货量及自提商品应有的运输能力，是否符合要求。

(5)售后服务能力。包括提供退换商品、提供必要的产品维修服务和反馈顾客意见信息能力。

(6)管理能力。包括管理人员才干、组织与计划管理工作、规章制度及业务统计分析等是否处于良好状态。

【案例 9-4】

国美电器成立于1987年，目前在京、津、沪、冀、川、渝等地拥有数十家连锁商城，几千名员工，全面经销国内外知名家电企业的产品，年销售额逾30亿元。2000年5月国家信息中心发布的北京市亿元级专营商场销售情况统计排名中，国美电器经销的空调、彩电、影碟机、摄像机中有71个品项零售量、销售额、销售量的占有率按商场排名均居第一。三联集团成立于1985年，其二级子公司三联家电总公司连续三年列全国重点大型商场前十名，其中电熨斗、电暖器、电饭锅、微波炉、电风扇、滚筒洗衣机、全自动洗衣机、抽油烟机等十五大类商品销量名列全国第一。目前三联集团已在山东省建立了80余家家电连锁店和100余家家电维修站，形成了全国最大的家电销售和维修网络。1999年以34.3亿元的销售业绩居全国连锁企业第三名；近期公布的中国零售百强排名中三联商社位列第七。除零售主业外，三联集团还涉足房地产、旅游、建材、网络等行业。

（资料来源：彭代武．市场营销．高等教育出版社，2004.）

第三节　分销渠道的管理

一、影响分销渠道设计的因素

(一)市场特性

市场特性包括：(1)目标市场的大小。如果目标市场范围大，分销渠道则较长；反之，则短一些。(2)目标顾客的集中程度。如果目标顾客分散，就宜采用长而宽的渠道；反之，则适宜采用短而窄的渠道。

(二)产品特性

1. 产品的理化性质

体积小、重量轻的产品，宜用较长、较宽的渠道；而体积大笨重的产品(如大型设备、矿产品)，应努力减少中间环节，尽量采用直接渠道。易损易腐的产品、危险品，应尽量避免多次转手、反复搬运，宜用较短渠道或专用渠道。

2. 产品单价

一般来说，价格昂贵的工业品、耐用消费品、享受品应减少流通环节，采用较短、较窄的渠道；单价较低的日用品、一般选购品，则可以采用较长、较宽的渠道。

3. 产品的时尚性

式样、花色多变，时尚性程度高的产品(如时装、家具、高档玩具)，多采用较短渠道；款式不易变化的产品，可用较长渠道。

4. 产品标准化程度

非标准化的产品，一般渠道较短、较窄，甚至由企业推销人员直接推销，原因是不易找到具有该类产品知识的中间商。标准化程度高、流通性强的产品，渠道较长、较宽。

5. 产品技术复杂程度

产品技术越复杂，用户对有关销售服务(如安装、调试)尤其是售后服务(如维修、使用技术培训指导等)的要求越高，其渠道设计应短而窄，甚至采用直接渠道。

(三)中间商特性

分销渠道设计，要考虑中间商的费用水平、服务能力和合作意愿。如费用较高，只能采用较短、较窄的渠道；如中间商能提供较多的高质量服务，可采用较长、较宽渠道；如中间商普遍愿意合作，企业可以根据需要选用。反之，亦然。

(四)竞争特性

通常，同类产品应与竞争者采取相同或相似的渠道销售；在竞争特别激烈时，竞争者所使用的分销渠道反倒成为生产者避免使用的渠道，这是为了寻求销售上的独到之处。

(五)企业自身特性

1. 企业的财力、信誉

财力雄厚、信誉良好的企业，有能力选择较固定的中间商经销产品，甚至建立自己控制的分销系统，或采取短渠道；财力薄弱的企业，较为依赖中间商，一般都采用"佣金制"的分销方法，并且尽力利用愿意并且能够吸收部分储存、运输以及融资等成本费用的中间商。

2. 渠道的管理能力

有较强的市场营销能力和丰富经验的企业，可以自行销售产品，采用短渠道或垂直渠道营销系统；反之，多采用较长渠道。

3. 企业控制渠道的愿望

有些企业愿意花费较高的渠道成本，建立能有效控制的短而窄的渠道或垂直渠道系统；有的企业因为成本高等因素不愿意控制渠道而采用较长且宽的渠道。

此外，企业产品组合的状况，会影响渠道设计的类型。产品组合的宽度越广，其分销渠道类型相对较多；产品组合的深度越大，则使用独家专售或选择性代理商更有利；产品组合的关联性越强，其渠道类型就越相近甚至相同。

(六)环境特性

当经济形势看好时，企业选择销售渠道的余地较大；当出现经济萧条、衰退时，市场需求下降，企业必须减少一些中间环节，采用较短渠道，以降低产品的最终售价。

二、分销渠道的设计

(一)确定渠道模式

企业在认真分析各种影响渠道设计因素的状况后，要解决的首要问题是：直接销售还是利用中间商推销产品，即确定渠道长、短类型。这主要依据渠道目标——企业预期要达到的目标市场服务水平及由此规定的销售职责、现有中间商的状况、营销成本约束，可参考同类产品生产者的经验，确定企业的分销渠道模式。

(二)确定中间商数目

当企业决定采用间接渠道模式后，接着就要确定渠道的宽度，即中间商的数目。这主要取决于产品本身的特点、目标市场(顾客)特点和企业的竞争战略。根据中间商数目的多少，可将分销渠道策略区分为以下几种。

1. 密集分销

密集分销即通过尽可能多的分销商销售其产品，使渠道尽可能加宽。这种策略的重心是扩大市场覆盖或快速进入一个新市场，使众多消费者能随时随地买到该产品。消费品中的便利品(如香烟、日用品、食品等)、工业品中的标准件及辅助用品(办公用品等)，适于采取这种分销形式，以提供购买上的最大便利。但这种策略也存在不足：由于中间商的经营能力、水平高低不同，生产者要花费较多精力和费用。

2. 独家分销

独家分销即在某一地区只选择一家中间商销售本企业产品，实行独家经营。独家分销是最极端的形式和最窄的分销渠道，这一策略的重心在于控制市场，控制货源，以便取得市场优势。通常产销双方要协商签订独家分销合同，规定经销方不得同时经营竞争者的品牌，生产方则承诺在该地区市场范围内只对该中间商独家供货。这种方式需要产销双方密切合作，适用于某些技术性强，具有品牌优势或有专门用户的产品。如青岛啤酒进入美国市场就运用了这种策略，作为独家经营的纽约布鲁克林公司做了大量的促销宣传，使其知名度大增，价格比当地同类产品还高出一倍，而且销路较好。

独家分销对于生产者的好处是可以控制中间商，提高它们的经营水平，加强对顾客的服务，也有利于树立产品形象，增加利润，还可排斥竞争者利用此渠道。但也存在一定风险，如果中间商经营不善或发生意外情况，生产者就要蒙受损失。这种形式对于中间商的好处是：可获得生产者对产品营销与广告活动的支持，销售独家产品线也可提高威望，独家品牌不会面临价格竞争，能取得比较稳定的收益；但中间商也将受到生产者一定程度的制约，且中间商在设备等方面要进行部分投资，一旦生产者失败或取消合同，中间商将蒙受较大损失。

3. 选择分销

选择分销即从所有适合经营本企业产品的中间商中精心挑选若干最合适的中间商销售其产品。这一策略的中心是维护本企业产品的良好信誉，建立稳固的市场竞争地位。消费品中的选购品、特殊品以及工业品中的某些零配件，最适合采用这种分销形式。它比独家分销面宽，有利于开拓市场，扩大销路，展开竞争；比密集分销面窄，既节省费用，又易于控制中间商，不必分散太多精力，有助于加强彼此间的了解和联系，密切产销关系。

(三)评估选择分销方案

分销渠道方案确定后，生产厂家就要根据各种备选方案，进行评价，找出最优的渠道路线。通常渠道评估的标准有三个：经济标准、可控标准和适应标准，其中最重要的是经济标准。

1. 经济标准

主要是比较每个方案可能达到的销售额及费用水平。(1)比较由本企业推销人员直接推销与使用销售代理商分销，看哪种方式销售额更高。(2)比较由本企业设立销售网点直接销售所花费用与使用销售代理商所花费用，看哪种方式支出的费用大。企业对上述情况进行权衡，从中选择最佳分销方式。

2. 可控标准

一般来说，采用中间商可控性小一些，企业直接销售可控性大；分销渠道长，可控性难度大；渠道短越容易控制，企业必须进行全面比较、权衡，选择最优方案。

3. 适应标准

如果生产企业同所选择的中间商的合约时间长，而在此期间，其他销售方式如直接邮购更有效，但生产企业不能随便解除合同，这样企业选择分销渠道便缺乏灵活性。因此，生产企业必须考虑选择策略的灵活性，不签订时间过长的合约，除非在经济或控制方面具有十分优越的条件。

三、分销渠道的管理

（一）选择渠道成员

为选定的渠道招募合适的中间商，这些中间商就成为企业产品分销渠道的成员。一般来说，那些知名度高、享有盛誉、产品利润大的生产者，可以毫不费力地选择到合适的中间商。而那些知名度较低，或其产品利润不大的生产者，则必须费尽心机才能找到合适的中间商。不管是容易还是困难，生产者必须严格标准，把握条件。其条件主要有：

（1）能否接近企业的目标市场。

（2）地理位置是否有利。零售商应处于顾客流量大的地段，批发商应有较好的交通及仓储条件。

（3）市场覆盖面有多大。

（4）中间商对产品的销售对象或使用对象是否熟悉。

（5）中间商经营的商品大类中，是否有相互促进的产品或竞争产品。

（6）资金大小，信誉高低，营业历史的长短及经验是否丰富。

（7）拥有的业务设施（如交通运输、仓储条件、样品陈列设备等）情况如何。

（8）从业人员的数量多少、素质的高低。

（9）销售能力和售后服务能力的强弱。

（10）管理能力和信息反馈能力的强弱。

（二）激励渠道成员

激励渠道成员，使其出色地完成销售任务。要激励渠道成员，必须先了解中间商的需要与愿望，同时要处理好与渠道成员的关系。

1. 合作

生产企业应当得到中间商的合作。为此，采用积极的激励手段，如在较高的利润交易中给予特殊照顾、给予促销津贴、放宽回款条件、给予补贴政策等。偶尔可采用消极的制裁办法，诸如扬言要减少利润、推迟交货、终止关系等，但这种方法的负面影响要加以重视。

2. 合伙

生产者与中间商在销售区域、产品供应、市场开发、财务要求、市场信息、技术指导、售后服务等方面彼此合作，按中间商遵守合同程度给予激励。

3. 经销规划

经销规划是最先进的方法。这是建立一个有计划的、实行专业化管理的垂直市场营销系统，把生产者与中间商的需要结合起来，生产者在企业营销部门内设一个分销规划部，同分销商共同规划营销目标、存货水平、场地及形象化管理计划、人员推销、广告及促销计划等。

总之，企业对中间商应当贯彻“利益均沾”的原则，尽力缓和矛盾，密切协作，共同搞好营销工作。对渠道成员的激励是协调、管理分销渠道，使之成为有效运作的重要一环。激励方式有很多，而且还在不断创新。

(三)评估渠道成员

对中间商的工作绩效要定期评估。评估标准一般包括：销售指标完成情况、平均存货水平、产品送达时间、服务水平、产品市场覆盖程度、对损耗品的处理情况、促销和培训计划的合作情况、货款返回情况、信息的反馈程度等。

一定时期内各中间商实现的销售额是一项重要的评估指标。生产者可将同类中间商的销售业绩分别列表排名，目的是促进落后者进步，领先者努力保持绩效。但是，由于中间商面临的环境有很大差异，各自规模、实力、商品经营结构和不同时期的重点不同，有时销售额列表排名评估往往不够客观。正确评估销售业绩，应在做上述横向比较的同时，辅之以另外两种比较：一是将中间商销售业绩与前期比较；二是根据每一中间商所处的市场环境及销售实力，分别定出其可能实现的销售定额，再将其销售实绩与定额进行比较。正确评估渠道成员的目的在于及时了解情况、发现问题，保证营销活动顺利而有效地进行。

(四)调整销售渠道

企业的分销渠道在经过一段时间的运作后，往往需要加以修改和调整。原因主要有消费者购买方式的变化、市场扩大或缩小、新的分销渠道出现、产品生命周期的更替等；另外，现有渠道结构通常不可能总在既定的成本下带来最高效的产出，随着渠道成本的递增，也需要对渠道结构加以调整。

1. 增减渠道成员

增减渠道成员即对现有销售渠道里的中间商进行增减变动。进行这种调整，企业要分析增加或减少某个中间商，会对产品分销、企业利润带来什么影响，影响的程度如何。如企业决定在某一目标市场增加一家批发商，不仅要考虑这么做会给企业带来的直接收益(销售量增加)，而且还要考虑到对其他中间商的需求、成本和情绪的影响等问题。

2. 增减销售渠道

当在同一渠道增减个别成员不解决问题时，企业可以考虑增减销售渠道。这么做需要对可能带来的直接、间接反映及效益做广泛地分析。有时候，撤销一条原有的效率不高的渠道比开辟一条新的渠道难度更大。

3. 变动分销系统

变动分销系统是对企业现有分销体系、制度作通盘调整，如变间接销售为直接销售。这类调整难度很大，因为它不是在原有渠道基础上的修补、完善，而是改变企业的整个分销政策。它会带来市场营销组合有关因素的一系列变动。

上述调整方法，第一种属于结构性调整，立足于增加或减少原有渠道的某些中间层次或具体的中间商；后两种属于功能性调整，立足于将工作在一条或多条渠道的成员重新分配。企业的现有分销渠道是否需要调整，调整到什么程度，取决于销售渠道的分销任务是否平衡。如果矛盾突出，就要通过调整解决问题，恢复平衡。

【案例 9-5】

海尔电器对于中间商的管理有一套自己严格的规定，比如对于选择中间商，主要考虑以下几个条件：(1)是否认可海尔品牌，服从管理；(2)经销商是否积极向上，有拼搏心；(3)经销商的个人能力、团队实力、财务状况，其中个人能力包括管理能力、业务能力、政府关系。

为了激励中间商积极合作，海尔有着诸多的激励措施，例如：为经销商提供促销方案，必要时提供人力支持；提供促销费用支持，一般是促销费用的一半；提供促销物资，如单页、条幅；特殊时段向促销员提供高额提成；销售返利，如达到1000万元，返点5%；向一个经销商提供专供产品等。

（资料来源：公开资料整理。）

【本章小结】

1. 分销渠道是指某种货物和劳务从生产者向消费者移动时取得这种货物和劳务的所有权或帮助转移其所有权的所有企业和个人。

2. 分销渠道有直接渠道、间接渠道、长渠道、短渠道、宽渠道、窄渠道之分。

3. 批发是指供转售、进一步加工或变化商业用途而销售商品的各种交易活动；批发商处于商品流通的起点和中间阶段，交易对象是生产企业和零售商；零售包括一切向最终消费者直接销售商品和服务，以供应个人和组织及非商业性用途的活动；零售商是指将商品直接销售给最终消费者的中间商，处于商品流通的最终阶段。

4. 企业需要综合考虑各种影响因素和限制条件来选择合适的分销渠道，并运用经济性、控制性、适应性等标准对分销渠道进行评价。企业在选择分销渠道后，要对中间商进行有效的培训和激励。

5. 渠道管理中的一个重要任务是对渠道进行有效的控制和对渠道冲突的管理。制造商的渠道控制内容主要包括：对产品和服务的控制、对价格的控制、对促销的控制、对分销过程和分销区域的控制。

【重要概念】

分销渠道　密集分销　独家分销

【思考与练习】

1. 分销渠道的含义和作用是什么？
2. 简析分销渠道的基本模式。
3. 分销渠道具有哪些特点？
4. 直接销售渠道与间接销售渠道的概念、方式、优缺点各是什么？
5. 批发商和零售商在商品流通领域中的作用各是什么？
6. 分析影响分销渠道选择的因素。
7. 如何有效地激励渠道成员？

8. 影响分销渠道选择的因素有哪些?

【综合案例】

十多年前超市刚刚面市时，以低价仓储的销售方式吸引了众多消费者，从而得以在零售商品市场迅速崛起。而如今，一瓶售价五元的辣酱到超市啥都没变，价格却至少高出一元，一袋盐也会比外面高出几角钱，如果买上几十样商品，那不得多掏十多元钱吗？这笔账还是让精打细算过日子的老百姓对大超市望而却步了。

按道理说，超市的商品采购量更大，进货价自然也会比小规模的便利店要低，可为什么零售价竟然会比外面的便利店高呢？笔者困惑之下请教了一些业内人士，才明白了其中的一些“猫腻”。原来，供货商并不是高价的得利者，推高超市零售价格的竟是名目繁多的各种费用，例如开户费、节庆费、新店开张费、老店装修费、新品费、条码费、合同续签费等十几种，其实就是换了名称的进场费。各个超市的进场费并非是区区小钱就可以搞定，怎么也得在千元以上，对一些知名品牌甚至要收取上万元的进场费。而且不只是在商品进场初始需要交费，就是后期，超市在给供货商结账时还会收取一定比例的返点。这些因素都直接导致供货商抬高了商品零售价格，否则就难以实现盈利。

就是进场费这个推高超市商品价格的“罪魁祸首”竟然是没有合法依据的，事实上，2006 年 10 月，国家五部委联合发布了《零售商供应商公平交易管理办法》，该办法规定，禁止零售商收取合同外的促销服务费；不得以签订或续签合同为由收费或变相收费；不得收取超过实际成本的条码费；在未提供促销服务时，不得以节庆、店庆、新店开业、重新开业、企业上市、合并等为由收取供应商促销服务费用等。但是直到现在，大超市的各种收费却是有增无减，把明处的费用放到暗处收，继续让进场费用大行其道。

（资料来源：超市商品不便宜全是“进场费”惹的祸．凤凰财经．http://finance.ifeng.com/a/20140506/12265307_0.shtml.）

讨论题：

1. 试分别站在超市和供应商的角度分析超市收取“进场费”是否合理?
2. 如果不收取“进场费”，超市经营会受到怎样的影响？有无应对措施?

第十章　促销策略

【学习目标】

1. 了解促销与促销组合基本理论。
2. 掌握常见促销工具的运用技巧。
3. 掌握将促销策略组合起来加以运用的方法。

【本章摘要】

从理论上来讲，只要产品适销对路、价格合理、销售渠道通畅，就不需要促销。然而在营销实践中，随着企业间竞争的加剧，促销活动必不可少，因为就算企业向消费者提供了优质的产品，制定出合理价格，建立了畅通的销售渠道，如果不进行促销，就无法与消费者进行有效沟通，获取消费者对本企业产品的好感和偏好，更不能有效开拓和占领市场。

第一节　促销与促销组合

一、促销的含义与作用

促销(promotion)是企业通过人员和非人员的方式，沟通企业与消费者之间的信息，引发、刺激消费者的消费欲望和兴趣，使其产生购买行为的活动。

促销活动的实质就是促进产品销售，是借传递商品或劳务的存在及其性能、特征等信息，帮助消费者认识产品(或劳务)能够给他们的利益，激发消费者的购买欲望，在企业营销活动中起着重要作用。

(一)传递信息，提供情报

整个营销过程是商流、物流和信息流的有机结合过程，而信息流是商流和物流的先导，促销的实质就是通过传递信息，一方面将企业商品或劳务的性能、特点、用途以及服务等信息传向消费者，以此诱导消费者对产品或劳务产生欲望并采取购买行为；另一方面及时了解消费者反馈的有关产品价格、质量和服务的信息，密切生产、销售和消费者之间的关系，加强分销渠道各环节间的协作，加速商品流通。

(二)诱导需求，扩大销售

促销的落脚点就是诱导需求，突出产品特点的信息，甚至可以创造需求，延长产品的市场寿命等，最终激发消费者的需求欲望，变潜在需求为现实需求，从而扩大产品的销售。

(三)突出特点，强化优势

当市场竞争激烈时，企业可以通过促销宣传，突出产品的特点，使消费者了解本企业产品在哪些方面优于同类产品，认识到购买本企业产品所带来的利益较大，从而促使消费者偏爱本企业的产品，加强企业在市场竞争中的优势。

(四)提高声誉，稳定销售

企业的形象和声誉是企业的无形资产，稳定市场地位，影响产品销售。促销努力可以提高企业声誉，美化企业形象，培养企业品牌的忠诚消费者，进而稳定企业的市场占有率，达到稳定销售的目的。

二、确立有效的沟通系统

(一)营销信息的沟通

企业产品的成功销售关键在于沟通生产者与购买者之间的信息。促销的任务就是将产品与服务的信息传递给不同消费者，促进产品的销售，因此销售的实质是买卖双方之间的信息沟通。

一般而言，营销信息的传递模式由 9 个要素构成，如图 10-1 所示。其中包括：发送者和接收者(主要参与者)，信息和媒体(主要工具)，译出、译进、反应和反馈(主要职能)，最后一个要素表示系统中的噪声。

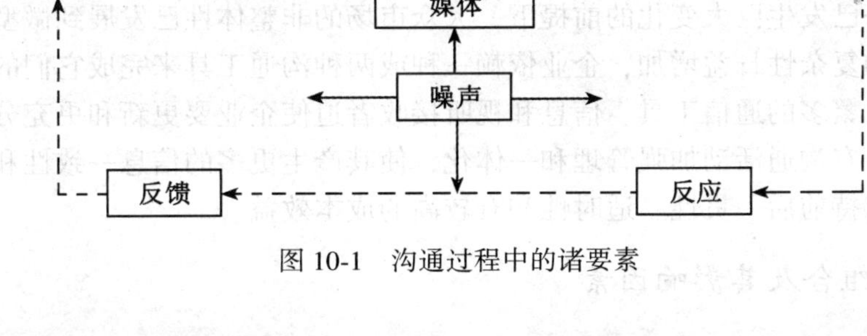

图 10-1　沟通过程中的诸要素

(二)信息沟通的确定

1. 确定目标接收者

营销信息的传播者必须一开始就要在心中有明确的目标视听接收者，他可能是企业产品的潜在购买者、目前使用者、决策者或影响者，也可能是个人、小组、特殊公众或一般公众。

2. 决定传播目标

目标视听接收者一般要经历认知、感情和行为反应过程，最终的反应是购买，营销信息传播者必须确定寻求什么样的反应，并知道如何把目标视听接收者从目前的位置推向更高的准备购买阶段。

3. 设计传播信息

确定信息需要从信息内容、信息结构、信息格式和信息源四个方面进行合理设计，以使信息能引起注意，提起兴趣，唤起欲望，导致行动(AIDA 模式)。

4. 选择传播渠道

信息传播者必须选择有效的信息沟通渠道来传递信息。信息沟通渠道有两大类：人员的信息沟通渠道包括两个或多人相互之间直接进行信息沟通；非人员信息沟通渠道就是传递信息无需人员接触或信息反馈的媒介。它们包括大众性的和有选择的媒体、气氛和事件。

5. 编制促销预算

百货业巨头约翰·沃纳梅克说："我认为我的广告费的一半是浪费的，但我不知道是哪一半。"这充分说明企业面临的最困难的营销决策之一是在促销方面应投入多少费用才合理。

6. 决定促销组合

促销有商业广告、销售促进、直接营销、公共关系和人员推销等五种通常促销工具，也可以说有"推"的策略和"拉"的策略，而且这些促销工具之间具有可替代性。为了更好协调各营销部门中的营销职能，市场营销者必须对促销工具进行有效的选择和组合。

7. 衡量促销成果

促销计划贯彻执行后，信息传播者必须衡量它对目标视听接收者的影响，掌握和了解市场上有多少人知道和试用此产品，以及在此过程中的满意情况。信息沟通方案需要加强发挥对品牌的满意程度。

8. 营销沟通一体化的组织和管理

在市场经济已发生巨大变化的前提下，大众市场的非整体性已发展到微型市场的多元化趋势，顾客的复杂性日益增加，企业依赖一种或两种沟通工具来完成它们的沟通目标已不合时宜，名目繁多的通信工具、信息和视听接收者迫使企业要更新和更充分地利用沟通工具。必须对所有沟通活动加强管理和一体化，使其产生更多的信息一致性和巨大的销售影响，并使其保持前后一贯性、适时性和有较高的成本效益。

三、促销组合及其影响因素

(一)促销组合

促销组合就是企业根据产品的特点和营销目标，综合各种影响因素，对各种促销方式的选择、编配和运用。具体而言，促销组合是指企业根据促销的需要，对广告、销售促进、宣传与人员推销等各种促销方式的适当选择和综合编配。促销组合是促销策略的前提，在促销组合的基础上，才能制定相应的促销策略。

促销策略从总的指导思想上可分为推式策略和拉式策略两类。推式策略是企业运用人员推销的方式，把产品推向市场，即从生产企业推向中间商，再由中间商推给消费者，故也称人员推销策略。拉式策略也称非人员推销策略，是指企业运用非人员推销方式把顾客拉过来，使其对本企业的产品产生需求，以扩大销售。

(二)确定促销组合需考虑的因素

1. 促销目标

在企业营销的不同阶段和为适应市场营销活动的不断变化，会有不同的促销目标。相同的促销工具在实现不同的促销目标上，其成本效益会有所不同。在促进购买者对企业及其产品的了解方面，广告的成本效益最高，人员推销居其次。但购买者对企业及其产品的信任，在很大程度上受人员推销的影响，其次才是广告。因此，进行促销组合策略的制定时，要符合企业的促销目标，根据不同的促销目标，采用不同的促销组合策略。

2. 产品因素

一是产品的类型。从西方国家市场营销发展史看，消费品与产业用品的促销组合是有区别的。广告一直是消费品市场营销的主要促销工具，而人员推销则是产业用品市场营销的主要促销工具。销售促进在这两类市场上具有同等重要的作用。不同类型的产品，其购买目的就不相同，针对不同的类型的产品必须采用不同的促销组合策略。二是产品的市场寿命周期。在市场寿命周期各阶段要相应选择不同促销工具进行组合，采用不同的促销策略。

【案例 10-1】

美国的高露洁牙膏在进入日本这样一个大的目标市场时，并没有贸然全面出击，而是先在离日本本土最近的琉球群岛上开展了一连串的广告公关活动。通过赠送样品，使琉球群岛上的每一个家庭都享有免费的牙膏。居民们不论喜欢与否，每天早上总是使用高露洁牙膏。当地的报纸、电视把它当作新闻宣传，甚至连日本本土的报纸、月刊也大加报道。于是，高露洁公司以琉球作为桥头堡，使得全日本的人都知道了高露洁，起到了十分明显的以点到面的广告效果。

(资料来源：赖丹声，高目，文洁．高露洁在日本岛上的促销．财经界，2006(8).)

3. 市场性质

为了提高传递的效率，必须对目标市场进行区别，针对市场性质不同，促销组合与促销策略也有所不同。应从市场的地理范围、市场的不同类型、市场上潜在顾客的数量和有无竞争者等因素出发，制定出合适的促销组合和促销策略，并要有针对性地不断改变企业的促销组合及促销策略。

4. 促销预算

费用是企业经营十分关心的问题，并且企业能够用于促销活动的费用总是有限的。因此，在满足促销目标的前提下，要做到效果好而费用省，企业确定的促销预算额应该是企业有能力负担的，并且是能够适应竞争需要的。为了避免盲目性，在确定促销预算额时，除了考虑营业额的多少外，还应考虑到企业财务本身、促销目标的要求、产品特性、促销方式、竞争者的促销支出及产品市场寿命周期等其他影响促销的因素。

【资料10-1】

常用的预算方法

（1）量入为出法（affordable method）。许多企业在估量了其能力后来决定企业的促销预算，即按企业财务部门今年能提供多少经费开展促销。这种方式根据促销经费来，钱多就多搞，钱少就少搞，没钱就不搞。这种安排预算的方法完全忽视促销对销售量的影响。它导致年度促销预算的不确定性，给制订长期市场计划带来困难。

（2）销售百分比法（percentage of sales method）。许多企业以一个特定的销售量或销售价（现行的或预测的）百分比来安排它们的促销费用。例如汽车制造企业以计划的汽车价格为基础，典型地按固定的百分比决定预算。石油企业按用它们的品牌标记出售的每加仑汽油的百分比中的一部分作为促销费用。首先，这种方法意味着促销费用可以因企业能承担的能力差异而变动。其次，这种方法以促销成本、销售价格和单位利润的关系为先决条件进行思考。最后，这种方法鼓励竞争的稳定性，使竞争的企业在促销方面的花费按销售百分比来决定大致相近的费用。

（3）竞争对等法（competitive parity method）。有些企业是依竞争对手的促销预算来确定自己的促销预算。它们认为，一方面，竞争对手促销支出的标准代表整个产业智慧的结晶；另一方面，与竞争对手维持对等的预算不会引起促销战。

这种方法使用的关键是要选择好竞争对手，并尽可能收集可靠信息，令人相信竞争对手的做法较好，由于不同企业间的信誉、资源、机会与目标互不相同，所以企业在确定促销预算时选择竞争对手要特别慎重。

（4）目标与任务法（objective and task method）。此方法要求经营人员明确自己的特定的目标，确定达到这一目标必须完成的任务以及估算完成这些任务所需要的费用，来决定促销预算。这些费用的总数就是所提出的促销预算。

【案例10-2】

“6·18”“双十一”……电商造节，已经见多不怪了，且传统商业的每次过“节”，无非就是商家促销，“剁手党”买买买。

在层出不穷的“造节”运动下，以“支付方式”为卖点的节日还是首个，微信支付打造的“无现金日”显得独树一帜。2015年的8月8日，微信支付首届“无现金日”在全国30多个城市的8万余家线下商户的支持下拉开帷幕，有别于传统造节活动中简单粗暴的优惠折扣，微信支付则是从生活理念出发强调“埋单”这个简单的动作也可以更时尚、环保，将产品功能和主流的生活方式、环保理念结合，号召大家告别现金，使用移动支付、刷卡在内的节能低碳的支付方式。

8月8日当天，用户可在活动门店使用“无现金日体验金”，切身将低碳环保的理念转换为实际行动；同时，当天使用微信支付消费的用户都会收到一张“无现金日纪念卡”，插入微信卡包中永久保存，给用户贴上“低碳达人”的标签。这种将产品推广与用户身份认同紧密绑定的行销方式，不但获取了用户，还延续了微信一贯讲究的情怀，无疑，瞬间将这个节日在众多商业节日中高阶起来。

而随后的一系列如韩庚、李宇春、蔡康永、罗永浩、柳青等名人现身说法的集体号召，又为活动注入极强的名人背书，将整个活动的影响力推向了高潮。

线上圈群认同加上线下参与，这一简单的串联，使得每年的“8·8”成为微信支付与用户的约会“暗号”，想必微信支付也会持续将“无现金日”打造成未来用户持续参与的生活纪念日。

（资料来源：无现金日：造节见多不怪，不如玩出态度. http://socialbeta.com/t/98163.）

第二节　人员推销

一、人员推销及其特点

人员推销（personal selling）又称派员推销和直接推销，是指企业运用推销人员直接向顾客推销商品和劳务的一种促销活动。在人员推销活动中，推销人员、推销对象和推销品是三个基本要素。其中前两者是推销活动的主体，后者是推销活动的客体。通过推销人员与推销对象之间的接触、洽谈，将推销品推给推销对象，从而达成交易，实现既销售商品，又满足顾客需求的目的。

人员推销是一种传统的促销方式，也是现代企业经常运用的最重要的促销手段之一，它具有与其他促销形式不同的特点。

（一）推销目的的双重性

一是指激发需求与市场调研相结合，通过推销商品诱导顾客消费，并在推销的同时了解消费需求、市场信息等，提高决策水平。二是指推销商品与提供服务相结合。推销人员与顾客直接接触，向顾客提供各种服务，帮助顾客解决实际问题，满足顾客需求。双重目的相互联系、相辅相成。推销人员只有做好顾客的参谋，满足顾客需求，才有利于诱发顾客的购买欲望，促成购买，使商品推销效果达到最大化。

（二）信息传递的双向性

人员推销作为一种信息传递形式，具有双向性。在人员推销过程中，一方面，推销人员通过向顾客宣传介绍推销品的有关信息，如产品的质量、功能、使用、安装、维修、技术服务、价格以及同类产品竞争者的有关情况等，以此来达到招徕顾客、促进产品销售的目的。另一方面，推销人员通过与顾客接触，能及时了解顾客对本企业产品或推销品的评价；通过观察和有意识的调查研究，及时反馈市场销售信息，为企业制定合理的营销策略提供依据。

(三)友谊协作的长期性

销售人员既代表着企业利益，同时也代表着顾客利益，他们都知道，满足顾客需要是保证销售达成的关键。人员推销过程中，不仅有利于销售人员根据顾客的态度及时发现问题，进行解释和协调，抓住有利时机促成顾客的购买行为，同时，推销人员与顾客直接见面，长期接触，可以促使买卖双方建立友谊，密切企业与顾客之间的关系，易于使顾客对企业产品产生偏爱，从而建立长期友谊协作关系，稳定产品销售。

(四)直接洽谈的灵活性

由于推销人员在访问推销过程中可以亲眼观察到顾客对推销陈述和推销方法的反应，进而根据不同顾客的特点和反应，有针对性地调整自己的工作思路与方法，迎合顾客的观念，诱导顾客购买；同时，还可以及时发现、答复和解决顾客提出的问题，消除顾客的疑虑和不满情绪。

(五)商品销售的感知性

对于专业性很强，也很复杂的商品，如工业品等，仅靠一般的广告宣传无法促使潜在顾客购买，企业只有派出训练有素的推销员为顾客展示、操作商品，并解答其疑难问题，才能达成销售。所以，人员推销经常用于竞争激烈的场合，也适用于推销那些价格昂贵和性能复杂的商品。

人员推销也有其弱点：一是支出较大，成本较高。由于每个推销人员直接接触的顾客有限，销售面窄，特别是在市场范围较大的情况下，人员推销的开支较多，这就增大了产品销售成本，一定程度地减弱了产品的竞争力。二是对推销人员的要求较高。要求推销人员必须熟悉新产品的特点、功能、使用、保养和维修等知识与技术。并且，随着科学技术的发展，新产品层出不穷，对推销人员的素质要求越来越高。要培养和选择出理想的胜任其职的推销人员比较困难，而且耗费也大。

二、人员推销的设计

推销人员是企业与顾客之间独特的纽带。对许多顾客来说销售代表是企业的象征；反过来，销售代表又从客户那里给企业带回许多有关客户的信息。销售队伍的设计主要内容是制定销售队伍目标、战略、结构、规模和报酬方式等。

(一)销售目标

现代营销观念认为，不能把追求最大的销售额作为人员推销的唯一目标，而应把人员推销的目标确定为：使推销人员像营销人员一样地思考，使他们知道如何去发现、解决顾客的问题；衡量市场潜力；收集市场信息；制定销售策略；最终为企业带来最大的、长期的、稳定的利润及有利的市场地位。

许多企业对其销售队伍的目标和活动都有比较明确的规定。要兼顾新客户与现有客户、新产品与现有产品等，如有一家企业明确规定销售代表，要将80%的时间花在现有顾客身上，20%的时间花在潜在顾客身上；85%的时间用于推销既有产品，15%的时间推销新产品，以杜绝销售人员将时间花在现有顾客和既有产品上而忽略新产品和新客户方面的工作的现象。

（二）销售战略

各企业为获得客户的订单而互相竞争。它们必须有策略地充分运用其销售队伍，在适当的时间以适当的方式访问恰当的顾客。推销队伍由专职推销员和兼职推销员构成，销售代表经常扮演“客户经理”的角色，安排购买机构与销售机构各种人员（技术人员、售后服务人员以及办公室人员等）之间的联系。

（1）销售代表与顾客。一名销售代表亲自或通过电话和潜在顾客或现有顾客交谈。

（2）销售代表对一群购买者。一名销售代表向客户采购组介绍产品。

（3）销售小组对一群购买者。一个销售小组向一个客户采购组展示并介绍产品。

（4）推销会议。销售代表和企业参谋人员同一个或几个顾客讨论存在的问题和相互的机会。

（5）推销研讨会。企业一组人员向买主单位的技术人员讲述有关产品技术的发展状况。

（三）销售结构

人员推销采取何种组织结构，以便使它产生最高的工作效率，是一个重要问题。在实践中，推销人员的组织结构可依企业的销售区域、产品、顾客类型以及这三个因素的结合来设置。

（1）区域式结构，是指企业将目标市场划分为若干个销售区域，每个销售人员负责一个区域的全部销售业务。

（2）产品式结构，是指企业将产品分成若干类，每一销售人员或每几个销售人员为一组，负责销售其中的一种或几种产品的推销组织结构形式。

（3）顾客式结构，是指企业将其目标市场按顾客的属性进行分类，不同的推销人员负责向不同类型的顾客进行推销活动的结构形式。

（4）复合式结构，是指企业在向不同区域、不同类型的顾客推销多类别的产品时，将以上几种组织销售队伍的方法混合起来使用。销售代表可以按地区—产品、地区—客户、产品—客户进行分工，也可按地区—产品—客户分工。一个销售代表对一个或几个产品线经理和部门经理负责。

（四）队伍规模

销售人员是企业最有生产价值、花费最多的资产之一，销售队伍的规模直接影响着销售量和销售成本的变动。销售队伍规模是人员推销决策中的一个重要问题。一旦企业确定了它利用销售队伍进入的顾客的数目后，可以用工作量法来确定销售队伍的规模。工作量法确定销售队伍规模的步骤为：

(1)将顾客按年销售量大小分类。

(2)确定每类客户所需的访问次数(对每个顾客每年的推销访问次数)，这反映了与竞争对手企业相比要达到的访问密度是多大。

(3)每一类客户数乘上各自所需的访问次数就是整个地区的访问工作量，即每年的销售访问次数。

(4)确定一个销售代表每年可进行的平均访问次数。

(5)将总的年访问次数除以每个销售代表的平均年访问数即得所需销售代表数。

(五)队伍报酬

为吸引足够数量的销售人员，企业应拟订一个具有吸引力的报酬计划。销售人员总是喜欢有固定收入。对成绩较好的给予奖励，对他们的经验和工龄，在支付报酬时也应给予公正的考虑。由于不同行业之间，同一行业不同企业之间报酬存在很大差异，推销人员的报酬水准常常是不好明确规定的。常用的报酬制度有纯薪金制度、纯佣金制度、薪金加佣金制度、薪金加奖金制度、薪金加佣金再加奖金制度以及特别奖励制度等。销售管理者要注意各种报酬制度，对报酬的组成部分做出规定。在工作中当非销售职责对销售职责的比率很大时，或是销售工作技术复杂时，应该强调固定报酬，而当销售额呈周期性或同个人努力与否有很大关系时，则应强调变动报酬。

三、销售队伍的管理

(一)招聘和挑选销售队伍

推销人员素质高低直接关系到企业促销活动的成功与失败，企业的销售工作要想获得成功，就必须认真挑选销售人员。这不仅是因为普通销售人员和高效率销售人员在业务水平上有很大差异，而且用错人将给企业造成巨大的浪费。

【资料 10-2】

企业挑选销售人员的标准：

(1)感同力。即善于从顾客角度考虑问题。

(2)自信力。让顾客感到自己的购买决策是正确的。

(3)挑战力。即具有视各种异义、拒绝或障碍为挑战的心理。

(4)自我驱动力。即具有完成销售任务的强烈欲望。

企业选择销售人员的标准确定之后，就可着手招聘，人力资源部门可通过各种途径寻找应聘者。许多企业对推销员应聘者进行正式的测验，采用申报、笔记和面试相结合的方法。通过笔试和面试可了解报名者的仪表风度、工作态度、知识广度和深度、语言表达能力、理解能力、分析能力和应变能力等。

(二)销售人员的培训与指导

培训推销人员的方法很多，常被采用的方法有三种：一是讲授培训，是通过举办短期培训班或进修等形式，由专家、教授和有丰富推销经验的优秀推销员来讲授基础理论和专业知识，介绍推销方法和技巧。二是模拟培训。由受训人员扮演推销人员向由专家教授或有经验的优秀推销员扮演的顾客进行推销，或由受训人员分析推销实例等。三是实践培训，即当选的推销人员直接上岗，与有经验的推销人员建立师徒关系，通过传、帮、带，使受训人员逐渐熟悉业务，成为合格的推销人员。

(三)销售人员的激励与评价

1. 销售人员的激励

激励是任何组织成员都需要的，推销人员也不例外。最有价值的激励是工资，随后是提升、个人的发展和成就感。价值最低的激励是好感与尊重、安全感和表扬等。企业必须建立激励制度来促使销售人员努力工作。

(1)销售定额。即规定销售人员在一年中应销售多少数额并按产品加以确定，然后把报酬与定额完成情况挂钩。每个地区销售经理将地区的年度定额在各销售人员之间进行分配。

(2)佣金制度。指企业按销售额或利润额的大小给予销售人员固定的或根据情况可调整比率的报酬。佣金制度能鼓励销售人员尽最大努力工作，并使销售费用与现期收益紧密相关。

除此之外，企业还可采用如送礼、资金、销售竞赛、旅游等激励措施。

2. 销售人员的评价

销售人员的评价是企业对销售人员工作业绩考核与评估的反馈过程。推销人员业绩考评结果，既可作为分配报酬的依据，又可以作为企业人事决策的重要参考指标。

(1)考评资料的收集。收集推销人员的资料是考评推销人员的基础性工作。全面、准确地收集考评所需资料是做好考评工作的客观要求。考评资料主要从推销人员销售工作报告、企业销售记录、顾客及社会公众的评价以及企业内部员工的意见四个来源途径获得。

(2)要建立评估的指标。评估指标要基本上能反映销售人员的销售绩效。主要绩效指标有：销售量增长情况；毛利；每天平均访问次数及每次访问的平均时间；每次访问的平均费用；每百次访问收到订单的百分比；一定时期内新顾客的增加数及失去的顾客数目；销售费用占总成本的百分比。

(3)实施正式评估。评估的方式主要有：将各个销售人员的绩效进行比较和排队、将销售人员目前的绩效同过去绩效相比较、顾客满意评价以及销售人员品质评价等。

四、人员推销的基本策略

在人员推销活动中，一般采用以下三种基本策略。

(一)试探性策略

试探性策略也称为“刺激-反应”策略。这种策略是在不了解顾客的情况下，推销人员运用刺激性手段引发顾客产生购买行为的策略。推销人员事先设计好能引起顾客兴趣、能刺激顾客购买欲望的推销语言，通过渗透性交谈进行刺激，在交谈中观察顾客的反应，然后根据其反应采取相应的对策，并进一步刺激，再观察反应，以了解顾客的真实需要，诱导购买动机，引导产生购买行为。

(二)针对性策略

针对性策略是指推销人员在基本了解顾客某些情况的前提下，有针对性地对顾客进行宣传、介绍，以引起顾客的兴趣和好感，从而达到成交的目的。因推销人员常常在事前已根据顾客的有关情况设计好推销语言，这与医生对患者诊断后开处方类似，故又称针对性策略为“配方-成交”策略。

(三)诱导性策略

诱导性策略是指推销人员运用能激起顾客某种需求的说服方法，诱发引导顾客产生购买行为。这种策略是一种创造性推销策略，它对推销人员要求较高，要求推销人员能因势利导，诱发、唤起顾客的需求；并能不失时机地宣传介绍和推荐所推销的产品，以满足顾客对产品的需求。因此，从这个意义上说，诱导性策略也可以称为“诱发-满足”策略。

【案例 10-3】

1904 年，原一平出生于日本长野县。他的家境富裕，他是家中的老幺，从小长得矮矮胖胖的，很得父母亲的宠爱。23 岁那年，原一平离开家乡，到东京闯天下。他第一份工作就是做推销，但是碰上了一个骗子，被卷走保证金和会费。为此，原一平陷入了困境之中。

1930 年 3 月 27 日，27 岁的原一平揣着自己的简历，走入了明治保险公司的招聘现场。一位刚从美国研习推销术归来的资深专家担任主考官。他瞟了一眼面前这个身高只有 145 厘米、体重 50 公斤的家伙，轻蔑地说：“老实对你说吧，推销保险非常困难，你根本不是干这个的料。”

原一平被激怒了，他头一抬：“请问进入贵公司，究竟要达到什么样的标准？”

“每人每月 10000 日元。”

“每个人都能完成这个数字？”

“当然。”

原一平“斗胆”许下了每月推销 10000 日元的诺言，勉强当了一名“见习推销员”。在最初的 7 个月里，他没拉到一分钱的保险，当然也拿不到分文的薪水。为了省钱，他只好上下班不坐车，中午不吃饭，晚上睡在公园的长凳上。

为了不使自己有丝毫的松懈，他经常对着镜子，大声对自己喊：“全世界独一无二的原一平，有超人的毅力和旺盛的斗志，所有的落魄都是暂时的，我一定要成功，我一定会成功。”

他每天清晨5点起床从“家”徒步上班。一路上，他不断微笑着和擦肩而过的行人打招呼。有一位绅士经常看到他这副快乐的样子，很受感染，便邀请他共进早餐。尽管他饿得要命，但还是委婉地拒绝了。当得知他是保险公司的推销员时，绅士便说：“既然你不赏脸和我吃顿饭，我就投你的保好啦！”他终于签下了生命中的第一张保单。更令他惊喜的是，那位绅士是一家大酒店的老板，帮他介绍了不少业务。否极泰来，原一平的工作业绩直线上升。到年底统计，他在9个月内共实现了16.8万日元的业绩，这时的成功让原一平泪流满面，他对自己说：“原一平，你干得好，你这个不吃中午饭，不坐公车，住公园的穷小子，干得好！”

从此，他逐步实现了自己的宏伟计划：3年内创下了全日本第一的推销纪录，连续16年荣登推销业绩全日本第一宝座，连续17年推销额达百万美元。

他把微笑分为38种，对着镜子苦练，曾经在对付一个极其顽固的客人时，用了30种微笑，也被评为“价值百万美元的微笑”。

他有坚强的毅力和信念，为了赢得一个大客户，他曾经在3年8个月的时间里，登门拜访70次都扑空的情况下，最终锲而不舍获得成功。

（资料来源：康丽．88位世界富豪的成长记录．中国戏剧出版社，2004.）

第三节　商业广告

一、商业广告的概念与种类

（一）商业广告的概念

商业广告是指由广告者付费，将各种商品或劳务的信息通过各种传递手段（或叫媒介），广泛进行的宣传活动，以达到扩大商品或劳务的影响，提高经营效果的目的。从广告的概念可以看出，广告的内容是商品和劳务的信息；广告的传播对象是广大消费者；广告是通过特定媒介来实现的；广告的目的是为了促进商品销售，进而获得较好的经济效益；广告者必须付费，这和公共关系宣传明显不同。广告作为一种传递信息的活动，它是企业在促销中普遍重视且应用最广的促销方式。广告是一门科学，同时又是一门艺术。首先，广告策略的制定必须符合商品在市场上运动的客观规律。其次，广告宣传又必须符合艺术规律才能取得良好的宣传效果。因此，商业广告一般都会涉及经济学、管理学、社会学、哲学、美学、心理学、新闻学、数学、文学、摄影、美术、表演艺术，以及出版、印刷和传播学等几十门学科。所以，广告是一门多学科和艺术的综合性学科。

（二）商业广告的分类

1. 根据广告的内容和目的划分

（1）商品广告。商品广告是为了提高某种商品的知名度，促进这种商品的销售，对现实消费者和潜在消费者，通过与销售直接有关的表现形式，说服其购买商品的信息传递活动。商品广告按其目的不同可分为三种类型：一是开拓性广告，也称报道性广告。它是以激发顾客对产品的初始需求为目标，主要介绍刚刚进入投入期的产品的用途、性能、质量、价格等有关情况，以促使新产品进入目标市场。二是劝告性广告，又叫竞争性广告。这是以激发顾客对产品产生兴趣，增进“选择性需求”为目标，对进入成长期和成熟前期的产品所做的各种传播活动。三是提醒性广告，也叫备忘性广告或提示性广告。这是指对已进入成熟后期或衰退期的产品所进行的广告宣传，目的是在于提醒顾客，使其产生“惯性”需求。

(2)企业广告。企业广告是为了树立和维持企业信誉，提高企业的知名度，从而达到销售商品目的的广告形式。它通过对企业的历史、规模及业绩等的介绍，能够增强消费者对企业的好感和信任，其目的是提高企业的声望、名誉和形象。

(3)公益广告。公益广告是用来宣传公益事业或公共道德的广告。它的出现是广告观念的一次革命。公益广告能够实现企业自身目标与社会目标的融合，有利于树立并强化企业形象。公益广告有广阔的发展前景。

2. 根据广告表现的艺术形式分类

(1)图片广告。主要包括摄影广告和绘画广告，它是以特定的写实或创作的艺术形象，作用于接受者视觉的广告。

(2)文字广告。即使用文字表现来进行商品宣传的广告。

此外，还有用各种表演艺术来宣传推销商品的表演性广告和主要用语言艺术来宣传推销商品的演说性广告等。

3. 根据广告的传播媒介分类

(1)印刷品广告。主要包括报纸、杂志和传单广告等。

(2)视听广告。主要有电视广告、广播广告等。

(3)邮政广告。如销售信函广告、说明书广告等。

(4)户外广告。主要包括路牌、招贴、工艺品和橱窗广告等。

(5)交通工具广告。主要指在公共汽车、火车、轮船、飞机等公共交通工具上所做的广告。

(6)网络广告。主要指因特网、万维网、网上 IP 电话发布的广告等。

4. 根据广告传播的范围分类

(1)全国性广告。这是指采用信息传播能覆盖全国的媒体所做的广告，以此激发全国消费者对广告的产品产生需求。这种广告要求广告产品是适合全国通用的产品，并且，因其费用较高，也只适合生产规模较大、服务范围较广的大企业，而对实力较弱的小企业实用性较差。其主要形式有：全国发行的报纸、杂志、广播、电视等媒体。

(2)地区性广告。这是指采用信息传播只能覆盖一定区域的媒体所做的广告，借以刺激某些特定区域消费者对产品的需求。此类广告传播范围较小，多适合于生产规模小、产品通用性差的企业和产品。其主要形式有：在省、市、县报纸、杂志、广播、电视上所做的广告；路牌、霓虹灯等上做的广告。

二、广告媒体的选择

(一)广告媒体的特性

广告媒体，也称广告媒介，是传递广告信息的中间媒介，是传递信息的物质手段。它是广告宣传必不可少的物质条件。广告媒体并非一成不变，而是随着科学技术的发展而发展。科技的进步，必然使得广告媒体的种类越来越多。不同类型的媒体又有着不同的特性。

1. 印刷品广告

(1)报纸。报纸是一种普通应用的比较灵活的广告媒体。其优点是：影响广泛，传播迅速，简单灵活，信赖度强。它的弱点是：印刷不精美，吸引力低；广告时效短，重复性差，寿命也较短。

(2)杂志。杂志以登载各种专门知识为主，是各类专门产品良好的广告媒体。其优点有：广告宣传对象明确，针对性强，有的放矢；广告的保存期长，印刷精美；杂志发行面广，有利于刊登开拓性广告等。它的弱点是：发行周期长，传播不及时，灵活性较差；传播不广泛，读者较少。

2. 视听广告

(1)电视。电视作为广告媒体在我国已基本普及，因其有图文并茂的优势，发展很快，并力胜群芳，成为最重要的广告媒体。其优点是：因电视有形、有色，视听结合，使广告形象生动、逼真、感染力强；电视收视率高，宣传面广，影响面大；宣传手法灵活多样，艺术性强。它的缺点是：电视时间性强，不易查存；制作复杂，费用较高；因播放节目繁多，易分散对广告的注意力。

(2)广播。利用无线电波播送广告，速度快，且不受路途的限制。其优点是：传播迅速及时；制作简单，费用较低；具有较高的灵活性，听众广泛。其缺点是：时间短促，转瞬即逝，不便记忆；有声无形，印象不深；不便查存。

(3)电影。利用放映电影的机会传递商品信息在国外比较常见，但在我国比较少见。从我国大多数电影观众的心理来分析，电影媒体现阶段传播广告不太适宜。

3. 直接邮寄广告

邮寄广告是广告主将印刷的广告物，通过邮局直接寄送给经常买主或潜在顾客，把邮政作为传递信息的工具，包括销售信函、推广传单、征订单、货物目录、说明书、样品名册等。其优点是：对象明确，直接挂钩，有高度的选择性，反应快，效果较为显著。其缺点是：广告商不易收集到潜在顾客的相关资料，无法实现有效投递。

4. 户外广告

户外广告是在人口集中和流动大的地点设置的固定广告牌，一般设在户外，如交通要道，公路、铁路沿线，车站、码头等地。户外广告的优点是：传递信息面较广泛，并可长期宣传。其缺点是：给人印象不深。

此外，还有很多种户外广告形式，如橱窗广告、霓虹灯广告、网络广告等，特别是网络广告，因其具有速度快、容量大、范围广、可查存、可复制等优点，发展极为迅速。但一般还是将广播、电视、报纸、杂志并称为四大广告媒体。

（二）广告媒体的选择

1. 产品的性质

对不同的产品特性，应该选择不同的广告媒体来传递信息。通常对高技术产品进行广告宣传，面向专业人员，多选用专业性杂志；日常生活用品，则选择大众传媒的广播、电视较好。

2. 消费者接触媒体的习惯

一般认为，能使广告信息传到目标市场的媒体是最有效的媒体。如：儿童用品的广告宜选用电视作媒体；宣传妇女用品的广告宜选用女性杂志；老年人保健品宜选用广播作媒体等。

3. 媒体传播的范围

根据产品使用范围，可选择全国性或地方性，以及全国性与地方性同时传播的媒体，如广播、电视、报纸、杂志等媒体传播信息。

4. 媒体的费用

各媒体的收费标准不同，即使同一媒体，也因传播范围和影响力的大小而有价格差别。考虑媒体费用，应注意其相对费用，即考虑广告促销效果。

5. 竞争对手广告策略

企业在选择广告媒体时应充分了解掌握竞争对手所采取的广告策略，并发挥自身的优势，采取相应的广告策略，以期克敌制胜。

三、广告的设计原则

广告效果，不仅决定广告媒体的选择，还取决于广告设计的质量。企业要将自身及其产品形象注入消费者心灵，广告设计必须遵循其基本原则。

1. 真实性

广告的生命力在于真实。一方面，广告的内容真实可信；另一方面，广告主与广告商品必须是真实的。

2. 社会性

广告的社会性体现在广告必须符合社会文化、思想道德的客观要求。具体而言，广告要遵循党和国家的有关方针、政策，不违背国家的法律、法令和制度，严禁出现带有中国国旗、国徽、国歌标志、国歌音响的广告内容和形式，杜绝损害我国民族尊严的，甚至有反动、淫秽、迷信、荒诞内容的广告等。

3. 竞争性

竞争性也称针对性。是指在广告设计中，针对竞争对手使用的策略而采取突出自身实力或经营的特色，加强自身竞争能力而采用不同的表现手法，适应目标市场的不同特点和要求，广告要根据不同的广告对象、广告商品来决定广告内容，采用有针对性的形式，要能与竞争对手选择同一诉求对象阶层有抗衡能力。

4. 艺术性

广告创作中采用科学与艺术的手法才能使广告作品达到最佳效果。

四、广告效果的测定

广告效果是指广告信息通过广告媒体传播后所产生的社会影响和效应。这种影响和效应包括两个方面：一是企业与社会公众的有效沟通，称为沟通效果；二是对企业商品促销的效应，称之为促销效果。测定广告效果，有利于企业更有效地制定广告策略，降低广告费用，提高广告效益。

（一）广告沟通效果的测定

测定广告的沟通效果，主要是测定消费者对广告信息的注意、兴趣、记忆等心理反应的程度。可分为事前测定和事后测定。

1. 事前测定的方法

(1)直接评分法。即邀请有经验的专家和部分消费者对各种广告的吸引程度、可理解性、影响力等进行预先评分和比较。

(2)调查测试法。即在广告播出前，将广告作品通过信件、明信片或以调查形式邮寄给消费者或用户，根据回信情况判断准备推出的广告的效果。

(3)实验测试法。即选择有代表性的消费者，利用仪器测量人们对于广告的心理反应，从而判定广告的吸引力。

2. 事后测定方法

(1)认知测定法。在广告播出后，借助有关指标了解视听者的认知程度，测定其注意力。常用测试指标有：粗知百分比，即记得视听过此广告的视听者百分比；熟知百分比，即声称记得该广告一半以上内容的视听者百分比；联想百分比，即能准确辨认该产品及其广告主的视听者百分比。

(2)回忆测试法。即通过请一部分消费者了解他们对广告的商品、品牌和企业等的追忆程度，从而判断广告的吸引程度和效果。

（二）广告促销效果的测定

广告促销效果大小，以广告播出后商品销售量(额)的增减为衡量标准。它反映广告费用与商品销售量(额)之间的比例关系。

1. 弹性系数测定法

弹性系数测定法，即通过销售量(额)变动率与广告费用投入量变动率的弹性系数大小来测量广告效果的方法。其计算公式为：

$$E = \Delta Q/Q_0 \div \Delta A/A_0$$

式中，Q_0 代表广告前销售量(额)；ΔQ 代表广告后销售增量(额)；A_0 代表原广告费用；ΔA 代表广告费增量；E 代表弹性系数，即广告效果。

如果 $E>1$，则广告效果优；如果 $E<1$，则广告效果不佳，甚至有负作用。E 值越大，表明广告的促销效果越好。

2. 广告费用增销法

广告费用增销法可以测定单位广告费用对商品销售的增益程度。单位广告费用增销量(额)越大，表明广告效果越好；反之则越差。其计算公式为：

单位广告费用增销量(额)=销售量(额)增量/广告费用

3. 广告费用占销率法

通过广告费用占销率法可以测定出计划期内广告费用对产品销售量(额)的影响。广告费用占销率越小，表明促销效果越好；反之则越差。其计算公式为：

广告费用占销率=广告费/销售量(额)×100%

【案例 10-4】

25 年前，凭着一把剪刀、一架老式缝纫机、350 元，“柒牌”从裁缝铺子起家。而 25 年后的今天，它已发展成年产高档服装 700 多万件(套)的大型服装企业集团。“柒牌”不仅是唐装的始作俑者，而且还成为服装行业的领跑者。不久前的时装周上，多名外交官身穿“柒牌”中华立领齐齐亮相，让人们眼前一亮，不少名人也纷纷定制中华立领，一股中华立领的热潮在大江南北蔓延。著名设计师武学凯表示，中华立领采用了更宽长的肩位，更充分地打开胸廓，使国人普遍单薄的臂膀显得英挺伟岸，十分适合国人身材，它不仅给人挺拔、利落、简洁的感觉，而且富有文化气质，备受欢迎。然而，在中华立领之前，大多数消费者几乎都不了解“柒牌”二十余年的品牌之路。

在 1998 年“柒牌”引进 700 万美元的设备，并开始将自己的主打产品定位为西服。避实击虚，绕开竞争激烈的一线市场，主打二线。“柒牌”将市场战略制定完毕后，将产品价位统定在 700 元左右的西服，以“柒牌，让女人心动的男装”的煽情广告，在各地市级城市重磅推出。超高的性价比使“柒牌”西服迅速在县、市级城市取得良好的市场反应。

2003 年，“柒牌”西服被评为“中国名牌产品”“国家免检产品”，年销售额达到数亿元。只有出位，才能出众。一心想突破僵局的“柒牌”终于找到一种独特的表达方式，服装不仅仅是服装，还是品位、气质、文化、意境，甚至立场。“柒牌”要播种一种声音，“中式立领”既可以传承文化精髓，也可以反传统。这一杰作让刚健有力、儒雅坚毅的民族气息呼之欲出。不久，中式立领投入生产，并正式在北京中国服装服饰博览会上亮相。

2006 年春季，“柒牌”专卖店 300 余平方米的郑州人民路店开业，此时，“柒牌”已经完成了 1800 家专卖店从二三线市场向一线市场布局的战略转型，并且以中式立领为契机，迅速成长为一个服装行业的巨头，进一步在服装领域发挥其强大的领航作用。

“要想改变命运，必先改变自己。男人，就该对自己狠一点!”广告词很精彩。让我心动的不仅是广告，更为“柒牌”品牌内涵的阐述提供了一种很强的说服力。李连杰的形象已成为品牌与消费者沟通和交流的纽带，是一种彼此间精神上的亲近与共鸣。

“柒牌”作为中式立领男装，完全有必要将中华立领做得更大，将中华几千年的传统文化服饰发挥到极致，将其竞争对象列为整个西装品类，将中式服装品类做大，结合中国庞大的人口基数，占据国际服装的半壁江山。

（资料来源：公开资料整理。）

第四节 营业推广

一、营业推广的特点

营业推广(sales promotion)，又称销售促进，是指企业运用除人员推销、广告和公共关系以外的各种短期诱因，鼓励消费者和中间商购买、经销或代理企业产品或服务的促销活动。

(一)针对性强，方式灵活多样

营业推广的对象是与产品直接相关的消费者、经销商以及推销人员，通过一系列强有力的宣传推广和提供优惠条件，来调动相关人员的积极性，促成交易行为；营业推广方式可根据商品性能、顾客心理和市场情况及时地调整，从而具有强烈的吸引力，并引起相关人员的关注，激发他们的欲望，迅速地收到促销效果。

(二)临时性和非正规性

人员推销、广告和公共关系都是常规性的促销方式，而营业推广对顾客和推销人员则具有暂时和特殊的促进作用，多数营业推广方式是非正规性和非经常性的，只能是它们的补充方式。使用营业推广方式促销，往往需要与其他促销方式配合使用才能达到较好的促销效果。

(三)攻势过强，易引起顾客反感

营业推广活动总是伴随着各种优惠条件和强大的宣传攻势，这虽有利于企业尽快地批量推销商品，获得短期经济效益，但攻势过强，易使顾客产生逆反心理，往往会引起顾客对产品质量、价格产生怀疑，从而有损产品和企业形象。

二、营业推广工具的选择

营业推广是一种促销效果比较显著的促销方式，但若促销工具选择不当，不仅达不到促销的目的，反而会影响产品销售，甚至损害企业的形象。选择促销工具时，必须充分考虑市场类型、销售促进目标、竞争情况以及每一种销售促进工具的成本效益等各种因素。下面我们介绍向消费者推广和向中间商推广的营业推广的工具。

(一)向消费者的营业推广工具

向消费者推广，是为了鼓励老顾客继续购买、使用本企业产品，激发新顾客试用本企

业产品。

1. 样品

向消费者赠送样品或请试用样品，主要是让新产品的消费者能不花钱接受新产品，然后再付钱购买。

2. 折价券

折价券是给持有人一个证明，证明他在购买某种商品时，可以免付一定的货款。折价券可以邮寄，也可附在商品或广告之中赠送，还可以向购买商品达到一定的数量或数额的顾客赠送。

3. 赠品印花

赠品印花是消费者购买某一商品时，附送一定张数的交易印花，凑满若干张后可以兑换一定数量的商品和现金。该种推销方式多用于杂货店、加油站、百货企业等零星小商品的推广。

4. 奖励

消费者在购买某种产品时给一份奖励券，凭券可以购买一种低价出售，或是俏销的商品；也有凭券免费得到某种商品或劳务。

5. 商品展销

展销可以集中消费者的注意力和购买力。在展销期间，质地精良、价格优惠、提供周到服务的商品备受青睐。

6. 抽奖促销

通过设置诱人奖品来吸引消费者购买。举办抽奖活动，应当具有想象力，有趣味，与广告商品相吻合，这样不仅能促进销售，而且还可以提升品牌形象。

此外，营业推广的方式还包括服务促销、消费信贷、包装兑现、廉价包装等方式。

(二)向中间商的营业推广工具

向中间商推广，其目的是为了促使中间商积极经销本企业产品。

1. 购买折扣

企业为争取批发商或零售商更多地购进自己的产品，对中间商第一次购买和购买数量较多的中间商给予一定的折扣优待，购买数量越大，折扣越多。折扣的基本形式可以是明码标价，也可以在交易谈判中视具体情况协商确定。

2. 资助

资助指生产者为中间商提供陈列商品，支付部分广告费用和部分运费等补贴或津贴，以鼓励和酬谢中间商在推销本企业产品方面所作的努力，刺激距离较远的中间商经销本企业产品。

3. 销售竞赛

企业根据中间商的销售实绩，给予不同的奖励。这种竞赛活动可鼓励中间商提高其销售业绩，从而增大企业产品的销售。

4. 特许经营

特许经营是国际市场营销中使用较多的一种营业推广方式。企业与经销商通过签订特许经销协议，其内容有服务特许和分销特许。服务特许是国际上最初使用的一种特殊形式，有旅馆、快餐行业等，如麦当劳、肯德基等属此形式。分销特许是经销商除经营自己的商品外还可以使用特许方的招牌和商标经销协议中的产品，如进口汽车的经销、耐克运动服饰等。

5. 业务会议和贸易展览

制造商利用业务会议与老顾客保持良好的联系，招揽新顾客，介绍新产品。利用贸易展览会的气氛吸引中间商和消费者，扩大产品的影响，也可以收到很好的促销效果。

三、营业推广的方案实施

(一)制订营业推广方案

营业推广工具很多，企业在具体应用时不是选择一种，而是往往仔细分析多种因素，选择多种方案，组成一个营业推广方案的有机组合体。

1. 刺激规模

刺激规模的大小必须结合目标市场的数量、规模及内在结构，并根据推广收入与刺激费用之间的效应关系来确定。

2. 参与者的条件

刺激物可向每个人或经挑选的团体提供。针对顾客或经销商的具体特点，应当优选那些积极参与并易产生最佳推广效果的刺激对象。

3. 推广的持续时间

推广时间过短，会使一部分顾客来不及购买；如果持续时间过长，则失去刺激购买的某些作用，导致顾客和经销商产生逆反心理。研究发现，理想的促销持续时间约为每季度使用 3 周时间，其时间长度约为平均购买周期的长度。

4. 分发的途径

常规途径有三种，即包装分送、商店分发和邮寄广告。企业应根据其普及面和费用合理选择。

5. 推广时机

推广时机选择得好，能起到事半功倍的效果；时机选择不当，则达不到促销效果。推广时机的选择尤为重要，企业应综合分析产品的寿命周期、市场竞争态势、购买心理以及消费者收入水平等有利时机，制订营业推广方案，并付诸实施。

6. 推广总预算

推广总预算是制订推广方案应考虑的重要因素。促销预算可以通过两种方式拟定。一是从基层做起，营销人员根据所选用的各种促销办法来估计它们的总费用。二是促销成本，促销成本由管理成本(印刷费、邮费和促销活动费)加刺激成本(赠奖或减价成本，包括回收率)乘以在这种交易中售出的预期单位数量而组成。

(二)营业推广方案的实施

1. 预试营业推广方案

虽然营业推广方案是在经验基础上制订的，但仍应经过预试以求明确所选工具是否恰当，刺激规模是否最佳，实施方法效果如何。面对消费者的预试可邀请消费者对几种不同方案作出评价和评分，也可在有限的地区范围内进行试用性测试等。

2. 实施和控制营业推广方案

对每一项营业推广方案应该确定其实施和控制计划，实施计划必须包括前置时间和销售延续时间。前置时间是开始实施这种方案前所必需的准备时间。销售延续时间是指从开始实施优待办法起到95%的采用此优待办法的商品已经在消费者手里的结束为止的时间，这取决于实施一方案持续时间的长短。

四、营业推广的效果测定

推广效果的测定是营业推广活动的重要内容，准确测定有利于企业总结经验教训，对指导未来的营业推广具有重大意义。

(一)阶段比较法

阶段比较法是把促销前、促销中和促销后的数据进行比较，从而分析营业推广产生的效果。假设某企业在促销前有6%的市场占有率，在促销期间，则上升到10%，促销结束后又跌到5%，过些时间又回升到7%，并长期地回升到7%的市场占有率(见图10-2)。一般而言，当营业推广活动能将竞争对手的顾客拉过来试一下较优的产品并使这些顾客永久地转换过来，那么这项促销是十分有效的。

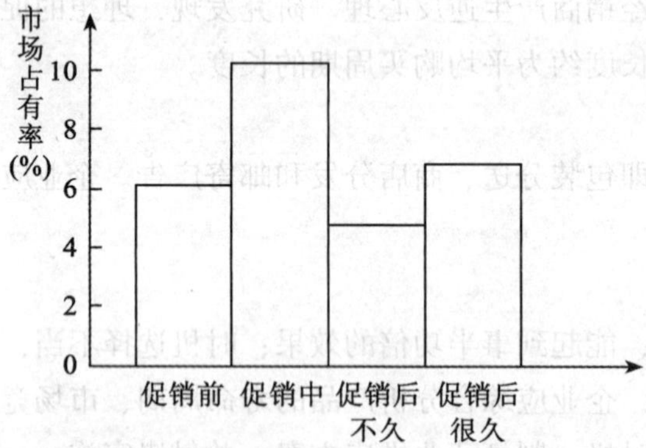

图10-2 促销对品牌市场占有率的效果

(二)跟踪调查法

跟踪调查法即对参加推广活动的顾客或经销商的推广效果和影响内容，进行跟踪调查与访问。

【案例 10-5】

奥运会前夕，吴宇森导演的华语巨片《赤壁》成为“华语电影史上吸金最快的影片”，2700 万元首映票房改写中国首映票房纪录；4 天票房破亿，创造中国票房神话；11 天过 2 亿元，再次刷新纪录；20 天过 3 亿元，成为华语片票房冠军！然而，在《赤壁》票房还没有完全定论之前，英特尔却已借助与《赤壁》的合作成为 7 月电脑暑假的最大赢家！

作为IT 产品，亲和力与美誉度几乎是建立品牌形象最关键的因素。因此，英特尔决心联手《赤壁》，在中国 IT 市场上演一场全国性的娱乐营销行动！

但《赤壁》的公映时间，正在 2008 北京奥运会举办前一个月，这时，大多数企业营销的重点无疑都在“奥运牌”上，英特尔也不例外，营销资源大多为奥运所用，所剩无几。如何充分利用《赤壁》这样一个迄今为止中国最大投资的史诗巨片的影响力和宣传力来展示品牌，成为英特尔与《赤壁》合作后面临的第一个问题。最终，英特尔决定进行一场以《赤壁》形象授权展示为主的全国推广，用四两拨千斤引爆终端！

在《赤壁》上映前，英特尔发动了“高清”攻势。在购买了《赤壁》贴片广告位置后，英特尔选用“到海边看大片”的高清版广告在《赤壁》前播放，同时，这个新版本 TVC 在全国的影视媒体和网络媒体上火爆播出。事实证明，这样的传播让人们深深地记住了英特尔的高清“芯”世界！

根据英特尔的产业特点和可用资源，英特尔结合《赤壁》的形象授权，开展了一个辐射全国的终端形象运作行动——“英特尔——吹散迷雾，纷繁《赤壁》高清呈现”。

英特尔结合《赤壁》进行联合推广，一方面表示出对直接消费群的关注与理解，推广活动不仅没有损害品牌，反而为品牌增添了时尚性与亲和力；另一方面把消费群体对《赤壁》的联想和兴趣巧妙地嫁接到英特尔新品 45 纳米酷睿芯片上，并且把《赤壁》的电影票和电影衍生品作为助销工具，让消费者关注促销赠品的叠加价值而不是只关注赠品价格，成功地带动了营销中的羊群效应，让英特尔“既有面子，又有里子”！

英特尔与《赤壁》的合作给我们的企业最有益的启示在于：选择良好的娱乐资源，寻找最佳的结合点，合理解决终端推广的难题。

（资料来源：谢华锋.《赤壁》高清“芯”世界. 销售与市场，2008(26)：85-87.）

第五节 公共关系

一、公共关系的内涵

公共关系(public relation)也称公众关系，是指企业在从事市场营销活动中正确处理企业与社会公众的关系，以便树立企业的良好形象，从而促进产品销售的一种活动。其构成要素包括：主体(实施公共关系的企业组织)、客体(即公众，包括企业的外部、内部公众)和媒体(即负责传播的广播、电视、报纸、杂志等)。

公共关系是一种社会关系，但又不同于一般社会关系，也不同于人际关系，公共关系是树立企业形象的重要手段。公共关系的目标是为企业广结良缘，在社会公众中创造良好的企业形象和社会声誉，企业立足于自身的雄厚实力和良好的素质，展现自身的产品形象和服务形象，不断扩大市场占有率。

公共关系是一种信息沟通，是创造"人和"的艺术。公共关系是企业与其相关的社会公众之间的一种信息交流活动。企业通过处理员工与股东的关系，建立和改善企业内部的市场营销环境，为企业实现整体营销打下坚实的基础。企业通过公关活动，能沟通内外关系的信息，建立相互间的理解、信任与支持，协调和改善企业的社会关系环境。公共关系追求的是企业内部和企业外部人际关系的和谐统一。

公共关系是一种长期活动。公共关系着手于平时努力，着眼于长远打算。公共关系的效果不是急功近利的短期行为所能达到的，需要连续的、有计划的努力。企业要树立良好的社会形象和信誉，不能拘泥于一时一地的得失，而要追求长期的、稳定的战略性关系。

二、公共关系的实施

(一)确定公关目标

1. 建立知晓度

公共关系可利用媒体来讲述一些情节，以吸引人们对某产品、服务、人员、组织或构思的注意力。

2. 建立可信度

公共关系可通过社论性的报道来传播信息以增加可信性。

3. 刺激销售队伍和经销商

公共关系对于刺激销售队伍和经销商的热诚非常有用。在新产品投放市场之前先以公共宣传方式披露，以便于帮助销售队伍将产品推销给零售商。

4. 降低促销成本

公共关系的成本比直接邮寄和广告的成本要低得多，越是促销预算少的企业，运用公共关系就越多，以便能深入人心。

(二)选择公共题材

促销部门必须确定企业产品有何重大新闻可供报道。从新闻媒体上发表的事件来看，一般重大新闻很容易被新闻媒介刊登出来，但企业有分量的重要新闻并不多，不一定都能被采用。所以，公关人员应与新闻编辑多加强联系，加深了解，提高企业新闻的采用率。如果企业可供报道的事件不够充分，促销部门就应该发动几起有新闻价值的事件，就是要想办法创造新闻。如举行周年庆典、展览会、时装表演、捐赠物品、学术讨论会、记者招待会和邀请名人演讲等。例如，美国某出版商请总统为某书题词，总统说："不错。"出版商马上进行宣传，"现任总统喜欢看的书"，结果一版再版。第二次出版商又找到总统题词，鉴于上次的经验教训，总统说：“这本书糟透了。”出版商的宣传口号改为“现任总统最讨厌的书出售”，结果销路更好。

(三)选择公共工具

1. 新闻宣传

公关专业人员的一个重要任务是：发展或创造对企业和(或)其产品或企业人员有利的新闻。运用新闻媒体如报纸、广播、电视等新闻传播工具，采用撰写新闻稿、演讲稿、报告等形式，向社会各界宣传企业有关信息，从而起到引导公众消费本企业产品和树立良好企业形象的作用。

2. 事件

企业可通过安排一些特殊的事件来吸引对其产品和企业其他事件的注意。这些事件包括记者招待会、讨论会、郊游、展览会、竞赛和周年庆典活动，以及运动会和赞助等，以接近目标公众。

3. 服务公关

服务公关就是通过各种实惠性服务，以行动去获取公众的了解、信任和好评，以实现既有利于促销又有利于树立和维护企业形象与声誉的活动，包括免费修理、培训等。

4. 社会性公关

社会性公关是向文化、教育、体育、卫生等社会公益事业捐赠一定的金钱和实物，以提高其公众信誉。大企业通常会支持社会福利事业，参与国家、社区重大社会活动。

5. 形象识别媒体

在一般情况下，通过企业的资料而获得的印象是散乱的，这对创造和强化企业形象极为不利。企业至少应努力创造一个公众能迅速辨认的视觉形象，如麦当劳的标志、耐克的标志等。

三、公共关系的效果评估

由于公共关系通常与其他促销工具一起使用，故测定公共关系的效果较困难。如果公共关系使用在其他促销工具行动之前，其使用效果较容易衡量。

(一)展露度

展露度是计算宣传报道出现在媒体上的展露次数。它是衡量公共宣传效果最简单的方法，但这种衡量方法并不是十分令人满意。它不能确切知道触及信息的净人数，因为接触信息媒介物的人有重复交叉的情况存在。

(二)知名度

知名度是由公关宣传活动而引起的消费者在产品的知名度、理解、态度方面的变化(考虑了其他促销工具的影响之后)。例如，美国土豆协会获悉，同意“土豆具有丰富的维生素和矿物质”的人数由开始宣传活动前的36%上升到宣传活动后的67%，成功的宣传活动，使消费者对产品的理解有了较大突破。

(三)销售额和利润贡献

美国营销协会估计公共关系的贡献可增加总销售额的15%，因为公共关系通常是与其他促销工具配合使用，具体测定方法可参照广告效果测定方法。

【案例10-6】

2016年4月17日，有网友在微博爆料，北京一小区内，一位顺丰的快递小哥不小心与某私家车发生刮蹭，该车主随后对快递小哥进行了长时间的辱骂，并不断动手打人。在1分42秒的视频中，这位车主对快递小哥进行了7次打脸，且连续爆粗口十余次。而快递小哥除了说一句“对不起”之外，没有还手，而是一直在躲闪。

事件被曝光之后，顺丰当晚就被顶上微博热搜第一，面对员工受辱，顺丰官方出面，在第一时间挺身而出，企业形象高大不少。在其官方微博发文称“我们的快递小哥大多是二十几岁的孩子，他们无论风雨寒暑穿梭在大街小巷，再苦再累也要做到微笑服务，真心希望发生意外时大家能互相理解，首先是尊重，我们已找到这个受委屈的小哥，顺丰会照顾好这个孩子，请大家放心”。

同时，平时一向低调的顺丰总裁王卫，化身霸道总裁，誓要为被打快递员讨回公道。在其个人社交平台上发声：“我王卫向着所有的朋友声明，如果我这事不追究到底！我不配再做顺丰总裁！”

24小时内的公关连环招，最终，顺丰通过最官方的途径，实现了总裁王卫最私人的表态。在这之后，打人者被警方拘留处罚，正义得以伸张。顺丰此举被视为2016年最成功的公关案例之一。

（资料来源：公开资料整理。）

【本章小结】

1. 促销与促销组合。促销(promotion)是企业通过人员和非人员的方式，沟通企业与消费者之间的信息，引发、刺激消费者的消费欲望和兴趣，使其产生购买行为的活动。促销组合就是企业根据产品的特点和营销目标，综合各种影响因素，对各种促销方式的选择、编配和运用。具体而言，促销组合是指企业根据促销的需要，对广告、销售促进、宣传与人员推销等各种促销方式的适当选择和综合编配。确定促销组合需考虑的因素：促销目标、产品因素、市场性质和促销预算。

2. 人员推销又称派员推销和直接推销，是指企业运用推销人员直接向顾客推销商品和劳务的一种促销活动。其促销的优点有：推销目的双重性、信息传递双向性、友谊协作长期性、直接洽谈灵活性和商品销售感知性。其弱点有：支出较大，成本较高；对推销人员的要求较高。销售队伍的设计主要内容是：制定销售队伍目标、战略、结构、规模和报酬方式等。销售队伍的管理主要有：招聘和挑选销售队伍、销售人员的培训与指导、销售人员的激励与评价。在人员推销活动中，一般采用以下三种基本策略：试探性策略、针对性策略和诱导性策略。

3. 商业广告是指由广告者付费，将各种商品或劳务的信息通过各种传递手段(或叫媒介)，广泛进行的宣传活动，以达到扩大商品或劳务的影响，提高经营效果的目的。将广播、电视、报纸、杂志并称为四大广告媒体。广告媒体的选择依据：产品的性质、消费者接触媒体的习惯、媒体传播的范围、媒体的费用和竞争对手广告策略。广告的设计原则：真实性、社会性、竞争性和艺术性。广告效果的测定可分为事前测定和事后测定。

4. 营业推广(sales promotion)，又称销售促进，是指企业运用除人员推销、广告和公共关系以外的各种短期诱因，鼓励消费者和中间商购买、经销或代理企业产品或服务的促销活动。向消费者的营销推广工具：样品、折价券、赠品印花、奖励、商品展销和抽奖促销。向中间商的营销推广工具：购买折扣、资助、销售竞赛、特许经营、业务会议和贸易展览。营业推广的效果测定方法有：阶段比较法和跟踪调查法。

5. 公共关系(public relation)，也称公众关系，是指企业在从事市场营销活动中正确处理企业与社会公众的关系，以便树立企业的良好形象，从而促进产品销售的一种活动。其构成要素包括：主体(实施公共关系的企业组织)、客体(即公众，包括企业的外部、内部公众)和媒体(即负责传播的广播、电视、报纸、杂志等)。选择公共关系的工具有：新闻宣传、事件、服务公关、社会性公关和形象识别媒体。公共关系的效果评估有：展露度、知名度、销售额和利润贡献。

【重要概念】

促销　促销组合　营业推广　公共关系

【思考与练习】

1. 促销的基本含义和作用是什么？有何特点？
2. 选择促销组合应考虑哪些因素？
3. 人员推销有什么特点？企业应如何建立或完善销售人员的激励机制？
4. 企业如何利用公共关系来提高整体市场营销水平？
5. 如何进行广告媒体的选择与评价？广告设计应遵循什么原则？
6. 你是如何理解营业推广的？怎样对消费者进行营业推广？
7. 简述促销与营业推广的区别与联系。
8. 如何测定广告效果？

【综合案例】

随着综艺真人秀的爆红，对于传播热点敏感度极高的广告商也迅速涌入，在硬广资源有限的前提下，录制空间开放和道具元素众多的有利条件，为节目中的产品软性植入提供了诸多的便利。但不可否认的是，只有当植入广告与节目贴近性和契合度高，才有可能获得赞助与被赞助的双赢。这种选择配对成功与否的要求，包括了产品本身、产品形象和观众定位的匹配度，这也进一步决定了赞助商通过节目品牌营销的成功与否。在目前的热门真人秀中，不乏众多优秀的产品植入经典案例，有的甚至在品牌曝光之余还起到了意想不到的效果。

入华以来一直不温不火的英菲尼迪终于依靠赞助湖南卫视热播节目《爸爸去哪儿》彻底火了一把，这次品牌植入也被视作该品牌“进入中国市场最成功的一次商业赞助”，连续两季的深入植入使得英菲尼迪迅速被广泛的熟悉，英菲尼迪SUV为明星家庭提供了宽敞舒适的车内空间以及多项行业首创的科技，充分展现满足全家出行的所有需求。除此之外，英菲尼迪还因为在开始头两期节目中未给孩子们提供安全座椅的问题引发了一次热点话题讨论。之后英菲尼迪及时发现了这一错误，并在后续节目中为孩子都配上了儿童安全座椅，并化危机为转机通过媒体公关宣扬车辆使用儿童安全座椅的重要性，强调注重消费者的乘用安全，打了次漂亮的公关战。

虽然苏宁易购不是跑男的主赞助商，但它却有一个天然优势，便是身为跑男团队长的邓超恰巧也是苏宁易购的代言人。作为这样一个“移动植入广告”，邓超也算是尽职尽责。在最近一期节目中，邓超更是将某个游戏环节“改造”成了苏宁易购闪拍活动，光明正大地做了次硬广。除此之外，苏宁易购还将“网购”的概念发挥到了极致，任务卡和道具的派送一律由苏宁快递员完成，信封、道具盒上印有苏宁易购logo，苏宁实体店成为节目录制地等方式，将产品各种形式曝光。

由于如今手机在日常生活中的高使用频率和丰富的功能，使得眼下手机厂商对于真人秀节目的青睐程度也是相当之高，这些手机产品或是以传送节目任务的形式，或是以自然使用功能(明星自拍)的形式进行曝光。但同质化竞争下也较为产生注意力盲点，倒是在《出发吧爱情》中的高颜值nubiaZ9以全新的方式无缝融合到了节目中。除了惊艳的无边框设计之外，更重要的是在这档以考验明星夫妇为主题的节目过程中，nubiaZ9作为主打拍摄功能的移动终端记录明星夫妇晒恩爱的过程，理所当然地出现在节目场景中，发挥nubiaZ9极致的专业的拍照功能，并不会让观众因为产品植入而感觉突兀。在节目的终极浪漫环节，nubiaZ9更是作为见证者完整地记录了郭京飞对爱妻最深情的爱情承诺，让这次产品植入更具情感的温度。

讨论题：

通过以上品牌的植入广告策略，请分析在品牌展开植入广告的过程中，如何取得更好的促销效果。

第十一章　市场营销管理

【学习目标】

1. 了解市场营销组织的基本类型及设计思想。
2. 掌握市场营销实施过程的主要影响因素。
3. 掌握市场营销控制的主要方法。

【本章摘要】

在成熟的现代企业中，每个部门都必须制订其各项职能计划，包括市场营销计划，而无论是计划的制订还是实施，都离不开有效的营销组织，而组织为达到营销目标，又需合理的营销管理。

第一节　市场营销的组织

一、营销部门的发展过程

经过多年的探索与不断地发展变化，才形成了今天的现代营销部门。这种长期的发展过程，大致可以分为五个阶段，每个阶段都可在当今社会中找到与之相对应的企业。

(一)简单销售部门

所有的企业在创立的时候，一般都必须具有四种简单的功能，它们是筹措和管理资金(财务)、生产产品或提供服务(运作)、推销产品或服务(销售)以及记录账簿(会计)。销售副总经理主管销售，他不仅要管理推销队伍，在必要时也从事推销工作，开展市场调研，或者从事广告业务。这个阶段销售组织机构设置情况，如图 11-1 (a)所示。

(二)具有其他辅助功能的销售部门

企业经过初创阶段之后，步入正轨，进一步发展壮大，对于市场调研、广告宣传和顾客服务方面提出了更高的要求。这时就需要一些专业人员加入进来，使这些方面能够具备经常性、连续性、专门性。对于各种在销售功能之外的工作，则可以聘请一位营销主任来对其进行计划和控制。这个阶段的组织机构设置的情况，如图 11-1(b)所示。

(三)独立的营销部门

企业日趋成长，相对于推销队伍的工作来说，市场调研、新产品开发、广告和促销、顾客服务等这些营销功能，也日渐重要。由此也产生了矛盾：一方面根据企业的发展状况，营销主任会主张增加其他营销功能的预算，而另一方面销售副总经理仍旧为推销队伍花费大量的时间和精力。因此，建立一个相对独立于销售副总经理的营销部门，就成为企业总经理的明智选择。营销副总经理负责营销部门，并且和销售副总经理共同对企业总经理负责和执行副总经理职责。此时，销售部门和营销部门处于企业组织机构中的独立、平等地位，同时相互间紧密协作，为企业的进一步发展而努力。这个阶段的组织机构设置的情况，如图 11-1 (c)所示。

(四)现代营销部门

销售部门与营销部门由于联系紧密，本应协调一致搞好工作，但因各个职能、目标不同，结果往往相互扯皮，导致矛盾日益突出。销售经理往往侧重于短期目标和致力于完成当前的工作任务，而营销经理则注重长期市场营销战略和开发满足消费者长远需要的产品。销售部门和市场营销部门之间矛盾冲突的解决过程，形成了现代市场营销部门的基础，即由市场营销副总经理全面负责，下辖所有市场营销职能部门和销售部门。这个阶段的组织机构设置的情况，如图 11-1 (d)所示。

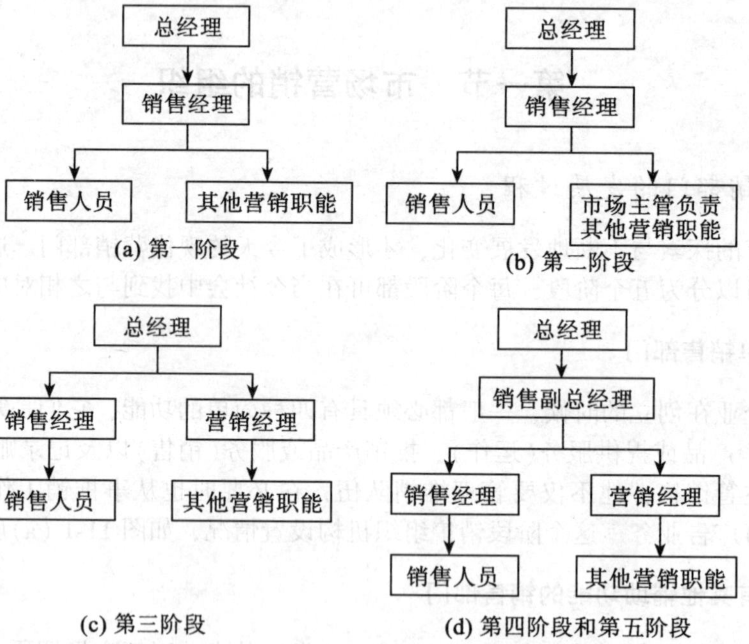

图 11-1　营销部门发展过程各阶段

(五)现代营销公司

企业可以拥有一个现代营销部门，但还不能说它就像一个现代营销公司那样运行。关键在于该企业的其他管理者们，对营销的职能持有何种观点。如果他们对营销持有的观点只是一种推销功能，那么他们就还没有看清问题的实质。要成为一个现代营销企业，企业的管理者们必须意识到所有部门都是以“为顾客工作”为宗旨，意识到营销不单是代表了一个部门的名称，而且是一个企业的经营哲学。

二、营销组织的形式

（一）职能式营销组织

职能式营销组织是最常见的一种组织形式。市场营销经理的工作就是协调各职能部门的活动。职能部门的数量，可根据需要随时增减，如图 11-2 所示。

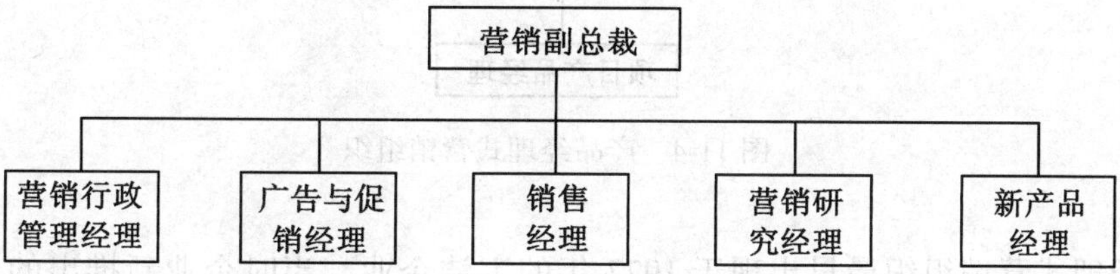

图 11-2　职能式营销组织

（二）地区式营销组织

从事全国性销售业务的企业通常按地理区域组织其销售力量，以适应不同地区市场的特点，做好地区市场的营销工作，如图 11-3 所示。

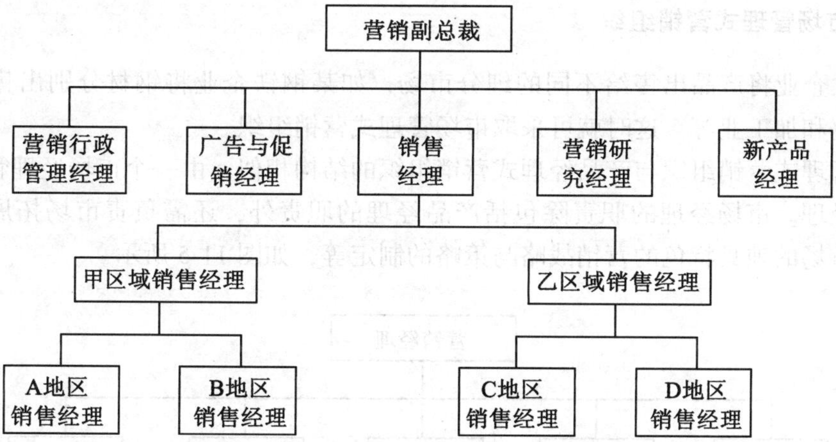

图 11-3　地区式营销组织

（三）产品经理式营销组织

产品经理式营销组织是指在企业内部建立产品经理组织制度，以协调职能型组织中的部门冲突。当企业生产多种产品或多个品牌，且各种产品之间差异较大时，则适宜按产品系列或品牌设置营销组织，如图 11-4 所示。

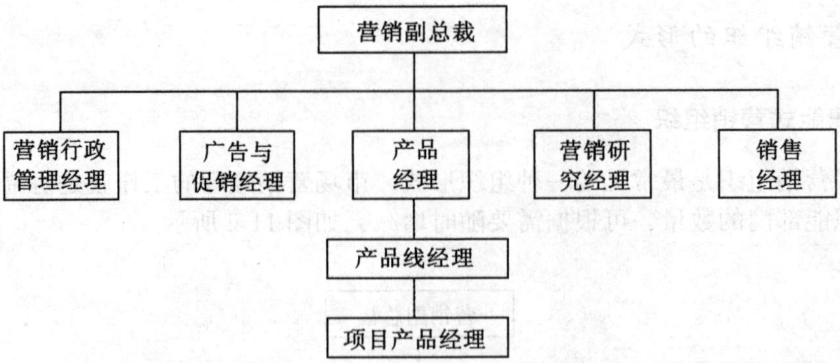

图 11-4　产品经理式营销组织

产品经理式营销组织最早出现于 1927 年的宝洁企业。当时企业新推出的佳美牌香皂销售状况不好，于是派了一位年轻经理专门负责这项产品的开发和促销工作，结果获得了成功。于是，企业又增设了其他产品经理。此后，许多企业均建立了产品经理式营销组织。

产品经理也是一个从事产品管理的职业经理人。在不同的企业里，由于组织结构的设置不一样，产品管理的内容也不尽相同。一般来讲，产品管理的核心内容就是：设定产品战略目标，制订产品营销计划，进行信息、价格、广告和促销管理及危机处理。

(四) 市场管理式营销组织

许多大企业将产品出售给不同的细分市场，如某钢铁企业将钢材分别出售给铁路部门、建筑业和加工业等。这时就可采取市场管理式营销组织。

市场管理式营销组织与产品经理式营销组织的结构相似，由一个市场经理管理若干个细分市场经理。市场经理的职责除包括产品经理的职责外，还需负责市场拓展、顾客服务、不同市场的独具特色的营销战略与策略的制定等，如图 11-5 所示。

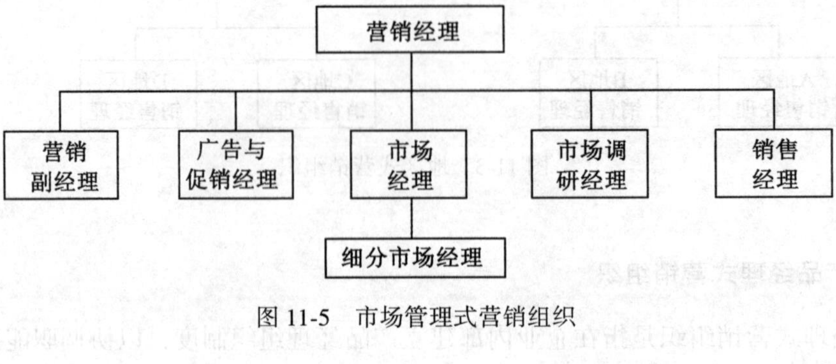

图 11-5　市场管理式营销组织

【案例 11-1】

三株公司总裁吴炳新在1998年第一次全公司工作会议上，作了自称是“刮骨疗毒”的报告。而意味深长的是，报告中所历数的营销组织几大病症，竟是典型的“国企病”。

三株集团创建伊始，其子公司的定位就是集团的外派职能部门，而非利润中心。管理采用高度中央集权，形同国家的行政和管理。子公司不必自己找市场，不用考虑价格，集团总部统一计划，划拨广告费和产品，这种营销组织的好处是保证了集团公司利益最大化，资金快速周转。但随着集团的急剧发展，子公司内不讲效率、不问效益地盲目投入的现象越来越严重。1997年7月，三株不得不实行转轨，进行组织体制改革，把子公司由执行者变成经营者，进行独立核算。但习惯听命于集团指令性计划的子公司却像笼中鸟，被关的时间长了，失去了飞翔的能力，无法适应市场要求。

在组织结构上，已经成为大企业的三株，同时染上了国有大企业那种可怕的“恐龙症”——机构臃肿，部门林立，等级森严，程序复杂，官僚主义，对市场信号反应严重迟钝。集团内各个部门之间画地为牢，原来不足200人的集团公司机关一下子增至2000人，子公司如法炮制。对此，吴炳新说：“1997年底，各个办事处也成了小机关，办事处主任养得白白胖胖，没人干工作，整个三株公司的销售工作是由1个临时工来干，执行经理以上的人员基本上不搞直接销售。由于管理不善，损失了很多，最后出现了全面亏损。这个关键的机构不改革，就要拖死我们，企业不赚钱，还能支持多久?”

激励机制本来是民营企业的强项，但三株出现了国企“大锅饭”才有的现象——“干的不如坐的，坐的不如躺的，躺的不如睡大觉的”；干部终身制，能上不能下，一个地方干得不好，过几天又到另一个地方任职去了。

认识到营销组织的弊端后，三株自上而下地进行了一系列整顿，砍掉机关中的富余人员，减员增效，把2000人压缩至几百人，或“下岗”，或充实第一线，加强子公司自负盈亏的能力。

（资料来源：公开资料整理。）

第二节　市场营销控制

一、年度计划控制

(一)年度计划控制过程

年度计划控制的目的是保证企业实现年度计划规定的销售、利润目的和其他目标，核心是目标管理。它包括四个步骤：

(1)将年度计划分解成月度、季度目标；

(2)对市场上的绩效加以监控；

(3)找出造成严重绩效偏差的原因；

(4)采取正确措施如改变行动方案甚至目标来缩小目标与实绩之间的差距。年度计划控制过程如图 11-6 所示。

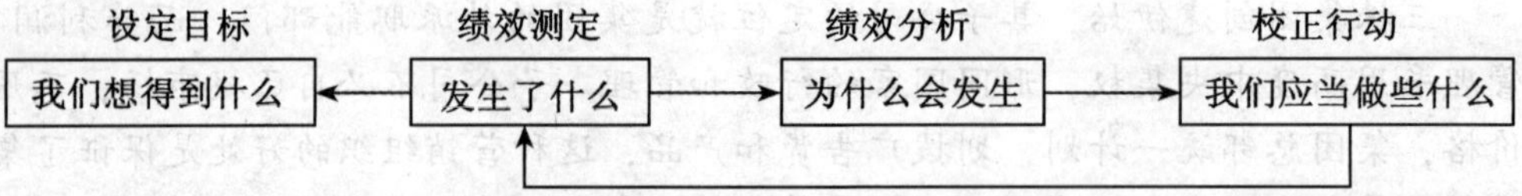

图 11-6　年度计划控制过程

这一控制模式适用于企业内各层次，区别仅在于最高管理层控制的是整个企业年度计划的执行结果，而各部门或地区经理只控制各个局部的计划执行结果。

(二)年度计划执行情况检查

1. 销售分析

一是销售差额分析，测定不同因素对销售实绩差额的相对作用。

【例 11-1】

假定年度计划要求第一季度按每件 1 元售出商品 4000 件，即销售额为 4000 元；但到季度末只以单价 0.8 元卖出了 3000 件，即 2400 元，实际销售差额为 1600 元。在这个差额中，有多少是降价造成的呢？有多少是因销售量下降造成的呢？分析计算方法如下：

因降价引起的差额：(1−0.8)×3000＝600(元)　(占 37.5%)

因销售量下降引起的差额：1×(4 000−3 000)＝1000(元)　(占 62.5%)

结论是，约有 2/3 的销售差额是因未能达到销量目标而造成的，故企业应仔细调查未能达到预期销量目标的原因。

二是微观销售分析，即分别从产品销售及其有关方面来考虑未能达到预期销量的原因。

【例 11-2】

假定某企业在三个地区销售，预期销售量分别为 1500 单位、500 单位、2000 单位；实际销售量为 1400 单位、525 单位、1075 单位。这样，销售地区 1 比预期销售额少 7%，销售地区 2 比预期销售额多 5%，销售地区 3 预期销售额少 46%，显然，销售地区 3 是引起问题的主要原因。营销经理应检查该地区情况，弄清原因：是销售人员不力？还是遇到强有力的竞争对手？或是该地区国民生产总值下降？

2. 市场份额分析

(1)总的市场份额，指企业销售额在行业总销售额中的比例。采用这一标准应注意两点：第一，市场份额是用销售量表示还是用销售金额表示。用销售量表示可以反映竞争企业之间在商品销售量方面的变化，用销售金额表示可以反映出销售量和价格的综合性变化。第二，行业范围的确定。

(2)服务市场份额，指企业销售额占其服务市场的总销售额的比例。企业所服务的市场是指所有能够并愿意购买其产品的购买者，企业的服务市场份额往往要大于它的总市场份额，企业的首要任务就是通过增加新的产品和地区，赢得所服务市场的最大份额。

(3)相对市场份额，指企业销售额与一个或几个最大竞争对手的销售额在总销售额中的比例。市场份额的分析检查，可用公式"总的市场份额=顾客渗透率×顾客忠诚度×顾客选择性×价格选择性"来说明其变动。式中，顾客渗透率指向本企业购买产品的顾客占顾客总数的比例；顾客忠诚度指顾客购买本企业的产品数量占他们购买同类产品总数的比例；顾客选择性指顾客向本企业购买的平均数量占他们向其他企业购买的平均数量的比例；价格选择性指企业的平均价格与所有其他企业的平均价格的比例。

3. 市场营销费用对销售额的比率分析

年度计划控制也需要检查与销售有关的市场营销费用，以确定企业在达到销售目标时的费用支出。市场营销费用对销售额之比是一个主要的检查比率，其中包括销售队伍开支对销售额之比，广告费用对销售额之比，促销费用对销售额之比，销售管理费用对销售额之比等。市场营销管理人员的工作，就是密切注意这些比率，以便发现是否有任何比例失去控制。当一项费用对销售额比率失去控制时，必须认真查找原因。

4. 财务分析

营销费用率应放在企业总体财务构架中进行分析，以决定企业如何花钱，把钱花在何处。企业营销主管越来越倾向于利用财务分析来寻找提高利润的战略，而不是仅仅限于制定如何扩大销售的战略。

市场营销管理人员应就不同的费用对销售额的比率和其他的比率进行全面的财务分析，以决定企业如何以及在何处展开活动，获得赢利。尤其是利用财务分析来判别影响企业资本净值收益率的各种因素。

5. 顾客态度追踪

前述的方法主要以财务和数量化分析为特征，它们十分重要，但还不够，还应与定性标准相结合，以便及早反映出企业市场份额的变化。机警的企业一般建立起制度来监控顾客、经销商及其他营销组织参与者的态度，主要有顾客投诉和建议制度、典型用户调查、定期的用户随机调查等。

6. 纠正措施

企业在发现实际绩效与年度计划发生较大偏差时，可考虑采取如下措施：削减产量，降低价格，对销售队伍施加更大的压力，削减杂项支出，裁减员工，调整企业簿记，削减投资，出售企业财产，出售整个企业。

二、赢利能力控制

赢利能力控制是测算出企业的各类产品在不同地区、不同市场，通过不同销售渠道出售的实际获利能力，以帮助主管人员决定哪些产品或市场应当扩大，哪些应该取消。

三、效率控制

如果赢利率分析发现企业在特定产品、销售地区或市场上获取的利润不高，那么就需要为这些业绩不佳的营销实体，寻找管理推销队伍、广告宣传、促销和分销等各种营销活动的更有效的方法。

(一)推销队伍效率

地方、地区、区域等各级销售经理，必须对所管辖的推销队伍的效率保持密切注意，提出一些问题，例如：推销代表每天的访问次数是不是太少？他们所花的接待费用是不是太高？他们在每百次推销访问中获取的订单是不是很多？他们是不是既能吸引足够的新顾客，又能维系老顾客？

推销队伍的效率指标：(1)每天每个推销员推销访问的平均次数；(2)每次推销访问的平均时间；(3)每次推销访问的平均收入；(4)每次推销访问的平均成本；(5)每次推销访问的接待成本；(6)每百次推销访问获得订单的百分比；(7)每阶段新增顾客数；(8)每阶段失去顾客数；(9)总成本中推销成本的百分比。

(二)广告效率

很多经理们觉得很难准确判断他们的广告支出能带来多少收益。然而，应当做出努力，更好地安排产品定位、明确广告目标、预试信息、使用计算机指导广告中介选择、寻找更佳的中介购买者以及检验事后的广告成果，由此来提高广告效率。

广告效率指标：(1)每千名购买者所获得的每种中介媒体的广告成本；(2)各种中介媒体中，注意、看到、联想和阅读广告的人在其观众中所占的比例；(3)消费者如何评价广告内容和有效性；(4)消费者对产品的态度在广告前一后有何差异；(5)通过做广告引发的顾客咨询次数；(6)每次咨询成本。

(三)促销效率

有数十种能够激发购买者兴趣和选用产品的促销方法。管理部门应当坚持记录每次促销活动的成本和它对销售量的影响，以便提高促销效率，尤其需要注意促销效率指标数据，通过对不同促销活动成效的总结，向产品经理提出最具成效的促销方式。

促销效率指标：(1)优惠销售的百分比；(2)每1元销售额中的展示成本；(3)赠券的回收比例；(4)一次实地示范所引发的咨询次数。

(四)分销效率

管理部门还需要研究分销这一经济活动，提高存货控制、仓储和运送的效率。

四、策略控制

企业应经常对其营销目标和效果进行严格的审查。在市场营销领域中，由于客观环境的不断变化，常常会出现目标、政策、策略、计划的迅速过时，每个企业应定期对其进入市场的策略方法重新做出评价。评价方法主要是市场营销效果等级评价。

企业的市场营销效果可以从顾客宗旨、整体营销组织、充分的营销信息、策略导向和营销效率等方面不同程度地反映出来，这五个方面都可以衡量。

由部门营销经理或其他经理将衡量指标进行评估，然后将评估分数加以汇总，评出等级。若哪一个方面得分低，则应引起足够的重视，及时采取措施予以改进。实验结果表明，测评结果达到优秀等级分数的极少，大多数企业的得分在中到良之间，这表明企业经理看到改进营销工作有很大潜力。

【案例 11-2】

洛阳市一个用户购买一款盼盼牌防撬门，回家安装后，发现带拉手这边的门边与门框之间的缝隙稍大，感觉到拉手安装的不太合理。用户拨通24小时咨询服务电话，说明此事。经销处的人员立即赶到了用户家，用照相机拍照，把照片用传真机迅速传回公司。经过公司技术员的鉴定，门边与门框之间的缝隙超过了质量规定的标准公差，但不会影响到防撬门的防撬、防钻、防拔等性能。公司依然决定给用户换上一款新门，并且给予900元的经济赔偿。用户感慨地说："这个问题解决得这么快，可见盼盼效率之高，你们的所作所为无愧于'盼盼到家，安居乐业'的宗旨。"

洛阳事件发生后，根据产品附带档案制度，很快查出生产和质检责任人，公司予以经济上的罚款和通报批评。罚款和通报批评不是目的，目的在于提高生产者和质检者的责任心，教育他人，避免类似事件发生，使产品质量再上新台阶。盼盼人不仅做到了有章可循，而且做到了违章必究。

（资料来源：公开资料整理。）

第三节 营销审计

一、营销审计的基本要求与程序

（一）营销审计的基本要求

营销审计是对企业的营销环境、目标、策略和活动的全面、系统及定期的检查，目标在于确定营销问题之所在，提出短期和长期的行动建议，以提高企业的整体营销效果。

第一，全面性。营销审计覆盖各项业务的主要营销活动，而不仅仅是出现问题的地方。如果审计的内容只是推销队伍、定价或其他一些营销活动，那么它就应被称为功能性审计。虽然功能性审计很有用，但是它有时会误导管理部门，使其无法找到问题产生的根本原因。比如，推销人员更换较多，可能并非推销人员培训不够或报酬不丰，而是表明企业产品和促销无力。一次全面的营销审计一般在查找企业营销问题的根本原因方面十分有效。

第二，系统性。营销审计包括一系列有严格顺序的诊断步骤，覆盖该组织的营销环境、内部营销制度和具体的营销活动等各个方面。在进行诊断之后，制定一个包括短期目标和长期目标在内的，旨在提高组织整体营销效益的纠正措施计划。

第三，独立性。有六种方法可供选择来进行营销审计：(1)自我审计；(2)交叉审计；(3)企业审计部门审计；(4)上级审计；(5)企业任务小组审计；(6)外部审计。自我审计指的是经理们利用一个检查表，给自己的业务活动评级，大多数专家认为这种方法缺少客观性和独立性。3M企业有效地利用了企业审计部门，由其向各事业部提供营销审计服务。然而在一般情况下，最有效的审计大多来自于有经验的外部顾问，他们具有审计所必需的客观性和独立性，对许多行业都有一定了解，并且能够集中时间和精力开展审计工作。

第四，定期性。典型的营销审计只是在销售量已经下降、推销人员士气已经跌落，或其他企业已经出现了问题之后才开始进行。然而，恰恰是因为企业没有在处于顺境的时候就对营销运作情况开展调查，才会在现在面临危机。定期的营销审计不仅有益于企业的健康发展，而且也有利于陷入困境的企业摆脱困境。没有一项营销运作能够完美到无以复加的地步，实际上，由于任何营销运作在几年后，就可能失去其有效性，所以即便是最好的营销运作也必须要更上一层楼。

(二)营销审计的程序

营销审计的第一步是企业高级人员与营销审计人员共同拟定审计的目标、范围、深度、资料来源、报告形式和审计期限等，制订出一个关于会见谁、要询问什么问题、会晤的时间与地点等内容的详细计划。第二步是收集资料，评价比较。此时不能仅仅依靠企业的资料数据及意见观点，还应从顾客、经销商及企业外部的其他群体中获取资料和意见。当资料收集结束后，营销审计人员要提出发现的主要问题以及解决问题的建议。

二、营销审计的基本内容

营销审计是营销战略控制的主要工具。一次完整的营销审计活动的内容是十分丰富的，概括起来包括六个大的方面：

(1)营销环境审计。主要包括宏观环境如人口统计、经济、生态、技术、政治、文化；任务环境如市场、顾客、竞争者、经销商、公众等。

(2)营销战略审计。包括企业使命、营销目标和目的、战略等。

(3)营销组织审计。包括组织结构、功能效率、部门间联系效率等。

(4)营销制度审计。包括营销信息系统、营销计划系统、营销控制系统、新产品开发系统。

(5)营销效率审计。包括赢利率分析、成本效率分析等。

(6)营销职能审计。对营销的各个因素如产品、定价、渠道和促销策略的检查评价。

企业管理者应通过定期审计，全面分析并及时发现企业营销中存在的问题，提出整改方案，为企业营销战略的制定和修改提供依据，促使企业不断提高营销水平。

【案例 11-3】

A 集团是一家近年迅速崛起的大型乳制品生产企业，由于其雄厚的奶源保证、高强力度的传播和液态奶市场的准确切入，使其已经成为中国乳制品行业中举足轻重的企业。奶粉事业部是A集团最早的业务也是最先形成规模和具有全国销售网络的部门，但相比其他事业部，现在在相应产品品类的全国市场地位和销售收入等主要经营指标已经远远落后于其他部门。

A 奶粉面临的外部挑战：

预计 2003—2005 年度国内奶粉市场会以 10%以上的速度递增，其中，甜粉的整体市场将下降，其他奶粉的容量将增长，婴儿粉的增长率将达到15%以上。

影响奶粉市场发展的两种因素交替作用，使奶粉市场的未来发展充满不确定性：一方面，人均乳品消费量的提高使奶粉市场有扩大的趋势；另一方面，液体奶的飞速发展又侵蚀着奶粉的市场。

营养、口味、价格、品牌成为消费者购买决策的首要考虑因素。

婴儿奶粉市场集中度相对较高，而其他奶粉集中度偏低。

奶粉的营销渠道正在发生深刻变化。一是各厂商开始重视 2、3 级网络的建设；二是新型零售渠道的作用越来越强大，而批发的作用正逐步缩小。

A 奶粉营销相关环节分析：

从目标制定开始到品牌建设、营销 4P 策略，到营销队伍管理、客户渠道管理，到内部的组织架构、管理流程，到与其他相关部门的配合，到信息系统、售后服务都存在或大或小的问题。可以陈述的问题多达上百条。例如在目标的制定及方法中存在：

1. 制定目标的方法需要提高科学性。

2. 由于关键目标是自上而下的，缺少执行层的参与，其合理性缺乏足够的保证；关键是无法保证执行层的深入理解。

3. 没有把关键目标分解为容易控制的经营指标，使得整体目标的实现缺乏运营层面的保证。

4. 指标体系的不完善，导致从中期战略到年度计划的断层。

5. 指标体系的不完善，导致从整体策略到区域市场策略的断层。

（资料来源：王新. 从 A 奶粉公司看营销审计. 经理日报，2004-12-05.）

【本章小结】

1. 市场营销计划是指在研究目前市场营销状况，分析企业所面临的主要机会与威胁、优势与劣势以及存在问题的基础上，对财务目标与市场营销目标、市场营销战略、市场营销行动方案以及预计利润表的确定和控制。市场营销计划的内容和步骤。

2. 市场营销组织是指企业内部涉及市场营销活动的各个职位及其结构。现代营销组织是经过长期演变而形成的。一般来讲，市场营销组织可以分为专业化组织与结构化组织两大形式。企业内部各职能部门应该密切配合以实现企业的整体目标。

3. 市场营销控制就是企业的管理当局为确保营销活动按计划目标运行，用以跟踪企业营销活动各个环节的一套工作程序，是企业营销管理的一个重要职能，也是实施企业营销计划的一项必要措施。企业的营销控制主要有年度计划控制、赢利能力控制、效率控制。

4. 市场营销审计是对企业的营销环境、目标、策略和活动的全面、系统及定期的检查，目标在于确定营销问题的所在，提出短期和长期的行动建议，以提高企业的整体营销效果。

【思考与练习】

1. 营销组织是如何演变的？
2. 营销组织有哪些形式？
3. 营销组织应如何处理与其他部门的关系？
4. 年度计划控制过程有哪些过程？
5. 怎样检查年度计划执行情况？
6. 效率控制应主要做好哪些方面的工作？
7. 营销审计的基本内容有哪些？

【综合案例】

困境中的欧洲迪斯尼

1993 年新年前夜，沃特·迪斯尼公司的主席迈克尔·艾斯纳(Michael Eisner)却仍在洛杉矶的办公室中，焦虑地等待着世界上最有权威的战略管理和咨询公司的顾问们的到来，欧洲迪斯尼已是岌岌可危，希望这些来自纽约和巴黎的财务、营销及战略专家能够力挽狂澜。

4 月初，顾问小组带着他们的研究结果回到艾斯纳的办公室。对于欧洲迪斯尼的问题，他们提出了6个关键要点：管理自大、文化差异、环境和地方因素、法国劳动力问题、财务和最初业务计划、美国迪斯尼的竞争。他们认为，尽管这些要点不是可以全部修正的，但深刻理解欧洲迪斯尼的失败原因，有助于管理人员保持清醒的头脑，不至于在以后的经营中重蹈覆辙。

(一)管理自大

Big Mais、Coke 及好莱坞在欧洲的成功，使迪斯尼决心建立欧洲迪斯尼，他们认为欧洲公众对美国进口产品的需求是没有限制的。然而，它却忽略了事实上“法国人排斥美国文化”。封闭的乐园使法国人不能留下自己的印迹。而迪斯尼正以一种轻蔑、不敏感、难以令人忍受的管理风格“出口”美国的管理体制、经验及价值。美国人真是很有野心，并且认为：因为他们是迪斯尼，就一定会成功，好像他们过去一贯如此似的。在这种前提下，欧洲迪斯尼很快以“Cutual Chernoby”闻名，并引起了法国人的敌视。美国管理层傲慢的管理作风与方式使员工士气低落，也是造成游客减少的原因之一。

(二)文化差异和营销问题

顾问团队中的营销战略专家提出了欧洲迪斯尼与美国迪斯尼在文化及营销方面存在的差异：

1. 平均逗留时间的差异；
2. 高度季节性的游客；
3. 国内食品饮食不尽如人意；
4. 纪念品价格低；
5. 交通运输设施不足。

（三）环境及定位

环境方面的专家就欧洲迪斯尼存在的问题提出两点看法：

1. 迪斯尼选择设在北欧中部，这一地区一年中仅有6个月适合户外活动。
2. 错误的地理位置选择。欧洲迪斯尼建在巴黎西郊，虽然现在大部分的巴黎游客居住在城西，但长期来看，人口增长将集中在巴黎东部。

（四）法国劳动力问题

法国劳动力经济学家指出，对法国有关劳动力法律的无知是造成欧洲迪斯尼劳动力成本大大高于美国迪斯尼的主要原因。在美国，针对迪斯尼的季节性，管理人员采用星期工作制及年度工作制来安排员工。这样既保证人员配套的高度灵活性，以满足高峰时期游客的需求，又具有相当的经济性。然而，法国有关的法律对此却缺乏灵活性的规定。对这一法律方面差异的忽视造成了欧洲迪斯尼过高的劳动力成本。

（资料来源：吴晓云. 营销管理案例. 天津大学出版社，2008.）

讨论题：

一大堆的问题摆在了艾斯纳的面前，他该怎么办呢？

第十二章　市场营销新发展

【学习目标】

本章主要介绍了全球营销、绿色营销、网络营销、关系营销和诚信营销的概念及基本内容，通过本章的学习：

1. 了解市场营销学的发展趋势。

【本章摘要】

20 世纪 80 年代以来，随着社会经济的发展，科学技术的进步，经济全球化进程的加快，以及市场竞争的加剧，企业的营销环境发生了深刻的变化。面对新的形势，人们开始从不同角度研究市场营销问题，提出了一些新的营销观念和方式，如全球营销、绿色营销、网络营销、关系营销及诚信营销等，从而使营销理论和实践交互作用，共同发展。

第一节　全球营销

一、全球营销的概念与内容

(一) 全球营销的定义

全球营销指企业通过全球性布局与协调，使其在世界各地的营销活动一体化，以便获取全球性竞争优势。全球营销有三个重要特征：全球运作、全球协调和全球竞争。因此，开展全球营销的企业在评估市场机会和制定营销战略时，不能以国界为限，而应该放眼于全球。

(二) 全球营销的内容

1. 产业的全球化

产业的全球化是指产业组织在全球范围内的扩张和活动，产业结构在全球范围内的演变和升级。一国的产业政策和产业转型往往受全球产业发展的影响，只有紧紧把握产业全球化的脉搏，并大力推进产业全球化，才能走向经济全球化。

2. 市场的全球化

目前，市场经济体制已为世界上各主要国家所接受。市场开放程度不断加大，各国政府对外国产品进口及外国企业直接投资的限制逐渐放宽。国际金融市场全球化，各国货币先后可自由兑换，区域经济一体化。此外，随着世界贸易组织及其他国际组织成员国的不断增加，越来越多的国家的经济政策将受到国际法规与条约的约束。

3. 顾客的全球化

一方面，世界各国消费者的需求日益趋同；另一方面，国际商务旅行和旅游度假也日益增多，旅行者希望在世界各地都能买到他们熟悉的值得信赖品牌的产品，享受到标准化服务。

4. 竞争的全球化

产业、市场、顾客的全球化使企业面临的不是要不要全球经营的问题，而是如何全球经营的问题。企业要在所面临的全球竞争中获得较低的成本或其他明显的优势才能够生存下去，否则在竞争中势必会处于劣势，甚至威胁到自身的生存。

二、全球营销的营销环境

(一)国际贸易体系

企业要把产品销往其他国家或地区的市场，就会碰到各种贸易限制。最常见的贸易限制是关税，其次是非关税，如进口配额、进口限制、外汇管制、歧视性技术标准。

(二)经济环境

1. 经济制度

当前各国经济制度的一个新特点是私有制主导的经济中也会有公有经济的存在，公有制经济也不排斥私有经济成分，相互补充、相互促进。

2. 经济发展水平

一个国家经济发展水平不同，国民收入高低不同，对产品的需求就会有很大差异，从而对国际营销的各个方面都会带来影响。

3. 市场规模

(1)从人口方面来看，总人口是最主要的指标，在其他条件相同的情况下，总人口数越大，表明市场规模越大。

(2)从收入方面来看，国民生产总值是衡量国家或地区总体经济实力与购买力的指标，对于评价工业品市场规模尤其重要；人均收入以及个人可支配收入、个人可自由支配收入与消费品购买力呈正相关关系。

4. 经济特征

经济特征包括自然条件、消费模式、基础设施及城市化程度等因素。

(三)政治法律环境

1. 政治环境

政治环境包括社会性质和政治体制，行政体制，政治稳定性，政府干预程度及东道国的国际关系。

2. 法律环境

法律环境是主要了解东道国法律属于何种体系。因为世界上大多数国家的法律体系大致可分为英美法系和大陆法系。

(四)社会文化环境

社会文化环境是指一个社会的民族特征、风俗习惯、语言、意识、道德观、价值观、教育水平、社会结构、家庭制度的总和。不同国家营销环境的差别，主要体现为不同国家文化背景的差异性，可以说社会文化环境是国际营销实践中最富有挑战意义的环境要素，主要是语言文字、教育水平、宗教、风俗习惯、价值观及社会组织等。

三、全球营销的营销战略

企业的全球营销战略包括四个主要方面：确定全球营销任务、全球市场细分战略、竞争战略及营销组合战略。

全球营销任务的内容是确定主要目标市场，市场细分原则及各个市场的竞争定位。全球营销对于企业获取其全球性战略目标有着重要的作用，所以，企业的全球营销战略应与其总体战略相适应。

在全球市场细分战略方面，有三种战略可供选择：第一，全球性市场细分战略。此战略重在找出不同国家的消费者在需求上的共性，如人口统计指标、购买习惯和偏好等，而不重视国界/文化差异性。第二，国别性市场细分战略。此战略强调不同国家之间文化/品位上的差异性，市场细分主要以地理位置和国籍为基准。第三，混合型市场细分战略。它大体上是前两种战略的结合型战略。

除了确定出市场细分战略外，企业还要确定其在每一个市场上的竞争地位。四种主要的竞争定位战略是市场领导者、市场挑战者、市场追随者和市场利基者。如果企业在所有的外国市场采取同样的竞争定位战略，则称之为全球性竞争定位战略；反之，如果企业在不同市场采取不同的竞争定位，则称为混合型竞争定位战略。

四、全球营销的营销方式

(一)标准化市场营销组合

标准化市场营销组合就是在世界范围内，销售大致相同的产品并使用相同的营销方法。

企业在全球性的营销活动中通过标准化产品创造引导消费需求，可以进一步取得竞争优势。通过产品标准化，企业可以在全球营销活动中降低成本，使企业统一协调其营销活动。

(二)适应性市场营销组合

适应性市场营销组合就是企业根据不同目标市场调整其市场营销组合要素。

产品标准化是全球营销的重要手段，但是全球营销并不等于标准化。企业只对核心产品及其生产技术实行标准化，而不是对产品全部标准化。

【案例 12-1】

华为的营收七成来自海外，海外员工占比达到75%，在中国企业中全球化程度最高，它的全球化发展经验值得学习。华为经常引用“globalization”这个词，是全球化与本地化的结合。

全球化+本地化是一个极其复杂的系统工程，不能简单把在中国市场获得的成功复制过去，否则必然失败，如HTC在美国陷入困境，小米在新加坡等国家遇到困难。

华为的做法是本着三个遵从的原则。一是管理遵从。主动融入由西方人所主导的全球商业秩序，在管理制度和流程方面全面西化。十多年来华为用于管理变革的成本总计达到50多亿美元，构造了与西方公司接近乃至于完全相同的一整套制度和流程，这是华为能够在全球市场立足并获得成功的根本要素。二是法律遵从。遵守联合国法律和美国法律，华为将美国法律视为国际法，因为在事实上，美国在全世界可以利用自己的法律打击和制裁任何企业。另外，还严格遵守所在国家的法律。三是文化遵从。华为有一个道德遵从委员会，其主要职能就是引导和规范华为员工从语言、习俗、宗教，乃至于生活习惯等方面主动适应和融入所在国家或地区。

本地化不仅意味着本地雇佣、纳税和提供适合本地需求的产品。更高层次的本地化是通过与本地优秀企业分工合作，将它们的创新能力整合到企业的全球价值链中去，发挥出全球价值，这是华为全球化+本地化的要义所在。

（资料来源：走向全球的华为，为什么值得尊敬. 搜狐新闻网. http://www.sohu.com/a/33807061_116140.）

第二节 绿色营销

一、绿色营销的内涵与特点

绿色营销指的是企业在充分满足消费需求，争取适度利润和发展水平的同时，注重自然生态平衡，减少环境污染，保护和节约自然资源，维护人类社会长远利益及其长久发展，将环境保护视为企业生存和发展的条件和机会的一种新型营销观念和活动。绿色营销相对于传统营销而言，主要有以下几个方面的特征：

（一）营销的目标是追求可持续消费

绿色营销要求在可持续消费的前提下实施营销活动，即营销的目标应在追求充分满足消费者需求的同时，提高消费的质量，减少物质消费的数量，降低人类资源的耗费程度，使消费达到可持续增长的要求。

（二）营销服务的对象从消费者扩展到消费者和社会

在绿色营销中，企业在满足消费者需要的同时，其行为还必须符合环境保护的要求，符合社会合理、有序发展的要求。当消费者的需求与社会的需求相冲突时，企业的营销不能损害社会的利益，而应妥善处理好这一矛盾，协调好两者的关系。

(三)顾客的性质发生重大变化

传统营销仅仅把人看作消费者，其研究的出发点是如何通过营销活动及时满足其消费需要；而绿色营销研究的是如何通过企业的营销活动满足人的物质和精神等多方面的需要，研究如何从毫无约束的消费物质资源转向保护自然资源。

(四)需要的含义大大发展

传统营销所指的需要是消费者单一的欲望或需要。而绿色营销认为，人的需要和欲望是多样性的，其中某些需要和欲望可能是相互冲突的。绿色营销追求的是满足消费者一系列可能是相互冲突的欲望或需要。

(五)对顾客满足(CS)进行重新定义

传统营销所指的满足集中于产品和服务在被消费时得到满足，而绿色营销要求达到的满足，不仅包括产品在被消费时，而且还包括提供产品时和产品被消费后。

(六)企业文化发生本质变化

在传统营销条件下，企业文化在本质上是竞争文化。在绿色营销概念下，企业实施绿色文化，即要求企业更多地注意人的导向、人的价值。企业应把竞争对手更多地看作伙伴，尤其是环境保护的合作伙伴。

(七)为整体营销管理增加了新的内容

整体营销管理指企业应以实现顾客满足为出发点，管理营销和整个企业。在绿色营销概念下，企业在整体营销中必须考虑绿色产品与包装、产品生产和营销过程中的污染和废弃物，考虑原料和能源的节约，考虑企业的外部环境以及供应商的环境业绩对企业的影响，并以此实施企业的整体管理。

二、绿色营销的实施

绿色营销的实施是一个系统工程，需要政府、企业与消费者的协同作用，也需要广泛的国际性合作。

(一)政府、企业与个人的协同

1. 政府方面

(1)政府要树立可持续发展的战略观念。可持续发展战略是指社会经济发展必须同自然环境及社会环境相联系，使经济建设与资源环境相协调，使人口增长与社会生产力发展相适应，以保证实现社会良性循环的发展，据此，政府应确定环保是基本国策的战略思想，确立经济与生态协调发展的战略思想。

(2)政府要根据国情，参照国际惯例，不断完善环保法规，对现行的环保法进行修改，制定保护自然环境的法律法规。

(3)政府要制定绿色政策体系，诸如环境保护政策、绿色市场培育政策、资金及税收支持政策、土地使用政策等。

2. 企业方面

(1)企业要树立绿色营销观念。

(2)制定绿色营销战略。从全球绿色营销观念出发，协调环境、社会、企业的利益，制定出绿色营销战略。它必须既有利于自然环境良性循环发展，又有利于满足消费者的现实及未来的绿色需求，从长远看，还要考虑企业合理的"绿色赢利"。

(3)进行绿色营销策略整合，即考虑绿色消费者的需求与支付能力，从整体上设计与开发绿色产品，实施绿色产品定价、绿色产品广告宣传及绿色产品的分销。

3. 消费者方面

消费者要自觉树立环境观念及绿色消费观念，推动企业绿色营销的实施以及促进政府绿色法规的制定、完善及执行。

只有发挥政府、企业及消费者在发展绿色营销中的协调作用，才能促进我国企业绿色营销迅速、健康的发展。

(二)实行广泛的国际合作

由于自然环境的恶化是全球性的，如全球增温，臭氧层受破坏，生物种类的灭绝，水源及空气污染等，因此，需要各国政府进行广泛合作，从全球及宏观方面保证企业绿色营销的开展。

【案例 12-2】

目前，新能源汽车正在普及之中，形式包括纯电动、油电混动、插电混动、氢燃料电池车等。比亚迪董事长王传福周四表示，到 2030 年，全国所有汽车将"电动化"，从全电动汽车到轻度混合动力车。在沃伦·巴菲特的支持下，比亚迪已经在新能源汽车市场大举投资。

全球的汽车制造商都在努力应对政府的计划，即从汽油发动机汽车转向更新、污染更少的电动技术——这一趋势正在制造汽车行业所经历的最重大变革之一。

本月早些时候，一名中国高级官员表示，中国已开始研究何时禁止生产和销售使用传统燃料的汽车，但没有给出时间表的时间表。英国和法国已经表示，他们将在 2040 年禁止生产新的汽油和柴油汽车。

中国为电动汽车和插电式混合动力车设定了目标，到 2025 年，这些汽车的销量至少占到其汽车销量的五分之一，以减少空气污染，并缩小国内汽车制造商与全球竞争对手之间的竞争差距。

咨询公司 IHS Markit Automotive 驻上海的亚太区主管赵超表示："到 2030 年，汽车制造商在中国和世界各地销售的所有汽车，都有可能实现电动化。

(资料来源：露天．比亚迪：中国新能源汽车转型将在 2030 年前完成．http://www.techweb.com.cn/world/2017-09-21/2587323.shtml.)

第三节　网络营销

一、网络营销的概念与特征

网络营销是指企业为实现营销目标，借助电脑通信、联机网络和数字交互式媒体开展营销活动的营销方式。网络营销作为一种新型营销方式，它在实现企业最终目的即通过满足消费者需求进而满足企业自身的需求(即获得利润)上与传统的营销并无二致。所不同的是，在网络营销中，营销者可充分运用十分发达、畅通的通信网络技术为企业的营销目标服务，国际互联网和商业在线服务成为强有力的营销工具。网络营销具有如下特征：

(一)市场全球化

Internet 在全球范围内的迅速崛起给企业带来新的商机，使企业商业活动向着区域化、全国化、国际化、全球化发展，使企业面临一个更广阔、更具有选择性的全球市场。

(二)产品个性化

传统的营销产品都是以规模生产来满足顾客的一般需求，顾客的个别需求却往往得不到满足。网络营销能够对顾客的个别需求作出一对一的反应，生产出富有个性的产品以满足顾客的个别需求。

(三)价格公开化

顾客可通过网络对所需的商品进行全球性的比较和选择，这样将大大提高价格的透明度，使价格竞争更加剧烈。

(四)渠道直接化

由于厂商通过网络直接与顾客进行联系，商品可直接从厂商到顾客手中，大大缩短了商品流通过程，使销售渠道更加直接化，加速了商品流、资金流、信息流，因此大大降低了中间商的作用。

(五)服务大众化

企业通过网络一天 24 小时，每周七天永不停止地为顾客服务。对于每一个顾客无论其规模大小，无论位于世界的哪一个角落，只要联网，都可享受到全方位的服务。

(六)交易虚拟化

在网上，企业是虚拟的，商场是虚拟的，商品也是虚拟的。在网上看起来很大的一家企业可能只有几个人，甚至就是一家皮包企业；看起来很漂亮的商品可能是假冒伪劣，甚至根本就不存在；在网上支付的也是虚拟的电子化的货币。

二、网络营销的运作方式

网络营销作为在 Internet 上进行营销活动，它的基本营销目的和营销工具是一致的，只不过在实施和操作过程中与传统方式有着很大区别。

(一)网上市场调查

主要利用 Internet 的交互式的信息沟通渠道来实施调查活动。它包括直接在网上通过问卷进行调查，还可以通过网络来收集市场调查中需要的一些二手资料。利用网上调查工具，可以提高调查效率和调查效果。Internet 作为信息交流渠道，是一个信息海洋，因此在利用 Internet 进行市场调查时，重点是如何利用有效工具和手段实施调查和收集整理资料，获得想要的资料信息和分析出有用的信息。

(二)网上消费者行为分析

Internet 作为信息沟通工具，正成为许多兴趣、爱好趋同的群体聚集交流的地方，并且形成一个特征鲜明的网上虚拟社区，了解这些虚拟社区的群体特征和偏好是网上消费者行为分析的关键。

(三)网络营销策略制定

不同企业在市场中处在不同地位，在采取网络营销实现企业营销目标时，必须采取与企业相适应的营销策略，因为网络营销虽然是非常有效的营销工具，但企业实施网络营销时是需要进行投入的和有风险的。同时企业在制定网络营销策略时，还应该考虑到产品周期对网络营销策略制定的影响。

(四)网上产品和服务策略

网络作为信息有效的沟通渠道，它可以成为一些无形产品如软件和远程服务的载体，它改变了传统产品的营销策略特别是渠道的选择。作为网上产品和服务营销，必须结合网络特点重新考虑产品的设计、开发、包装和品牌的传统产品策略。

(五)网上价格营销策略

网络作为信息交流和传播工具，从诞生开始实行的是自由、平等和信息免费的策略，因此网上市场的价格策略大多采取免费或者低价策略。因此，制定网上价格营销策略时，必须考虑到 Internet 对企业定价的影响和 Internet 本身独特的免费思想。

(六)网上渠道选择与直销

基于 Internet 的网上直销模式，改变了传统渠道中的多层次的选择和管理与控制问题，最大限度地降低渠道中的营销费用。

(七)网上促销与网络广告

Internet 作为一种双向沟通渠道，最大优势是可以实现沟通双方突破时空限制直接进行交流，而且简单、高效和费用低廉。网络广告作为最重要的促销工具，主要依赖 Internet 的第四媒体的功能。网络广告作为在第四类媒体发布的广告，具有传统的报纸、杂志、无线广播和电视等传统媒体发布广告无法比拟的优势，即网络广告具有交互性和直接性。

(八)网络营销管理与控制

网络营销作为在 Internet 上开展的营销活动，必将面临许多传统营销活动无法碰到的新问题，如网络产品质量保证问题、消费者隐私保护问题，以及信息安全与保护问题等。这些问题都是网络营销必须重视和进行有效控制的问题，否则网络营销效果会适得其反，甚至会产生很大的负面效应，这是由于网络信息传播速度非常快而且网民对反感问题反应比较强烈、迅速。

【案例 12-3】

2010 年 7 月，出版过 8 本小说，获得过“新概念作文大赛”一等奖，跟韩寒、郭敬明同属“萌芽系”的马中才在北京的蓟门桥开了一家螺蛳粉小店，生意不算好也不算坏。为了招揽一些广西老乡，小马哥在新浪网注册了微博，没想到几个月他的小店就在网上出名了。

刚刚开通微博，螺蛳粉先生就主动寻找目标客户，关注柳州人。首先关注潜在的消费群体，并及时与他们互动。当他刚开始使用微博的时候，就是在微博上通过搜索功能搜索有关“螺蛳粉”的人及微博，看到谁的微博上发了“螺蛳粉”相关的微博，又在北京的，就关注他，和他天南地北地聊，顺势宣传他即将开业的螺蛳粉先生店。下面是螺蛳粉先生第一条微博：“螺蛳粉先生蓟门店计划于 2010 年 7 月 25 日星期天开业，开业期间有优惠哦，敬请各位喜欢螺蛳粉的朋友关注，支持!!! 具体地址：北京市海淀区北三环西路 5 号蓟门里小区菜市场，毗邻北京政法大学、北京电影学院、首都体育学院、北京大学生体育馆、政法大厦等，联系电话：1890124 * * * *”。下面是部分评论：

“@ 杨帆 cnBeta 到时候带着老婆一起去吃~”

马上螺蛳粉先生就进行了回复“螺蛳粉先生回复@ 杨帆 cnBeta：谢谢捧场哦。”

另一评论：“@ ggia 一定要去试吃的。”

回复：“螺蛳粉先生回复@ ggia：哈哈，你的头像！汗……”

就这样，在螺蛳粉追随者们互动中，悄悄地向他们宣传他家的螺蛳粉。于是，很多粉丝纷纷慕名而来，为的就是一尝螺蛳粉先生家的口味。

螺蛳粉先生在开业后第七天就成功获得了新浪的认证，给螺蛳粉先生加 V 了，加 V 的意义就是获得一种官方意义上的肯定和认可，这样可以大大提高粉丝们的信任度。螺蛳粉先生使微博成为了他螺蛳粉小店的咨询服务中心，意见反馈中心，自我批评和道歉中心，他在微博上耐心幽默地回答粉丝们的疑问，同时也对做得不好的地方作自我批评。

（资料来源：公开资料整理。）

第四节 关系营销

一、关系营销的概念及其特征

所谓关系营销，是把营销活动看成一个企业与消费者、供应商、分销商、竞争者、政府机构及其他公众发生互动作用的过程，其核心是建立和发展与这些公众的良好关系。

1. 双向沟通

在关系营销中，沟通应该是双向而非单向的。只有广泛的信息交流和信息共享，才可能使企业赢得各个利益相关者的支持与合作。

2. 合作

一般而言，关系有两种基本状态，即对立和合作。只有通过合作才能实现协同，因此合作是“双赢”的基础。

3. 双赢

关系营销旨在通过合作增加关系各方的利益，而不是通过损害其中一方或多方的利益来增加其他各方的利益。

4. 亲密

关系能否得到稳定和发展，情感因素也起着重要作用。因此关系营销不只是要实现物质利益的互惠，还必须让参与各方能从关系中获得情感的需求满足。

5. 控制

关系营销要求建立专门的部门，用以跟踪顾客、分销商、供应商及营销系统中其他参与者的态度，由此了解关系的动态变化，及时采取措施消除关系中的不稳定因素和不利于关系各方利益共同增长因素。此外，通过有效的信息反馈，也有利于企业及时改进产品和服务，更好地满足市场的需求。

二、关系营销的实施

（一）顾客关系营销的实施

这里的顾客泛指购买和使用本企业产品和服务的个人、机构，具体包括使用本企业产品和接受本企业服务的消费者、分销商、政府、社会团体等。

1. 设立顾客关系管理机构

建立专门从事顾客关系管理机构，选派业务能力强的人任该部门总经理，下设若干客户经理。客户经理负责一个或若干个主要客户。客户经理的职责是制订长期和年度的客户关系营销计划，制定沟通策略，定期提交报告，落实企业向客户提供的各项利益，处理可能发生的问题，维持同客户的良好业务关系。

2. 个人联系

个人联系即通过营销人员与顾客的密切交流，增进友情、强化关系。比如，有的市场营销经理经常邀请客户的主管经理参加各种娱乐活动，如滑冰、野炊、打保龄球、观赏歌舞等，双方关系逐步密切；有的营销人员记住主要顾客及其夫人、孩子的生日，并在生日当天赠送鲜花或礼品以示祝贺等。

3. 频繁营销

频繁营销规划也称为老主顾营销规划，指规划向经常购买或大量购买的顾客提供奖励。奖励的形式有折扣、赠送商品、奖品等。通过长期的、相互影响的、增加价值的关系，确定、保持和增加来自最佳顾客的产出。

4. 俱乐部营销规划

俱乐部营销规划指建立顾客俱乐部，吸收购买一定数量产品或支付会费的顾客成为会员。

5. 顾客化营销

顾客化营销也称为定制营销，是根据每个顾客的不同需求制造产品并开展相应的营销活动。其优越性是通过提供特色产品、优异质量和超值服务满足顾客需求，提高顾客忠诚度。

6. 数据库营销

顾客数据库指与顾客有关的各种数据资料。数据库营销指建立、维持和使用顾客数据库以进行交流和交易的过程。数据库营销是一种借助先进技术实现的“一对一”营销，可看作顾客化营销的特殊形式。数据库中的数据包括现实顾客和潜在顾客的一般信息、交易信息、促销信息、产品信息等。数据库维护是数据库营销的关键要素，企业必须经常检查数据的有效性并及时更新。

7. 退出管理

“退出”指顾客不再购买企业的产品或服务，终止与企业的业务关系。退出管理指分析顾客退出的原因，相应改进产品和服务以减少顾客退出。退出管理可按照以下步骤进行：

(1)测定顾客流失率。

(2)找出顾客流失的原因。按照退出的原因可将退出者分为：价格退出者、产品退出者、服务退出者、市场退出者、技术退出者、政治退出者。企业可绘制顾客流失率分布图，显示不同原因的退出比例。

(3)测算流失顾客造成的企业利润损失。流失单个顾客造成的企业利润损失等于该顾客的终身价值，即终身持续购买为企业带来的利润。流失一群顾客造成的企业利润损失更应仔细计算。

(4)确定降低流失率所需的费用。如果这笔费用低于所损失的利润，就值得支出。

(5)制定留住顾客的措施。造成顾客退出的某些原因可能与企业无关，如顾客离开该地区等，由于企业或竞争者的原因而造成的顾客退出，则应引起警惕，采取相应的措施扭转局面。

(二)内部关系营销的实施

企业的内部关系是指企业组织机构内部各组成元素之间的相互关系。内部市场营销是关系营销的重要组成部分，也是传统营销所忽视的部分。

1. 重视员工的关系

人乃企业之本，企业应切实关心员工的利益，培养员工的自豪感，增强企业的向心力和凝聚力。同时，员工是贯彻营销策略的最直接的一个环节。员工对企业、对营销策略的态度如何，直接关系到营销的成败。

(1)重视员工的利益。一方面必须关心员工的物质利益，根据企业的利润与员工的努力程度，逐步提升员工对其报酬、福利以及自我实现的满足程度。在市场经济条件下，留住人才最重要的因素是要有一个颇有竞争力的薪酬。精神激励也是一个重要的方面，也就是说应关心、引导并充分满足员工的精神需求。

(2)重视员工的培育。企业应该在招聘时让员工清楚地知道自己在企业中的定位，同时也明白进入企业后的发展方向。具体的做法是可以设立事业发展辅导服务中心，专为员工提供各种有关事业发展的讲座、录像带和书籍以及符合员工个人程度的软件。

(3)重视沟通。企业应通过各种方式，及时让员工了解企业的经营状况，并且把员工的意见与建议迅速地反馈给相应的部门，以作为决策的依据。为了培养忠诚的员工，企业要通过对员工实行教育，使他们了解企业的使命、价值观、经营管理思想与优良传统，认识企业的文化，从而增强员工的凝聚力与向心力。企业在制定政策、制度和管理措施时，应多方面采纳意见，实施时，企业应通过收集员工委员会或员工个人的反馈意见，与辞职员工的谈话来评估这些措施。

(4)让员工参与管理。参与管理指从企业计划的制订、方案的拟订执行，由员工与管理层共同参与。一方面为员工提供自我表现的机会，极大激发他们的创造力；另一方面可以及早发现企业经营管理的意见分歧与执行障碍，从而提高企业的运作效率。企业应认识到，要让员工更有效地工作，必须赋予他们相对独立、自主的权利。

2. 重视部门间的关系

一个部门和其他部门共同进行的活动很可能会影响企业的成本行为和经营差别化，从而带来竞争优势，因为，①部门的整合可以节约成本；②相互联系可以使相关部门的信息得以共享；③提高活动的效率。

(三)竞争者关系营销的实施

在现代市场条件下，企业与竞争者对手之间的关系应该不是一方吃掉一方，而应寻求共同利益，形成相互适应、相互协调、共同发展的和谐关系。关系营销理论注重于同竞争对手建立良好关系，谋求共同发展。

1. 竞争者的关系协调

(1)公平竞争。公平竞争不仅是一个行业繁荣发展的基础，也是协调竞争者之间关系的基本规范。作为不同的利益主体，为了避免被行业淘汰，企业与竞争者之间极有可能发生激烈的冲突和严重的对抗情绪等，但这种矛盾只能通过增强自身实力来解决，通过正当的、合法的、道德的手段去参与竞争，赶超竞争对手，只有这样，自身才会获得长远的发展。

(2)互相学习。互通有无、互相支持、互相学习能提高自己的竞争实力。管理经验、营销方法、财务流程等都是学习的内容。学习方不仅包括同行业，也包括外行业。学习竞争者的经验一般是有偿的，可以把自己的顾客介绍给对方，支持或援助竞争对手的某一事业或活动等。需要注意的是，在学习的同时，应该合理控制信息流动，保护自身的竞争优势，防止对方得到我方应予以保护的关键信息。

(3)相互沟通。现代企业之间要求得长足的发展，搞自我封闭是不行的，必须要加强与竞争者之间的沟通。这种沟通可以是正式的，也可以是非正式的。比如企业之间的互相参观学习、互访，也可以组织联谊活动，在企业的高层管理者与职员之间建立友好的私人关系。

2. 竞争中的合作关系

企业必须具有强烈的竞争意识，认清其所面临的竞争对手及竞争威胁，但同时也必须要认识到合作的必要性和合作的价值，研究不同的竞争者与本企业之间的各种关系，并努力地创造条件，发展并建立与他们的各种合作关系，在竞争过程中合作。

(1)确立合作伙伴。合作的首要条件是真诚，双方要诚心相待，否则不但达不到合作的良好效果，反而削减了双方的实力。其次应明确合作的原因与目的，这样在合作的过程中就能“采其长，补己短”，最终实现企业的战略目标。最后，在合作时对对方要有尽可能详细的了解，如对方合作的目的、对方的资金状况、对方的信用记录等。

(2)合作的类型。按照合作的主体划分，有行业竞争性合作、地缘性合作和规模经济性合作。

(3)建立恰当的关系。由于联盟伙伴之间往往存在着既合作又竞争的双重关系，双方应对联合与合作的具体过程和结果进行谨慎细心的谈判，摒弃偏见，求大同，存小异，增强信任。

3. 合作中的竞争关系

合作关系是竞争者关系的重要组成部分，可以充分利用对方的优势弥补自己的短处，推动竞争双方的发展。但企业在合作过程中应意识到，合作并非是全部，合作中仍要加强自身的竞争实力。

(1)在合作过程中，企业要清醒地认识所面临的竞争环境，认清所面对的各种不同的竞争力量以及自身的竞争实力，合作中不失自主性。

(2)在合作过程中，一方面对于协议所要求的内容要诚心地合作，另一方面企业要合理控制信息流动，保护自身的竞争优势，防止对方得到我方应予以保护的关键信息，做出有损我方的行为。

(3)大多数的联盟协议规定，参与联盟的企业不得与联盟涉及的领域发生直接的竞争，因此在签署这个协议时务必谨慎从事，因为双方企业的战略地位在将来可能会发生巨大变化，与联盟发生冲突是双方所不愿意的。联盟双方所拥有的技术应当进行适当保护，否则，就有可能被其中一方用于私自目的，甚至于被用来与主要竞争对手成立另一个联盟。

(四)供应商关系营销的实施

供应商是指那些向企业提供各类产品以供企业进行生产或者销售活动的各经济单位。供应商关系营销就是要在精心挑选供应商的基础上与供应商建立长期紧密合作和互惠互利的关系，在产品开发、产品质量、制造、后勤、营销等方面进行全面的沟通与合作。

1. 建立供应商关系

建立供应商关系的重点是如何物色供应商，企业可重点考察供应商的技术实力、生产规模、管理水平、人才优势、商业信誉、质量保证、价格让渡及企业文化，同时还要分析供应商在其所在的行业中的竞争地位、市场占有、发展战略等，并根据自己对原料或配件需求的特点来选择优秀的供应商。对同一类产品的供应商选择在数量上要合适。

2. 维持供应商关系

企业应有计划、有组织地制定和推行供应商关系政策，并详细确立与政策一致的供应商关系目标和计划方案，从内部开始作出改善供应商的努力。企业必须与供应商进行有效的双向沟通，相互交流，促进了解。可采取的方法有个别交流、互访活动、定期或不定期召开供应商会议等。

3. 与供应商共同发展

在正常情况下，企业能够从供应商那儿获得较多好处，但要考虑到，在非正常情况下，如过度的价格竞争、行业结构的改变等，供应商处在逆境之时，企业要尽可能给供应商以支持，如资金支持、技术援助等，帮助供应商渡过难关。

(五)相关群体关系营销的实施

企业的主要相关群体包括政府、企业所在地的社区及新闻媒体、公共事业等其他的一些公众团体，它们对企业的生存和发展有着重要的影响。对于主要相关群体开展关系营销，可以从以下角度进行展开：

1. 实行 CI 战略，塑造企业形象
2. 积极与政府部门沟通
3. 做一个为社区公众所接受、爱戴的“好公民”

第五节 诚信营销

一、诚信营销的内涵和意义

(一)诚信营销的定义

诚信即诚实守信。诚信是我国传统道德中最重要的规范之一，是社会主义市场经济条件下，企业在从事生产、经营、管理活动中，处理各种关系的基本准则。诚的基本含义包括：诚心、诚实、诚恳。信的基本含义包括：信用，即企业经营者必须言行一致，说到做到；信誉，即企业必须把信誉放在首位，以信誉赢得商誉；信守，即企业应自觉遵守国家法律，依法经营，按合同办事。

诚信营销就是指企业将诚信原则贯彻到营销活动的各个环节中，坚持诚信理念，在整个营销过程中顾及社会、企业、消费者以及内部员工的利益，诚实守信，注重长远发展。

(二)诚信营销的意义

美国学者福山在《信任》一书中曾预言：21世纪是信誉的世纪，哪个国家的信誉度最高，哪个国家就会赢得更广阔的市场。诚信不仅关系到国家经济的发展，而且作为企业的一种重要的无形资源，是企业经济发展的无形推动力，对企业的长远发展有着巨大的促进作用。

1. 诚信是增强企业竞争力的根本因素

企业竞争力的大小直接决定着企业的发展和壮大。根据经济学家张维迎教授对企业竞争力的看法，企业最重要的竞争力表现在两个方面：一是企业内部积累的互补性知识；二是企业信誉。对企业来说，有了诚信，就可以给人以信任感、亲近感，从而赢得顾客，赢得市场，赢得信誉，进而赢得效益，提升其竞争力。

2. 诚信是企业树立良好形象的重要策略

企业从事营销活动，销售的不仅是产品，更主要的是企业本身。因而营销活动的方式、手段、内容是企业的代言人。如果企业在营销活动中采用各种假冒伪劣商品或其他欺诈方式，除消费者不接受产品外，企业管理的声誉也会扫地，而如果企业在消费者中的形象受到损害，想要东山再起则困难重重。

3. 诚信是企业创造顾客的有效手段

顾客的多少是对企业成功与否的最好评价，如何既保住老顾客又不断吸引新顾客，最简便、最切合实际的方式就是在营销活动中讲诚信，因为诚信是服务质量的重要保证。当企业在营销过程中，无法一一兑现其对服务的描述和承诺时，顾客感觉中的整体服务质量就会比较差，也就没有信心再次购买企业的服务。因此，诚信可以为企业创造更多的顾客，从而为企业带来更多的财富。

4. 诚信是企业吸引人才的有效手段

人才是企业生存和发展的关键，是企业竞争的焦点。一个没有生机和前途的企业是留不住人才的，一个不能尊重和善用人才的企业也是吸引不了人才的。而诚信既能为企业树立形象，积累财富，又能打消人才的疑虑。因为一个企业既然能认识到对社会的责任，就必然意识到人才对企业的重要性，也必定善用人才，善待员工，让“英雄有用武之地”，一流的人才会竞相附之。

二、企业开展诚信营销的策略

(一)树立诚信理念

经营理念是企业从事一切生产经营活动的指导思想和行动指南，是企业发展的灵魂。诚信营销的实施，需要企业转变观念，牢固树立诚实守信的思想。国际上成功的企业大多以诚信原则作为企业的行动指南，努力为社会创造良好的诚信风气。

(二)营销组合诚信

1. 产品诚信

产品是企业营销活动的基础。产品包括有形的实体和无形的服务，产品的质量是企业的生命，因此要求产品的性能、寿命、安全等指数都符合国家技术标准或行业标准。产品质量诚信是企业合法参与市场竞争、树立企业和产品形象的基本要求。国内一些先进企业已经通过了ISO9000、ISO14000及SA8000系列的质量认证，有的甚至拿到了美国、德国、加拿大等国的认证，这些认证有效地保证了产品的合格性。

2. 价格诚信

价格是企业赢得市场的有效武器。在市场竞争激烈的时代，不少企业利用各种虚假的优惠价、折扣价、处理价、甩卖价、出口转内销价欺骗消费者。但欺得了一时，欺不了一世。因此，企业在定价及报价中应遵循诚信原则，应按市场规律办事，不能漫天要价，也不能低价倾销，不能以次充好，还要避免利用价格欺骗消费者。

3. 分销诚信

产品在流转过程中，生产企业要与流通企业(经销商)建立长期良好的伙伴合作关系，这种关系的建立需要诚信来维持。只有讲诚信的企业才能赢得更多的支持者(渠道成员)，才能把产品分销到全国各地，再到用户手中。然而，很多企业在分销中以自我为中心，只考虑自己的利润最大化，损害渠道成员的利益，如延迟交货、撕毁供货合同等。因此，在分销中，双方或多方应追求渠道中的利润均衡，才可能达到双赢的目的。如娃哈哈在营销中总是将经销商的利益摆在非常重要的地位，每行动一步前都要考虑经销商的利润空间。

4. 促销诚信

促销是企业树立企业形象，扩大知名度的有效途径。但在实际促销中，许多企业采用了虚假的促销方式，如制作虚假广告，以欺骗手段诱导消费者购买；以回扣的方式贿赂消费者，贬低竞争对手的产品甚至侮辱对方的人格，混淆商品和服务的来源等。因此，企业在促销过程中应尽量避免使用极端的手法，采取实事求是的态度，运用好促销组合策略。

5. 服务诚信

当今已经进入到一个服务制胜的时代(由于产品同质化现象越来越严重)，服务已成为一个重要的策略。如海尔的“五星级服务”，小天鹅的“阳光工程”等，赢得了消费者的青睐，获得了市场。服务一般包括售前、售中、售后服务，在其中应该加强诚信，尤其是售后服务中的诚信，如维修、保养、上门安装等。

(三)员工诚信

员工是企业的主人，因此企业要使全体员工明白，诚信是做人之本，也是企业的立业之基，人不讲信誉就无法在社会上立足，企业不讲诚信就不可能发展。员工诚信是指企业的员工，包括企业的高层，都要按照诚信的要求做事，参与到企业的诚信建设中来。企业领导和全体员工都要不断学习，牢固树立诚信的思想，并把诚信思想化为具体的行为：一是要提供诚信产品和服务，对企业不符合诚信的行为进行坚决抵制，并积极进行上报，不生产、销售劣质产品，不污染环境，不提供虚假证明等。二是对于本企业的产品、服务等都要亲自购买、亲自使用，特别是企业的管理层，要先将自己塑造成企业的忠诚客户。如联想集团的柳传志总是喜欢用自己的联想品牌电脑。企业员工购买产品是企业员工与企业产品的高度融合，能够发挥知名度、美誉度、信誉度的互促作用。顾客往往担心自己的意见和要求难以反映到企业高层，而企业员工本身就是企业的顾客，能够更容易地站在顾客的角度思考问题，保证产品不断改进，服务得到不断提高。

(四)构建营销诚信文化

1. 建立以诚信为内容的价值理念

把诚信的思想体现在企业文化当中，并根据企业自身特点创建以诚信为内容的集激励性、延续性和可操作性于一体的企业精神，在企业内部形成倡导诚信、推广诚信、实践诚信的价值体系。

2. 建立普及诚信理念的教育机制

一是要增强企业家的信用意识，二是要通过多种形式加强诚信教育，提高员工的诚信意识和诚信经营水平，强化诚信为本的价值观念，使员工的个人成长与企业的兴衰有机地结合起来。

3. 建立和完善诚信优先的激励措施

对在营销活动中忠于职守、诚信待人、诚信服务，自觉维护企业形象的员工进行大力宣传，并给予物质与精神上的奖励。

诚实守信是中国传统文化的重要内容之一，要求人们诚善于心，言行一致。孔子曾指出“与朋友交，言则有信”、“信则人任焉”。在当代中国背景下，诚信能够提升企业的竞争力，树立良好的企业形象，有效地吸引顾客。因此，企业在营销过程中，应该加强职业操守的修炼，忠于职守，诚信待人，诚信服务，建立一种诚信理念，构建企业营销诚信文化。

【案例 12-4】

诚信是奠定品牌文化营销的基础，也是决定一个企业品牌能否赢得消费者认可的重要评价指标。品牌若失去诚信文化，终将行之不远。

2002年末，在长丰集团组织的一次“猎豹汽车品牌规划”招标会上，知名策划人沈青作为长丰集团的品牌顾问和首席评委，率先提出猎豹汽车应在2003年打出诚信文化营销牌，率先实施诚信营销服务年等一系列营销新思路。沈青认为：“企业的诚信度与市场竞争态势有关，在竞争激烈的行业，企业生产的产品面临同质化、同价化的问题。这时，诚信文化对产品销售所起的作用就会越来越突出，所以，汽车、家电行业是当前面临如何提高诚信度问题最重要的两个行业。”

全必德的营销策划专家沈青认为猎豹汽车应该高起点地选择宣传投入、服务投入、社会赞助等方式打响“诚信牌”，通过响应“诚信湖南”的政府活动，借势造势，启动猎豹汽车诚信营销文化活动，率先在中国汽车行业里打响诚信文化牌，抢占诚信营销制高点。并且在全国推出“诚信湖南”的宣传理念，呼吁全社会关注诚信、重视诚信、遵守诚信，诚信活动由此升级为社会全民活动。

（资料来源：猎豹汽车的诚信文化营销. http://www.carm.com.cn/info.php? modules.）

【本章小结】

1. 全球营销是产业全球化、市场全球化、顾客全球化和竞争全球化的结果。影响全球营销的营销环境因素有国际贸易体系、经济环境、政治法律环境和社会文化环境。

2. 绿色营销的兴起是缘于绿色需求的拉动、受到法律环境的约束、绿色效益的驱使、提高企业形象和拓展市场的客观需要。绿色营销的实施一靠政府、企业与个人的协同，二靠广泛的国际合作。

3. 网络营销指企业为实现营销目标，借助电脑、通信、联机网络和数字交互式媒体开展营销活动的营销方式。它具有市场全球化、产品个性化、价格公开化、渠道直接化、服务大众化和交易虚拟化的特征。

4. 关系营销是把营销活动看成是一个企业与消费者、供应商、分销商、竞争者、政府机构及其他公众发生互动作用的过程，其核心是建立和发展与这些公众的良好关系。

5. 诚信营销就是指企业将诚信原则贯彻到营销活动的各个环节中，坚持诚信理念，在整个营销过程中顾及社会、企业、消费者以及内部员工的利益，诚实守信，注重长远发展。

【重要概念】

全球营销　绿色营销　网络营销　关系营销

【复习思考题】

1. 全球营销的营销战略、营销方式各有什么内容？
2. 怎样实施绿色营销？
3. 网络营销的特点？
4. 诚信营销包含哪些内容？

【综合案例】

2013年1月4日，“一生只送一人”的网络高端花店项目正式提出，3天后就拿到了来自乐百氏创始人何伯权、创业家杂志社社长牛文文、时尚传媒集团总裁刘江、淡马锡和清华同方高管的天使投资。2月初，roseonly官网上线，预售99盒情人节玫瑰，2月10日即销售一空。

为了这初次试水，roseonly创始人蒲易在春节前疯狂“扫荡”微信朋友圈，单枪匹马发微推广roseonly。他身处的时尚、互联网、电商、奢侈品品牌等圈子成了最直接的受众，搜狗的王小川、新希望的刘畅、世纪佳缘的龚海燕等人都在积极转发。很快，朋友的朋友中，明星成了传播主力。从情人节、白色情人节、母亲节到七夕，李小璐、杨幂、李云迪、林志颖等明星纷纷晒单，李念弟弟李思带roseonly上《非诚勿扰》也成为了一时话题。

明星、意见领袖在社交媒体上对roseonly的热捧效果惊人，常常一举给roseonly官方微博带去数万粉丝，还有对官方网站的巨大流量冲击。随之而来的，是订单量的持续跃迁。3月，roseonly卖出玫瑰上千盒，销售额跃至百万，当月获得时尚传媒集团的战略投资。节日之外的日常销售从每日20、30盒增长起来。空运厄瓜多尔玫瑰的班机从两周一班，变成了一周两班，再到每天运送，提前预订天数也从15天缩短至5天、3天。

roseonly上线6个月，一直处于爆炸式增长的状态。蒲易和他的团队不得不为此不要命地向前冲。七夕节前，预订请求达到数万，花店提前5天挂出售罄通告，最后销售玫瑰近5000盒。"被逼出来的饥饿营销，"蒲易调侃道。仅这个8月，roseonly的销售额就近1000万元——这是roseonly上线之初定下的2013全年销售目标。大爆炸式增长中，roseonly的流量入口和渠道都发生了转移。

"今天的互联网上，产品好、服务好可以加速传播。"蒲易告诉《天下网商·经理人》记者，口碑传播效益之于roseonly的意义是革命性的。除了战略投资方和渠道方的广告资源支持，roseonly几乎没有花钱做过推广。roseonly的第一批用户就是最优质的人群。之后，roseonly的产品和服务推动着用户如滚雪球般壮大。在roseonly的场景中，玫瑰通常被要求送到办公室，引发办公室女孩子的围观。收到花的女孩感受到被爱，愿意在微博、微信上分享，主动传播。其他女孩也会分享，还会@自己的男朋友、老公去买。口碑塑造的增速超乎了roseonly团队的预计，蒲易有意控制速度甚至减速。因此，当全行业都在为七夕营销造势时，roseonly不仅没有推出活动，还提前"打烊"，宣告售罄。

好的口碑得益于极致的产品理念。在创业之初，厄瓜多尔玫瑰便进入了创始人蒲易的视野。据他了解，世界上玫瑰的优质产地首先是厄瓜多尔，其次是荷兰、肯尼亚、越南、中国。过去，占据全球市场比例3%~5%的厄瓜多尔玫瑰，消费市场主要集中在欧洲和日本，从未被进口至中国。厄瓜多尔玫瑰产自亚马逊流域，生命力旺盛，冷冻后通过海运到荷兰拍卖，仍然可以保持一周时间花开不败。与国内鲜切花市场上几毛钱至数元钱成本、花期短的玫瑰不同，厄瓜多尔玫瑰的特性奠定了打造极致产品的基础，可以使roseonly在B2C模式下保证玫瑰的品质。

蒲易动身寻找厄瓜多尔玫瑰供应商，接触到一家经营了几代人的家族企业。他们拥有年产值5000万美金的玫瑰园，通过供给欧洲皇室发家，因此把产品叫作皇家玫瑰。在那里，每剪1朵玫瑰就要换一把剪刀，玫瑰达到了德国等国家的绿色环保标准，是可食用级别。这家企业一直在寻找终身合作伙伴。当远道而来的蒲易提出，需要花朵足够大、花茎长度超过1.5米的玫瑰进口到中国时，引起了供应商的重视。

roseonly模式开始运转。玫瑰采摘后48小时内通过空运进口，再通过联邦快递、顺丰快递在24小时内送达全国300个城市。预售模式+第三方配送使得roseonly基本实现零库存。进口的纸材、花盒，通过roseonly的设计，成为了产品的一部分。蒲易在第一时间为roseonly花、花盒、外观等设计申请了专利。考虑毛利和成本，以及roseonly作为情侣间礼品的定位，999元、1314元、520元等定价得以确定。简洁的样式，4种颜色的玫瑰不断组合搭配，伴随"一生只送一人"的用户购买设置，roseonly的面貌与市场上的鲜花礼品完全差异化，在口碑传播中迅速直击人心。

同供应商的沟通逐渐加深，蒲易了解到，roseonly对玫瑰提出的标准，意味着要在厄瓜多尔玫瑰这样"玫瑰里的劳斯莱斯"中百里挑一。在玫瑰园供应量有限的情况下，roseonly付出了最高的采购价格，而roseonly订单的暴增，也给了供应商足够的信心。双方签订了独家协议，roseonly售卖的颜色品种其他渠道商不能再售卖，2月14日这样的关键时刻，玫瑰园优先供应roseonly。

（资料来源：roseonly商业模式全解析．站长之家．http://www.chinaz.com/start/2013/0910/317034.shtml.）

讨论题：

请从营销组合的角度分析roseonly品牌的营销成功之处在哪里？